Baedeker
Allianz Reiseführer

Costa Brava
Costa del Maresme
Barcelona

VERLAG KARL BAEDEKER

Die wichtigsten Reiseziele

** Top-Reiseziele – auf keinen Fall versäumen!

Der idyllische Küstenort Calella de Palafrugell ▶ S. 139

* Herausragende Reiseziele – möglichst besuchen!

"Menschenturm" in Barcelona ▶ S. 45

Inhalt

Natur, Kultur, Geschichte

Seite 10 – 45

Kathedrale von Girona ▶ S. 40

Reiseziele von A bis Z

Seite 46 – 169

Surferparadies Port de la Selva ▶ S. 146

Sant Pere de Rodes
▶ S. 160

Praktische Informationen von A bis Z

Seite 170 – 227

Feine Backwaren
▶ S. 182

Hotel de la Moneda in Castelló d'Empúries ▶ S. 194

Katalanische Keramik ▶ S. 180

Katalanischer Jugendstil – Casa Batlló in Barcelona ▶ S. 42

Mar i

Wilde Küste

Bei Sant Feliu de Guíxols wird sie ihrem Namen gerecht.

Mar i Muntanya – Meer und Berge: Nichts charakterisiert die katalanische Küstenregion von der französischen Grenze bis hinab nach Barcelona besser als diese zwei Worte. Costa Brava, "wilde Küste", heißt der nördliche Küstenabschnitt bis Blanes im Süden, und so nennt man sie wegen ihrer steilen, wild zerklüfteten Granitklippen, an deren Fuß die Brandung tost. Kap reiht sich an Kap, und dazwischen verborgen und oft kaum zugänglich liegen kleine, zauberhafte Buchten mit Schatten spendenden Pinien, glasklarem Wasser und einer prachtvollen Meeresfauna. Nicht selten in Schwindel erregender Höhe ziehen sich vertrackt gewundene Panoramastraßen dahin, die atemberaubende Blicke auf das tiefblaue Meer, auf Buchten, rötliche Klippen und dunkelgrüne Piniengehölze erlauben. Und dennoch warten auch an der Costa Brava breite, mehrere hundert Meter lange Sandstrände auf Badegäste.
Ganz anders als die "wilde Küste" präsentiert sich die südlich an sie anschließende Costa del Maresme. Wie der Name schon andeutet, begrenzt sie flaches, manchmal sumpfiges Hinterland. Endlos und fast geradlinig erstrecken sich die feinsandigen Strände, und nur allmählich wird das Wasser tiefer.

Roses

Auch an der "wilden Küste" gibt es breite Sandstrände.

Sardana

Symbol für das Gemeinschaftsgefühl der Katalanen

Muntanya

Einstige Fischernester haben sich zu gastlichen Ferienorten – aber teilweise auch zu Betonburgen – gemausert, die an Sportmöglichkeiten und sonstiger Unterhaltung, vor allem im Nachtleben, keine Wünsche offen lassen; viele Gemeinden jedoch haben sich in ihren alten Zentren mit schmalen Gassen und hübschen Bogengängen noch immer ein malerisches Flair bewahren können. In deutlichem Gegensatz dazu das gebirgige Hinterland, wo man inmitten der hohen Berge und teilweise idyllischen Gebirgsorte die Nähe der Pyrenäen spürt. Doch Katalonien, das einst als selbstständige Grafschaft das westliche Mittelmeer politisch und wirtschaftlich beherrschte und in dem heute neben Spanisch Katalanisch gesprochen wird, ist auch eine uralte Kulturregion, wie Relikte aus der Frühzeit und der Antike sowie beeindruckende Bauwerke aus der Romanik und der Gotik beweisen. Weltstädtisches Ambiente bietet die katalanische Metropole, die von Gotik und Jugendstil, schönen Flaniermeilen und einer großartigen Museenlandschaft geprägte Hafen- und Handelsstadt Barcelona. Kontrastreich wie das Land ist schließlich auch die Küche: Mar i Muntanya – Spezialitäten aus dem Meer und Deftiges aus den Bergen.

Girona

Mittelalter pur

Römisches Erbe

Katalonien ist eine uralte Kulturregion.

Käse, Würste, ...

... Schinken – Katalonien hat viele kulinarische Genüsse zu bieten.

Natur, Kultur, Geschichte

Zahlen und Fakten

Allgemeines

Gebiets-bestimmung

Die Costa Brava, die "wilde Küste" im äußersten Nordosten der Iberischen Halbinsel, erstreckt sich von der spanisch-französischen Grenze bis zur Mündung des Riu Tordera südlich von Blanes, rund 70 km nordöstlich von Barcelona. Im vorliegenden Reiseführer wird neben der Costa Brava auch der Küstenabschnitt zwischen Blanes und Barcelona, die relativ flache Costa del Maresme ("Marschland-Küste"), beschrieben. Darüber hinaus werden in diesem Führer die katalanische Haupt- und Hafenstadt Barcelona sowie die

wichtigsten Reiseziele im Hinterland der Küste behandelt, darunter das hoch auf einem Berg gelegene Kloster Montserrat sowie die beiden Städte Ripoll und Vic, die sich durch besondere Bauwerke bzw. Kunstwerke auszeichnen, so dass das Zielgebiet eine Ausdehnung von etwa 120 km in nordsüdlicher und von ca. 120 km in ostwestlicher Richtung hat.

◂ An der wild zerklüfteten Costa Brava erwarten den Besucher viele idyllische Sandstrände wie hier in Blanes.

Die in diesem Reiseführer beschriebenen Küstenabschnitte und Orte gehören zur spanischen Autonomen Region Katalonien (katalan. Catalunya, span. Cataluña), die 31930 km² Gesamtfläche aufweist (ca. 6,5 % von Festlandspanien) und in der rund 6,3 Mio. Menschen leben (16 % der spanischen Gesamtbevölkerung). Spanien – seit 1978 verfassungsmäßig eine parlamentarische Monarchie, die sich zu den Grundsätzen eines demokratischen und sozialen Rechtsstaates bekennt – gliedert sich heute in 17 "Comunidades Autónomas", Autonome Gemeinschaften oder Regionen (etwa mit den deutschen Bundesländern vergleichbar), die aus einer oder mehreren Provinzen bestehen und deren Parlamente unabhängig von Madrid über Fragen der Kultur, der Erziehung und des Tourismus entscheiden. Hauptstadt der Autonomen Region Katalonien ist Barcelona. **Autonome Region Katalonien**

Insgesamt gibt es 50 Provinzen in Spanien. Katalonien setzt sich aus den vier Provinzen Lleida (span. Lérida) im Westen, Girona (span. Gerona) im Nordosten, Tarragona im Südwesten und Barcelona (zwischen Girona und Tarragona) zusammen. Behandelt werden in diesem Führer ausschließlich östliche Teile der beiden Provinzen Girona und Barcelona.

Namensherkunft Den Namen Costa Brava (wilde Küste) prägte der katalanische Dichter Ferrán Agullo Ende des 19. Jh.s, als er vom 99 m hohen Puig Castellar aus die zerklüftete Felsküste bei Sant Feliu de Guíxols bewunderte. 1908 wurde die Namensschöpfung als geografische Bezeichnung eingeführt.

Naturraum

Katalonien Katalonien ist die nördlichste der spanischen Mittelmeerlandschaften und erstreckt sich von den Pyrenäen im Norden bis zum Ebre-Delta (span. Ebro) im Südwesten bzw. bis zur Autonomen Region Valencia sowie von der Küste des Mittelmeers ca. 250 km landeinwärts bis zur Autonomen Region Aragón.

Landesinneres Das Landesinnere der hier beschriebenen Region von Katalonien – die küstennahen Teile der Provinzen Girona (Costa Brava) und Barcelona (Costa del Maresme) – wird von Gebirgen bestimmt. Die Pyrenäen, die im Pica d'Estats (3143 m ü. d. M.) alpine Höhen erreichen, bilden die Nordgrenze zu Frankreich und prägen mit ihren Ausläufern noch einen Teil der Costa Brava; diese werden nach Osten hin immer flacher, stürzen am Cap de Creus schließlich ins Meer bzw. senken sich zum hügeligen Hinterland der Wilden Küste. Parallel zur Küste bis hinunter nach Barcelona verläuft ein zweiter Höhenzug, das Katalanische Gebirge, das die östlichen Pyrenäen mit dem nordöstlichen Randgebirge der innerspanischen Meseta verbindet. Ursprünglich ein Kettengebirge, wurde es später durch tektonische Störungen in isolierte Bergstöcke aufgelöst: den Montseny (1745 m ü. d. M.) im Norden sowie den wegen seiner großen Klosteranlage berühmten Montserrat (1241 m ü. d. M.) und den Montsant (1071 m ü. d. M.) im Süden. Zwischen dem Hauptzug des Gebirges und einer niedrigeren Küstenkette erstreckt sich das Katalanische Längstal. Es ist das Herz des Landes, dicht besiedelt und mit Olivenhainen, Weinbergen und Korkeichenwäldern (besonders bei Girona) bedeckt. Die von den Pyrenäen herabkommenden

Der malerische Stausee Pantà de Sau nordöstlich von Vic

Landesinneres (Fortsetzung)

Flüsse, vor allem der Llobregat, der südlich von Barcelona ins Meer mündet, durchbrechen das Gebirge in engen Talschluchten. Ihr Wasserreichtum, seit alters zur Bewässerung genutzt, dient auch der Gewinnung elektrischer Energie.

Küstenstreifen

Die ca. 220 km lange Costa Brava, die von der spanisch-französischen Grenze bei Portbou bis nach Blanes, etwa 70 km nordöstlich von Barcelona, reicht, gliedert sich in drei Comarcas (Landschaften): Alt Empordà im Norden (zwischen der Staatsgrenze und L'Escala), Baix Empordà (bis hinunter nach Sant Feliu de Guíxols) und La Selva. Die Küste von Alt Empordà wird von den bis ans Wasser reichenden Felsen geprägt, die die Küstenlinie überaus stark gliedern und teils wildromantische Landschaftsbilder geformt haben. Während man hier überwiegend Buchten (calas) mit felsigem, steinigem oder sandigem Untergrund vorfindet, gibt es längere Sandstrände nur südlich des Cap de Creus am Golf von Roses. Viel flacher als der nördliche Bereich der Wilden Küste ist hingegen der Küstenabschnitt von Baix Empordà, die mittlere Costa Brava. Hier stößt man auf teilweise kilometerlange Sandstrände. Der südliche Bereich der Costa Brava, die Comarca La Selva, weist in ihrem nördlichen Abschnitt wieder eine schöne Felsenlandschaft mit schroff abfallenden Felsen und teils winzigen Buchten auf, die oft nur vom Wasser aus erreichbar sind. Während dieses Küstenteilstück, ebenso wie die Küste von Alt Empordà, dem Namen Costa Brava gerecht wird, liegen die Orte zwischen Tossa und Blanes wieder in einem Gebiet mit kilometerlangen Sandstränden. Flach und etwas eintönig ist die Costa del Maresme (Marschland-Küste), deren weite, nahezu ebene Sandstrände sich bis Barcelona hinziehen.

Klima

Allgemeines

Das mediterrane Klima an der Costa Brava und Costa del Maresme wird durch trockene Sommer und milde, aber feuchte Winter geprägt. Während es an der Küste unbeständig, feucht und windig sein kann, herrscht im Hinterland ein trockenes, beständiges und relativ windstilles Klima. Alles in allem hat die Küste nördlich von Barcelona dem wettergeschädigten Mitteleuropäer 200 Sonnentage im Jahr zu bieten, dabei steigt das Thermometer selten bis 35 °C.

Niederschläge

Die Niederschläge nehmen an der Küste nach Süden hin spürbar ab; das Niederschlagsmaximum liegt im Oktober, ein zweites Maximum im Mai. Die geringsten Niederschläge fallen im Juli und August. Einfluss auf die Niederschläge haben auch die Gebirgszüge, vor allem die Pyrenäenausläufer, an denen sich die Tiefausläufer abregnen.

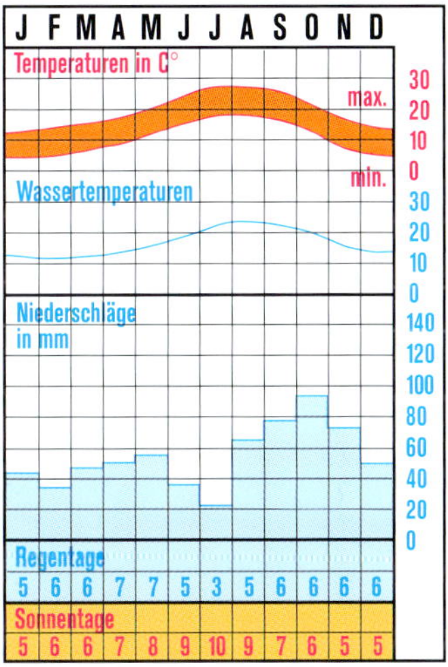

Winde

Während der sommerlichen Schönwetterlage ist überall an der Küste mit kräftigem Land- und Seewind zu rechnen. Der tagsüber wehende Seewind kann bis zu 50 km landeinwärts reichen und auch dort die Hitze des Tages mildern. Der Norden der Costa Brava wird im Frühjahr und Herbst durch die Tramuntana, einen kalten und trockenen Nordnordwestwind aus den Pyrenäen beeinflusst, der drei bis vier Tage lang das Meer aufpeitscht und Spitzengeschwindigkeiten von mehr als hundert Stundenkilometern erreichen kann. Ein weiterer kalter Nordwind ist der Mistral, der schlagartig einsetzt und bisweilen Sturmstärke erreicht. Besonders häufig tritt der Mistral im März und April auf.

Pflanzen und Tiere

Flora

Nicht nur mediterrane Pflanzenvielfalt

Im warmfeuchten Klima gedeihen rein mediterrane Pflanzen, wie Stechpalme, Ulme, Korkeiche, Judasbaum, Oleander und selbst Orchideenarten. In den raueren Zonen haben sich andere Pflanzen an die klimatischen Verhältnisse angepasst, u. a. Trockenpflanzen wie Wolfsmilchgewächse, Tamarisken, Rosmarin, Steineichen, verschiedene Gräser- und Ginsterarten.

Küstenpflanzen

Am häufigsten findet man an der Mittelmeerküste die Macchien (abgeleitet vom korsischen "Maquis"), ein niedrigwüchsiges Gehölz aus Tamarisken, Wacholderarten, Mastixstrauch, Zwergpalmen und Gerberstrauch, unter deren Dach kleinere, nicht auf den ersten Blick auszumachende Pflanzen gedeihen. Hierzu können verschiedene Lilienarten, rot blühende Disteln, grüngelber Meerfen-

Küstenpflanzen (Fortsetzung)

chel, dickblättrige Wolfsmilchgewächse, gelber Strandklee und violette Levkojen gehören. Wer im Frühjahr durch diese Macchien streift, wird überrascht von dem Blütenreichtum der Pflanzen sein. Sie leuchten in allen Farben, auch die bescheidenen Gewächse, wie etwa die Mittagsblume, die in der Blütezeit die Landschaft in einen roten oder gelben Teppich verwandelt.

Pflanzen im Landesinneren

Die Südflanke der Pyrenäen, bis in historische Zeit dicht bewaldet und erst durch Rodung und Abholzung biologisch verarmt, ist zum überwiegenden Teil von spärlicher Strauchvegetation (Ginster, Thymian, Lavendel, Rosmarin) sowie von Stein- und Korkeichen bewachsen. Aufgrund der starken Sommertrockenheit und der damit einhergehenden häufigen Flächenbrände, die sich wegen der relativ dünnen Besiedlung kaum wirkungsvoll bekämpfen lassen, kann sich eine dichtere und üppigere Vegetation kaum entwickeln. In den höheren Lagen gibt es landeinwärts ausgedehnte Viehweiden. Die Vegetationsarmut hat in weiten Gebieten zu fortschreitender Bodenerosion geführt, z.B. auf dem Montserrat. Dichter bewaldet ist die Serra de Montseny.

Abgesehen von der allgegenwärtigen Palme sieht man, besonders in den kleineren Städten, rotblühenden Oleander und die scheckigen Stämme der Platanen, die als Park- und Straßenbewuchs auffallen. Ein typischer Mittelmeerbaum ist die bis zu 30 m hohe Pinie mit der großen, abgerundeten Krone. Oft anzutreffen ist auch der Feigenbaum, der selbst an Felshängen wächst. In feuchten Tälern findet man Pappeln, Weiden und natürlich die typischen Mittelmeergewächse Mandel und Olive. In den Sierras mit ihrem oft kalkhaltigen Boden ist der Thymian weit verbreitet. Die weißrosa Blü-

Mandelbäume – in voller Blüte und beschnitten

ten dieses kleinen Strauches duften würzig, ebenso die violetten Blüten des Rosmarinstrauches, der bis zu 1 m Höhe heranwächst. Niedrig blühende Pflanzen sieht man dort, wo die Landwirtschaft mit Herbiziden noch nicht eingegriffen hat. Herrlich violett blühender Lavendel gehört dazu, ebenso viele Distel- und Orchideenarten. Ein typisches Mittelmeergewächs ist ferner der Erdbeerbaum, der etwa 10 m hoch wird und an seinen körnigen roten, essbaren Beeren und seinen länglich, ledrigen Blättern erkennbar ist.

Pflanzen (Fortsetzung)

Kulturpflanzen

Die häufigsten Kulturpflanzen sind Öl-, Feigen-, Johannisbrot- und Mandelbäume, Rebstöcke, Getreide und Kartoffeln. Im küstennahen Bereich findet man Palmen, Agaven mit ihren charakteristischen Blüten- und Fruchtständen sowie die weit verbreiteten Feigenkakteen (Opuntia), die aus den Tropen bzw. aus der Neuen Welt eingeschleppt wurden. Weinbau in größerem Umfang wird im Raum Barcelona und weiter südlich betrieben.

Fauna

Dezimierte Tierwelt

Die Tierwelt an der Costa Brava ist, wie in ganz Spanien, in ihrer Artenvielfalt stark dezimiert worden. Die Aktivitäten der Menschen, auch der Massentourismus bis in ländliche Gebiete hinein, die Verkehrserschließung durch Straßen und Bahnlinien, kurz, das Eindringen in den Lebensraum der Tierwelt, hat seinen Tribut gefordert. Viele Tierarten sind in ihrer Existenz gefährdet.

Vögel

Im Feuchtgebiet des Naturparks Aiguamolls d'Empordà sieht man Zugvögel auf dem Weg nach Afrika, Schwimm-, Stelz- und Watvögel, darunter Reiher, Rohrdommeln, Flamingos, Haubentaucher sowie diverse Enten- und Gänsearten. Im Landesinnern ist die Vogelwelt dagegen eher arm. In den Hochlagen der Pyrenäen sind noch Adler und andere Raubvögel, wie Habichte oder Bussarde, Eulen oder Geier, zu beobachten.

Landtiere

In den Hochgebirgsregionen leben große Säugetiere – Gämsen, Steinböcke, Dachse, Wildschweine, Hirsche, Rehe, Marder, Wiesel, Füchse und ganz vereinzelt noch Bären. Ferner gibt es an der Costa Brava etliche Amphibien- und Reptilienarten, von denen man die Eidechsen (vor allem die in der Dämmerung an beleuchteten Hauswänden jagenden Mauergeckos) und die geschützte Landschildkröte am ehesten beobachten kann. Schlangen kommen an der Costa Brava ebenfalls vor, doch Angst braucht man vor ihnen nicht zu haben – sie sind sehr menschenscheu und meist ungiftig.

Fische

Auch der einstige Fischreichtum ist stark zurückgegangen. In den Gebirgsbächen tummeln sich Forellen, doch im verseuchten Wasser der größeren Flüsse können Fische kaum überleben. Das Meer ist überfischt; auch zunehmende Gewässerbelastung durch Umweltgifte und hemmungslose Unterwasserjagd führten zu einem Rückgang des Artenreichtums im Mittelmeer, weshalb viele für den Kochtopf bestimmte Meerestiere importiert werden müssen. Unterwasserparadiese findet man nur noch am Cap de Creus und vor den Illes Medes. Glücklicherweise ist heute die Unterwasserjagd mit Atemgeräten verboten.

Bevölkerung

Bevölkerungszahl und -dichte

Die Autonome Region Katalonien zählt rund 6,3 Mio. Einwohner, was einem Anteil von 16% an der spanischen Gesamtbevölkerung entspricht. Den größten Ballungsraum der Region und gleichzeitig den zweitgrößten des ganzen Landes stellt der Großraum Barcelona dar (4,65 Mio. Einw.); die gleichnamige Provinz erreicht eine Bevölkerungsdichte von 608 Einwohner pro km². Die Katalanen bekennen sich, wie die Spanier überhaupt, fast ausnahmslos zur römisch-katholischen Kirche.

Katalanen

Die Katalanen sind eine Ethnie romanischen Ursprungs, die beiderseits des östlichen Pyrenäenhauptkamms sowie auf den Balearen lebt. Bis zur Entstehung des spanischen Nationalstaates Ende des 15. Jh.s nahmen sie im westlichen Mittelmeer eine dominante Stellung ein. Die vielfältigen Wirtschaftsbeziehungen und der damit einhergehende materielle Wohlstand haben ein Selbstbewusstsein geprägt, das sich bis heute, z.T. in bewusster Abgrenzung gegen Kastilien, erhalten hat. Fragt man Einheimische nach ihrer Nationalität, so werden sich viele in erster Linie als Katalanen und erst in zweiter Linie als Spanier bezeichnen. Dieses Anderssein führt freilich auch zu Abgrenzungstendenzen, die indes nicht einmal unbedingt von den Katalanen selbst ausgehen. So ist zu beobachten, dass Arbeitnehmer, die aus anderen Teilen des spanischen Staats in die hoch entwickelte Region kommen, das Català als Idiom der

Sardana-Tanz – Symbol für den Gemeinschaftssinn der Katalanen

wirtschaftlich führenden Schicht empfinden. Deshalb bleiben viele von ihnen lieber unter sich – als Castellano bzw. Spanisch sprechende Minderheit.

Katalanen (Fortsetzung)

Sprache

Amtssprache Katalanisch

Das Autonomiestatut in Katalonien zeigt nicht nur politische, sondern auch sprachliche Auswirkungen. Während früher nur Spanisch bzw. Kastilisch als Amtssprache zugelassen war, dominiert heute in Katalonien die katalanische Sprache (katalan. català, span. catalán). Katalanisch ist neben dem Spanischen bzw. Kastilischen (español bzw. castellano), dem Galicischen (galic. galego, span. gallego) in Nordwestspanien und dem Baskischen (bask. euskara, span. vasco) im Baskenland eine der vier Sprachen Spaniens und neben Spanisch und Portugiesisch die wichtigste Sprache der Iberischen Halbinsel. Wie Spanisch, Portugiesisch und Galicisch zählt auch Katalanisch zu den romanischen Sprachen, ist also lateinischen Ursprungs. Katalanisch wird von rund 6 Mio. Menschen gesprochen, sein Verbreitungsgebiet reicht vom französischen Departement Pyrénées Orientales über das spanische Katalonien und Valencia bis hinunter nach Murcia, im Westen bis in die Provinzen Huesca, Zaragoza und Teruel; auch die Balearen gehören zum katalanischen Sprachraum, und in Andorra ist Katalanisch Staatssprache. Seit dem 12. Jh. gibt es Zeugnisse der katalanischen Sprache, die mit dem Provenzalischen Frankreichs verwandt ist. Nach dem Bürgerkrieg (1936 – 1939) verbot der Diktator Franco den Gebrauch des Katalanischen, und dennoch ist diese Sprache außerhalb der Öffentlichkeit lebendig geblieben, im Familien- und Freundeskreis wurde weiterhin "català" gesprochen. Heute ist das 1990 vom Europäischen Parlament als europäische Sprache anerkannte Katalanisch in Katalonien, auf den Balearen und in der Provinz Valencia neben Spanisch Amtssprache und beherrscht die regionalen Medien vom Funk bis hin zu den Zeitungen. Auch auf Landkarten, Speisekarten und offiziellen Mitteilungen erscheint der Text oft nur auf Katalanisch. In katalanischsprachigen Gebieten wird von ausländischen Gästen nicht erwartet, dass sie Katalanisch sprechen; mit Spanischkenntnissen, falls vorhanden, kommt man hier überall bestens zurecht. Viele Ortsnamen in Katalonien sind zweisprachig, wobei die katalanische Form an erster Stelle steht. Auch in diesem Reiseführer sind die katalanischen Ortsnamen an erster Stelle genannt und für die Alphabetisierung maßgebend.

Hinweis

Besonderheiten des Katalanischen

Im Gegensatz zum Spanischen fehlt dem Katalanischen die Diphtongierung der lateinischen Stammvokale (lat. portus, span. puerto, katalan. port; lat. bonus, span. bueno, katalan. bo); Endvokale verschwinden (span. dulce, katalan. dulc; span. muerte, katalan. mort). Neben den Verbtypen auf -ar, -er und -ir des Hochspanischen kennt das Katalanische einen weiteren auf -re (prendre = nehmen). Als Beispiele des provenzalischen Einflusses auf den Wortschatz seien Vokabeln wie "Tisch" (span. mesa, katalan. taula), "Getreide" (span. trigo, katalan. blat) oder "Fenster" (span. ventana, katalan. finestra) genannt (▶ Praktische Informationen, Sprache). Unbetontes a und e werden ähnlich dem e im deutschen "Dame" fast verschluckt, unbetontes o wird wie kurzes u gesprochen.

Wirtschaft

Allgemeines

Katalonien gehört wirtschaftlich zu den stärksten Regionen Spaniens: Rund 16 % der spanischen Bevölkerung erwirtschaften hier 20 % des spanischen Bruttosozialprodukts. Haupterwerbszweige sind die Industrie (30 % Beschäftigte) und das Dienstleistungsgewerbe (60 %). Mehr als die Hälfte der Bevölkerung lebt und arbeitet im Großraum Barcelona.

In Blanes, dem südlichsten Ferienort der Costa Brava, leben noch einige Bewohner vom Fischfang wie in alten Zeiten.

Landwirtschaft und Fischerei

Die wirtschaftlichen Grundbedingungen Kataloniens sind nicht so gut, wie es der im Landesvergleich hohe Lebensstandard erwarten ließe. Nur ein geringer Teil der Fläche ist landwirtschaftlich nutzbar, so vor allem die Ebene des Empordà, wo Kelter- und Tafeltrauben, Oliven, Getreide und Kartoffeln gedeihen. Viehhaltung größeren Ausmaßes (Rinder, Schafe) gibt es vor allem in den Pyrenäen. In der Landwirtschaft sind 3,5 % der katalanischen Bevölkerung beschäftigt.

Noch immer hat die Fischerei im Mittelmeer einige Bedeutung, wenngleich durch wachsende Belastung des Wassers mit Schadstoffen und durch Überfischung (nicht zuletzt auch durch die Unterwasserjagd, die jahrelang unkontrolliert und in größtem Stil ausgeübt wurde) die Bestände und Qualität der Nutzfische vielerorts beeinträchtigt sind. Heute sind nur noch 0,4 % aller Beschäftigten in der Berufsfischerei tätig.

Industrie

Arm ist die Region auch an Bodenschätzen. Die Vorkommen von Steinkohle und Erzen sind sehr gering; nur Pottasche (Kaliumkarbonat; verwendet in der Glasherstellung und Seifenfabrikation) gibt es reichlich. So hat sich eine vielseitige Veredelungsindustrie entwickelt, die mit importierten Rohstoffen arbeitet. Von Bedeutung sind Papierherstellung, Metallverarbeitung (Maschinen- und Fahrzeugbau; Wachstumsbranche), Textilindustrie (Baumwolle in Barcelona, Wolle in Sabadell und Tarrasa; Bedeutung in den letzten Jahren rückläufig), Leder- und Korkverarbeitung (hoher Exportanteil); Barcelona ist ein Zentrum des spanischen Verlagswesens und der Druckindustrie (28 % Anteil am Gesamtaufkommen Spaniens). Reich an keramischer Industrie (Kunst- und technische Keramik) ist die Stadt La Bisbal östlich von Girona. Die katalanische Industrie hat an der gesamten Industrieproduktion Spaniens einen Anteil von 25 %. Für die Energieversorgung Kataloniens spielen die Staustufen und Wasserkraftwerke an den aus den Pyrenäen kommenden Flüssen eine große Rolle.

Tourismus

Die Mittelmeerküsten Kataloniens gehören zu den ältesten Zielen des europäischen Nachkriegstourismus. Entsprechend gut ausgebaut ist die Infrastruktur. Es gibt Hotels aller Kategorien und für jedes Anspruchsniveau, eine ungewöhnlich große Zahl von Campingplätzen sowie vielseitige Freizeiteinrichtungen und Dienstleistungsunternehmen. Auch die verkehrsmäßige Erschließung (Luftverkehr, Straße, Eisenbahn) ist ausgezeichnet. Die Franzosen stellen den größten Anteil an Auslandsgästen, gefolgt von Deutschen, Italienern, Briten und Niederländern. Herrschte früher der Sommerurlaubsverkehr vor, so beobachtet man in letzter Zeit zunehmend eine Ausdehnung der Saison auf Frühjahr und Herbst.

Verkehr

Straßen

Das Rückgrat des Straßenverkehrs bildet die Autobahn (gebührenpflichtig), die von La Jonquera an der spanisch-französischen Grenze bis nach Barcelona parallel zur Küste, aber im Landesinnern verläuft. Sie berührt die Großstädte Figueres und Girona, und von den einzelnen Anschlussstellen gibt es eine genügende Zahl von Querstrecken zur Küste, die nirgends weiter als 35 km (Luftlinie) entfernt ist. Für den Touristen jedoch weitaus lohnender ist die Fahrt auf den küstennahen National- bzw. Staatsstraßen. Sie sind im Bereich der Costa Brava meist kurvenreich und überwinden größere Höhenunterschiede. An der südlichen Costa del Maresme verläuft die Staatsstraße in unmittelbarer Meeresnähe fast geradlinig und parallel zur Bahnlinie.

Bahn

Eine durchgehende Bahnstrecke verbindet den spanischen Grenzort Portbou mit Barcelona. In einiger Entfernung südlich von Girona teilt sich die Linie; der westliche Zweig folgt dem Tal des Riu Tordera aufwärts in Richtung Granollers, während der östliche der Mündung des Riu Tordera ins Mittelmeer zustrebt und bei Malgrat die Küste erreicht, der er unmittelbar folgt.

Flughäfen

Der wichtigste zivile Flughafen Kataloniens ist Barcelona. Direktverbindungen bestehen von sämtlichen großen Verkehrsflughäfen

Flughäfen (Fortsetzung)

Europas; desgleichen sind alle innerspanischen Destinationen über Barcelona erreichbar. Von eher regionaler Bedeutung ist der Flughafen von Girona. Im internationalen Flugverkehr wird er vorwiegend von Chartermaschinen angeflogen.

Seehäfen

Katalonien verfügt über vier größere Seehäfen: Barcelona, Palamós, Sant Feliu de Guíxols und (außerhalb des in diesem Reiseführer beschriebenen Gebietes) Tarragona. Der Hafen von Barcelona besitzt einen der größten Container-Terminals im Mittelmeerraum sowie Lager- und Verladeeinrichtungen für Erdöl, Flüssiggas, Schüttgut, Tiefkühlprodukte und anderes.

Geschichte

Höhepunkte und Krisen

Die Costa Brava, die südlich anschließende Costa del Maresme und Barcelona gehören zu der spanischen Region Katalonien, in deren über 1000-jähriger Geschichte sich Höhepunkte und Krisen abwechselten. Bald nach seiner Entstehung im 10. Jh. entwickelte sich Katalonien zu einem mächtigen Staat und zu einer mit Venedig und Genua konkurrierenden Seemacht, die lange Zeit im vereinigten Königreich Aragón-Katalonien dominierend war. Nach der Vereinigung der beiden spanischen Königshäuser Aragón-Katalonien und Kastilien und während der Kolonisierung der Neuen Welt, durch die sich der Seehandel vom Mittelmeer in den Atlantik verlagerte, verlor Katalonien an politischer und wirtschaftlicher Macht. Als Vorreiter der industriellen Revolution in Spanien erlangte die Region im 18. Jh. wieder eine ökonomische Machtposition, die das katalanische Selbstbewusstsein förderte und Autonomiebestrebungen auslöste. Erst in den 1930er-Jahren erreichte Katalonien eine gewisse Unabhängigkeit von der spanischen Zentralgewalt. Der Spanische Bürgerkrieg und die darauffolgende vierzigjährige Franco-Diktatur bereiteten der katalanischen Autonomie allerdings ein Ende; es wurde sogar das Katalanische als Sprache verboten. Erst nach der Einführung der Demokratie erhielt Katalonien 1979 als erste Region Spaniens ein Autonomiestatut, das eine begrenzte Selbstverwaltung ermöglicht. Seither ist auch Català als Amts- und Unterrichtssprache wieder erlaubt. Wirtschaftlich geht es in Katalonien ebenfalls bergauf – der Nordosten Spaniens zählt zu den ökonomisch am meisten prosperierenden Regionen Europas.

Frühzeit

Erste Menschen

Die frühesten Hinweise auf menschliches Leben an der Costa Brava sind Megalithgräber, wie die rund 4000 Jahre alte Kultstätte mit Dolmen und Steinkreis von Cova d'en Daina bei Palamós.

Iberer

Im 4. Jt. v. Chr., also in der Jüngeren Steinzeit, gelangten die Iberer – Berbern verwandte Volksstämme aus Nordafrika, die untereinander in Kultur und Sprache starke Gemeinsamkeiten aufwiesen – auf die Iberische Halbinsel. Diese einen primitiven Ackerbau treibenden Einwanderer breiteten sich, ohne dass sie ein festes Gefüge miteinander verband, in der Folgezeit über fast die gesamte Halbinsel aus und gründeten die ersten geschlossenen Siedlungen, auf die der Ursprung vieler Dörfer und Städte Spaniens zurückgeht. Die bedeutendste Hinterlassenschaft der Iberer an der Costa Brava sind die Ruinen der landeinwärts gelegenen Siedlung Poblat Ibèric von Ullastret aus dem 7. Jh. vor Christus.

Antike

Griechen, Kelten, Karthager

Ab dem 7. Jh. v. Chr. gründeten griechische Seefahrer Handelsniederlassungen an der Ostküste der Iberischen Halbinsel, die herausragendste an der Costa Brava war Empurion (heute: Empúries) aus dem 6. Jh. v. Chr. Auch Rhodes (Roses) ist eine griechische Gründung. Vieles spricht dafür, dass zu dieser Zeit Empordà eine wirtschaftliche Blüte erlebte; man schätzt, dass allein im 5. Jh. v. Chr. ca. 300 Schiffe im Umkreis des Cap de Creus versanken – eine Zahl, die eine Vorstellung von Umfang und Bedeutung des Seehandels jener Zeit in diesem Teil der Iberischen Halbinsel vermittelt. Griechische Schriftsteller schrieben als Erste über Land und Leute auf der Halbinsel und bezeichneten die hier lebenden Völker auch erstmals als Iberer. Ernsthafte Konkurrenz bekamen die Griechen, als um 600 / 500 v. Chr. im Norden der Halbinsel Kelten einfielen, Nord- und Zentralspanien eroberten und mit den dort ansässigen Iberern zu den Keltiberern verschmolzen. Im 3. Jh. v. Chr. gelangten auch die aus Nordafrika stammenden Karthager, die nach und nach große Teile der Iberischen Halbinsel unterwarfen, nach Katalonien. Ihnen verdankt Barcelona seinen Namen. Sie benannten die Stadt nach Hamil Barca, dem Vater Hannibals, der seine Truppen von Katalonien aus über die Pyrenäen und die Alpen führte, um seinen alten Erzfeind Rom anzugreifen.

Römer

Doch aus der Auseinandersetzung zwischen Rom und Karthago gingen die Römer, die ebenfalls danach trachteten, ihr Einflussgebiet auf die Iberische Halbinsel auszudehnen, als Sieger hervor. Nach nur wenigen Jahrzehnten Herrschaft vor allem über Südspanien wurden die Karthager im 2. Punischen Krieg (218 – 201 v. Chr.) von Rom geschlagen, das nun fast die gesamte Halbinsel seinem Imperium einverleiben konnte. Katalonien und die Levante waren die ersten Gebiete der Halbinsel, die von den Römern besetzt wurden. Zunächst bildeten diese Regionen die Provinz Hispania citerior, später unter Kaiser Augustus (63 v. Chr. – 14 n. Chr.), zu dessen Lebzeiten die gesamte Iberische Halbinsel erobert werden konnte, die Provinz Hispania terraconensis mit der Hauptstadt Tarraco (Tarragona) südwestlich von Barcelona als einen der drei römischen Verwaltungsbezirke der Halbinsel. Die römische Zeit brachte der Halbinsel einen fast 400 Jahre währenden äußeren Frieden, vor allem aber prägte sie die politische, gesellschaftliche, religiöse, wirtschaftliche und kulturelle Entwicklung der iberischen Völker, die zum ersten Mal in ihrer Geschichte – obgleich unter einer fremden Macht – vereint waren, in entscheidender Weise. Das Lateinische als einheitliche Verwaltungssprache wurde übernommen, ebenso das Rechts- und Verwaltungswesen sowie die Religion: Zuerst huldigte man den römischen Göttern, ab dem beginnenden 4. Jh. n. Chr. breitete sich das Christentum aus. In der Landwirtschaft übernahm man vieles aus Italien, u.a. den Anbau von Olivenbäumen, auch entwickelte sich eine erste städtische Zivilisation auf der Halbinsel. Straßen, Brücken und Häfen wurden gebaut, bestehende Städte erweitert (Tarraco, heute: Tarragona), neue Städte gegründet (Valentina, heute: Valencia). Aber Spanien leistete auch seinen Beitrag zur Entwicklung des Römischen Imperiums: Von der Halbinsel stammten Seneca der Ältere und Seneca der Jüngere sowie die Kaiser Trajan, Hadrian und Theodosius.

Völkerwanderungszeit

Völker aus dem Norden

So wie Italien musste auch Spanien schließlich dem Druck der Völkerwanderung (375 – 711) nachgeben. Mit dem Eindringen germanischer Stämme auf die Iberische Halbinsel ab 409 endete die römische Herrschaft über die iberischen Völker. Dem zerstörerischen Treiben der Alanen, Sueben und Vandalen bereiteten ab 417 die Westgoten ein Ende, die seit 476 die gesamte Halbinsel kontrollierten und erst Barcelona, dann das zentralspanische Toledo zur Hauptstadt machten. Die Westgotenzeit dauerte bis 711, doch der Beitrag der Germanen zur gesellschaftlichen und kulturellen Entwicklung der Halbinsel war relativ unbedeutend. Unter den Westgoten tauchte der Name Got-Alanien auf, entstanden aus den Namen der Alanen und Westgoten, die in Katalonien eingefallen waren; vermutlich entwickelte sich daraus später die Bezeichnung "Katalonien".

Mittelalter

Maurenzeit

Der Streit westgotischer Adliger um den Königsthron zu Beginn des 8. Jh.s beendete die Westgotenherrschaft auf der Halbinsel. Im Jahr 711 setzten maurische Heere, von einer Bürgerkriegspartei der Westgoten zu Hilfe gerufen, von Nordafrika aus über die Meerenge von Gibraltar nach Spanien über. Nachdem sie sich ihrer westgotischen Verbündeten entledigt hatten, gelang es den islamisierten Berbern binnen weniger Jahre, fast die gesamte Halbinsel zu erobern – 717 erreichten sie Barcelona. Knapp 800 Jahre lang sollten

Das Kloster von Ripoll – die Wiege Kataloniens

Maurenzeit (Fortsetzung)

die moslemischen Mauren Teile Spaniens unter ihrer Kontrolle haben, ihre letzte Bastion, Granada, fiel erst im Jahr 1492.

Reconquista

Die Reconquista, die Wiedereroberung maurisch besetzter Regionen und Städte durch die Christen, begann schon recht früh. In Asturien, das von den Arabern nicht erobert werden konnte, nahm um 730 die Rückeroberung ihren Ausgang. Den in der Folgezeit neu gegründeten christlichen Königreichen Kastilien-León, Navarra, Portugal und Aragón gelang es dann nach und nach, den Mauren immer größere Teile der Halbinsel abzutrotzen. Der katalanische Adel wurde bei der Reconquista von Karl dem Großen unterstützt. 778 vertraute der spätere fränkische Kaiser die drei Jahre zuvor von ihm eroberte Provinz Girona den an der Grenze ansässigen Grafen an; 801 eroberten die Franken unter Ludwig dem Frommen, Karls Sohn, Barcelona zurück. Da Katalonien nur ca. 100 Jahre unter der Herrschaft der Mauren stand, hinterließ deren Kultur und Sprache hier im Unterschied zum übrigen Spanien kaum Spuren.

Grafschaft Barcelona und Königreich Aragón-Katalonien

Die von den Franken geschaffene und dem Fränkischen Reich einverleibte Marca Hispanica (Spanische Mark) fungierte als Bollwerk gegen die Mauren, als Pufferstaat zwischen den Arabern auf der Iberischen Halbinsel und den Franken im Norden. Im Lauf der Zeit schwand die Macht der Franken in Katalonien. Zwischen 875 und 895 vereinte Guifré el Pelós (Wilfried der Haarige) mehrere katalanische Grafschaften, die von Barcelona aus verwaltet wurden, und gründete das Kloster Ripoll, das als die Wiege Kataloniens gilt. Guifré starb 897 im Kampf gegen die Mauren, doch die Dynastie der Grafen von Barcelona währte noch ein halbes Jahrtausend. Im Jahr 985 eroberte Almansur, Großwesir des Kalifen Hischam II. und genannt der “Siegreiche”, Barcelona, doch bereits drei Jahre später konnte die Stadt ohne fränkische Hilfe von den Mauren befreit werden. Graf Borell II. proklamierte daraufhin die Unabhängigkeit der Grafschaft Catalunya. Seither gilt das Jahr 988 als Gründungsdatum von Katalonien. In der Folgezeit bekämpften die katalanischen Grafen die Mauren, erweiterten ihr Herrschaftsgebiet bis südlich von Tarragona und durch Heirat sogar bis in die Provence. Zu Beginn des 11. Jh.s ließ Ramón Berenguer I., Graf von Barcelona von 1035 bis 1076, die “Usatges” (wörtlich: Gewohnheiten) niederschreiben, die erste katalanische Gesetzessammlung. Im Jahr 1137 wurde die Grafschaft von Barcelona durch die Ehe von Ramón Berenguer IV. mit der Infantin Petronila von Aragón mit Aragón vereint. Bis ins 15. Jh. bildeten Katalonien und Aragón ein gemeinsames Königreich, jedes Land aber behielt seine eigene Verwaltung.

Seemacht Katalonien – Wohlstand und Expansion

Nach dem Zusammenschluss zum Königreich Aragón-Katalonien, dessen Hauptstadt Barcelona wurde, erlebte Katalonien eine Periode des wirtschaftlichen Aufschwungs und der Expansion. Die Bevölkerungszahl wuchs, die landwirtschaftliche Produktion nahm zu, Betriebe entstanden, Handel und Bankwesen florierten. Auch die Kunst am Hofe blühte, vor allem die katalanische Literatur – ab 1395 fand in Barcelona alljährlich ein Dichterwettbewerb, die Jocs Florals, statt. Unter Jaume I. dem Eroberer (1213 – 1276) stieg die mächtig gewordene Nation zur Seemacht auf. Die Katalanen eroberten die Balearen und erkämpften sich die Region Valencia, kurze Zeit später beherrschten sie auch Sizilien, Sardinien und Neapel.

Barcelona trieb nun Handel mit dem Orient und trat in Konkurrenz zu Venedig und Genua, den großen Seemächten Italiens. 1289 wurde das Parlament, die Corts Catalans, gegründet, eine für die damalige Zeit fast revolutionäre Ständevertretung, bestehend aus Vertretern des Adels, des Klerus und des Bürgertums; 1359 konstituierte man die Generalitat, die noch heute als Landesregierung fungiert. Mit dem Tod von Martí I. dem Humanen 1410 ging jedoch die Dynastie des Hauses von Barcelona im Königreich Aragón-Katalonien zu Ende. Dominierend war nun das aragonische Haus Trastámara, womit katalanische Interessen in den Hintergrund traten.

Seemacht Katalonien (Fortsetzung)

Frühe Neuzeit

Niedergang Kataloniens

Im Jahr 1469 führte die Heirat von König Ferdinand von Aragón und Isabella von Kastilien zur Vereinigung der beiden bisher miteinander rivalisierenden Königreiche. Unter der Herrschaft der "Reyes Católicos" (Katholische Könige) endete schließlich 1492 die Ära des Maurenreiches in Spanien. 1492 wurde aber nicht nur die letzte Maurenbastion Granada erobert und damit die fast 800-jährige Maurenherrschaft in Spanien beendet, im selben Jahr mussten auch alle Juden Spanien verlassen, die nicht gewillt waren, sich zum christlichen Glauben zu bekehren – ein nicht wieder gutzumachender Aderlass für Barcelona und Girona, wo die Juden einen großen und wirtschaftlich bedeutenden Bevölkerungsanteil ausmachten. Und schließlich erreichte 1492 Kolumbus die Küsten Amerikas, wodurch sich der Seehandel vom Mittelmeer an den Atlantik nach Sevilla und Cádiz verlagerte. Während das neue Machtzentrum des Königreichs nun in Kastilien lag, das binnen kurzer Zeit zur Weltmacht aufstieg, erlebte Aragón-Katalonien, aufgrund seiner relativen Unabhängigkeit im Doppelkönigtum von der Eroberung der Neuen Welt und vom Überseehandel ausgeschlossen, einen wirtschaftlichen und, damit verbunden, politischen Niedergang. 1494 stellte der Oberste Rat von Aragón Katalonien unter kastilische Kontrolle.

Verlust der Souveranität

Nach und nach setzte in Katalonien wieder ein wirtschaftlicher Aufschwung ein, was die Herrscher Kastiliens aus dem seit 1516 regierenden Haus der Habsbuger bald schon veranlasste, die Katalanen aufzufordern, sich finanziell an ihrer Politik zu beteiligen. Als während des Dreißigjährigen Krieges (1618 – 1648), in dem Spanien Frankreich bekämpfte, der spanische König Philipp IV. in Katalonien Truppen gegen den verfeindeten Nachbarn im Norden zwangsweise ausheben ließ und den Katalanen große Steuerlasten aufbürdete, erhob sich die katalanische Bevölkerung im "Guerra dels Segadors" mit französischer Unterstützung gegen die Zentralgewalt in Madrid. Der "Krieg der Schnitter", aus dem die Nationalhymne "Els Segadors" stammt, scheiterte jedoch an der Übermacht des kastilischen Militärs. Im "Pyrenäenfrieden" von 1659, der den Krieg Spaniens gegen Frankreich beendete, wurde Katalonien geteilt: Die Gebiete nördlich der Pyrenäen fielen Frankreich zu.
Im Spanischen Erbfolgekrieg (1701 – 1714) erlebte Katalonien eine zweite Konfrontation mit Madrid. Nach dem Tod Karls II. im Jahr 1700, des letzten spanischen Habsburgers, kämpften die mächtigen europäischen Königshäuser, die französischen Bourbonen und die

Verlust der Souveranität (Fortsetzung)

österreichischen Habsburger, um die spanische Krone. Zuerst unterstützten die Katalanen den Bourbonen Philipp von Anjou, dann aber sympathisierten sie mit dem späteren Verlierer, dem Habsburger Erzherzog Karl von Österreich. Der Sieger, Philipp von Anjou, nun König Felipe V. von Spanien, ließ daraufhin Barcelona belagern, das nach drei Monaten am 11. September 1714 fiel; heute ist der 11. September katalanischer Nationalfeiertag. Felipe V. hob die katalanischen Sonderrechte (Usatges) auf, ließ alle politischen Institutionen der Region schließen und verbot die katalanische Sprache. Mit diesem Racheakt des Bourbonen verlor Katalonien völlig seine Souveränität gegenüber der spanischen Krone.

Katalanische Renaissance

Während Spanien von den Steuereinkünften seiner Kolonien lebte, wurde das zur spanischen Provinz degradierte Katalonien, das ab 1778 endlich mit Amerika uneingeschränkt Handel treiben durfte, innerhalb eines Jahrhunderts das reichste und am meisten industrialisierte Gebiet der Iberischen Halbinsel, der Vorreiter der industriellen Revolution in Spanien. 1741 eröffnete die erste Textilfabrik Barcelonas – Barcelona war die erste Industriestadt Spaniens überhaupt–, kurz darauf wurden in Girona die ersten Papier- und Textilfabriken gegründet. Der wirtschaftliche Aufschwung fand vorübergehend ein Ende, als 1808 der Franzose Napoleon Bonaparte mit einem Heer in Spanien einfiel und versuchte, das Land unter seine Herrschaft zu bekommen. 1808 musste das belagerte Barcelona kapitulieren, Girona hielt hingegen einer siebenmonatigen Belagerung stand. Letztlich scheiterte Napoleon am erbitterten Widerstandswillen des spanischen Volkes, dem es 1813 gelang, den Feind mit englischer Hilfe aus dem Land zu jagen.

Im Lauf des 19. Jh.s setzten die wirtschaftlichen Erfolge in Katalonien wieder ein. Mit dem ökonomischen Aufschwung erstarkte der katalanische Nationalismus, eine Autonomiebewegung, die auch in Galicien und im Baskenland Widerhall fand, und der industrielle Reichtum führte zur Renaixença, zu einer Rückbesinnung auf die eigene Geschichte und Kultur. 1888 fand im Parc de la Ciutadella in Barcelona eine Ausstellung statt, die den Reichtum der Stadt zum Ausdruck brachte; 1929 wurde eine zweite Weltausstellung auf dem Montjuïc von Barcelona abgehalten. In den Jahren dazwischen feierte der Modernisme, die katalanische Variante des Jugendstils, vor allem in der Hauptstadt Triumphe. Auch Literatur und Malerei Kataloniens erfuhren eine Neubelebung, 1859 wurde der mittelalterliche Dichterwettbewerb Jocs Florals wieder eingeführt. 1906 hielt man in Barcelona den ersten Kongress für katalanische Sprache ab; eines seiner Hauptziele war die Standardisierung des Katalanischen, das seit dem 17./18. Jh. faktisch nur als gesprochene Sprache existiert hatte. Die Gründung des Institut d'Estudis Catalans (Institut für katalanische Studien) 1907 war schließlich ein Indiz für die wachsende Bedeutung der katalanischen Sprache, die nun auch von den offiziellen Stellen zunehmend geduldet wurde.

20. Jahrhundert

Kolonialkrieg, Militärdiktatur, Zweite Republik

Im beginnenden 20. Jh. spitzten sich in Spanien die sozialen, wirtschaftlichen und politischen Probleme dramatisch zu. Auch in Katalonien setzte eine politische und wirtschaftliche Krise ein. Nachdem Frankreich und Spanien ihre Einflusssphären in Nordafrika gegeneinander abgegrenzt hatten (1904), führte die spanische Krone mehrere Feldzüge gegen Marokko. Die Zwangsrekrutierungen hierfür lösten 1907 in Barcelona – der europäischen Hochburg der Gewerkschaften (sindicatos) sowie sozialistischer und anarchistischer Arbeiterbewegungen – heftige Proteste der Arbeiterschaft aus, die von der Staatsmacht blutig niedergeschlagen wurden. Bei den gewalttätigen Auseinandersetzungen während der "Setmana Tràgica" (Tragische Woche) starben über 100 Menschen.

Kolonialkrieg, Militärdiktatur, Zweite Republik (Fortsetzung)

1914 proklamierte Katalonien die Mancomunitat, eine Regionalregierung, und versuchte damit einen Weg der Autonomie zu beschreiten. Die von König Alfons XIII. geduldete Militärdiktatur von Primo de Rivera (1923 – 1930) löste die Selbstverwaltung jedoch schnell wieder auf. 1931 musste Alfons XIII. auf die Krone verzichten, nachdem die Republikaner bei Gemeindewahlen gewonnen und die Zweite Republik ausgerufen hatten. Die liberal-fortschrittliche Verfassung sah u. a. eine regionale Autonomie für Katalonien vor, die 1932 in Kraft trat. Die katalanische Sprache wurde für den Amts- und Schulgebrauch zugelassen; zunehmend erschienen Presseerzeugnisse in Katalanisch. Ruhe fand die spanische Nation in der republikanischen Zeit allerdings nicht. Immer mehr radikalisierte sich das politische Spektrum, wurde der Abstand zwischen linken und rechten Gruppierungen größer. Als im Februar 1936 bei Neuwahlen zum spanischen Parlament die linke Volksfront (frente popular) mit knapper Mehrheit siegte, war es nur noch eine Frage der Zeit, wann das Pulverfass explodieren würde.

Bürgerkrieg

Am 18. Juli 1936 putschten rechte Militärs, darunter General Francisco Franco, der später den Oberbefehl über die aufständischen Truppen übernehmen sollte, gegen die rechtmäßig gewählte Regierung in Madrid, was den auf beiden Seiten grausam geführten dreijährigen Spanischen Bürgerkrieg auslöste. Dieser Krieg wurde im eigentlichen Sinne an drei "Fronten" geführt. In erster Linie war es

Einheiten der Internationalen Brigaden bekunden auf einem Aufmarsch 1936 in Barcelona ihre Solidarität mit dem republikanischen Spanien.

Bürgerkrieg (Fortsetzung)

ein Krieg zwischen republiktreuen Linken und aufständischen Rechten; es war aber auch ein Krieg der Ideologien, des Kommunismus gegen den Nationalsozialismus / Faschismus (Sowjetherrscher Stalin unterstützte tatkräftig die Republik, Internationale Brigaden, bestehend u.a. aus Sozialisten, Kommunisten, Anarchisten, aus Intellektuellen und Schriftstellern, kämpften auf Seiten der Republikaner mit, während auf seiten Francos das nationalsozialistische Deutschland und das faschistische Italien eingriffen). Ferner entwickelte sich in den Reihen der Republikaner eine nicht minder blutig geführte Auseinandersetzung zwischen Kommunisten und Anarchisten. Vor allem Barcelona erlebte 1937 schwere Kämpfe (▶ Baedeker Special, S. 68). Den Kampf zwischen Kommunisten und Anarchisten konnten schließlich die Kommunisten mit Hilfe aus der UdSSR für sich entscheiden.
Katalonien blieb bis zum Ende des Bürgerkrieges republiktreu, Barcelona war von 1937 bis 1939 sogar Sitz der Volksfrontregierung. Bevor am 26. Januar 1939 die siegreichen Truppen von General Franco in die Stadt einmarschierten, flohen Tausende Katalanen in Richtung Norden, um in Frankreich Asyl zu suchen.

Franco-Diktatur

Nach seinem Sieg über die Republikaner etablierte General Franco ein 36 Jahre währendes autoritäres Regime, das jede Art von Regionalismus brutal niederschlug. So wurde das katalanische Autonomiestatut ausgesetzt, und systematisch unterdrückte der Diktator die katalanische Kultur und Sprache. Einzig die katholische Kirche erkannte Katalanisch als Landessprache an; 1966 erschien im Kloster Montserrat die kirchliche Monatszeitschrift "Serra d'Or" als erstes Presseerzeugnis in katalanischer Sprache seit 1939. Die Katalanen aber ließen sich von der Diktatur nicht kleinkriegen. Ende der 1950er-Jahre begannen einige Intellektuelle und Künstler in Barcelona das katalanische Nationalbewusstsein zu reaktivieren, schließlich sammelten sich in der katalanischen Protestbewegung Kritiker des franquistischen Regimes. Sie bildeten keine Geheimorganisation, sondern übten nur leisen Protest im Alltag. Formulare wurden auf Katalanisch ausgefüllt, man summte in Gegenwart Madrider Abgeordneter katalanische Lieder oder fragte den Polizisten auf Katalanisch nach dem Weg. Staatliche Repressionen wie die Zensur von katalanischen Liedertexten, in denen das Regime angegriffen wurde, konnten nicht viel ausrichten. Der Schwarzmarkt mit den Widerstandsliedern florierte, schließlich ergriffen auch der niedere Klerus und einflussreiche Wirtschaftskreise Partei für die Forderungen der Katalanen nach mehr Autonomie.

Demokratie

Erst nach dem Tod des greisen Diktator Francisco Franco 1975 fand das Land mit Einführung der Demokratie zu einem föderativen System. So erhielt Katalonien, nachdem eine Million Katalanen auf die Straße gegangen waren, um ihre alten Rechte zurückzufordern, wie das Baskenland 1979 ein Autonomiestatut, welches eine begrenzte Selbstverwaltung ermöglichte. Seither ist Català wieder Amts- und Unterrichtssprache, und die Landesregierung, die Generalitat, vertritt die Interessen der katalanischen Bürger.
Die ersten Wahlen zum katalanischen Regionalparlament im Jahr 1980 gewann die konservative Convergencia i Unio (CiU) unter Jordi Pujol. Die CiU ging auch aus den Wahlen 1999 erneut als Sieger hervor, doch erreichte sie mit ihrem Vorsitzenden Pujol, der nun seit

über zwei Jahrzehnten die Generalitat de Catalunya leitet, nicht mehr die absolute Mehrheit und ist seither auf die Unterstützung der Volkspartei Partido Popular (PP), der der amtierende spanische Ministerpräsident José María Aznar angehört, angewiesen.

Demokratie (Fortsetzung)

21. Jahrhundert

Gedenkjahre

Katalonien, das zu den wirtschaftlich am stärksten prosperierenden Regionen Europas zählt, feierte 2002 das Gaudí-Jahr (150. Geburtstag des berühmten katalanischen Architekten), und 2004 wäre der exzentrische Künstler Salvador Dalí 100 Jahre alt geworden (▶ Baedeker Special, S. 112).

Berühmte Persönlichkeiten

Ferrán Adrià

▶ Baedeker Special, S. 34

Ricardo Bofill

▶ Baedeker Special, S. 34

Montserrat Caballé

▶ Baedeker Special, S. 34

Pau Casals (1876 – 1973) Cellist

Pau Casals war der größte Cellist seiner Zeit. Geboren wurde er im katalanischen Vendrell (Provinz Tarragona), 1887 begann er sein Musikstudium am Konservatorium von Barcelona. 1905 gründete er zusammen mit Alfred Cortot und Jacques Thibaud ein Streichtrio, das bald schon auf der ganzen Welt mit überragenden Interpretationen Erfolg hatte und über dreißig Jahre lang aktiv war. Seit 1919 leitete Casals in Barcelona ein eigenes Orchester; Konzertreisen führten ihn in alle Teile der Welt, wobei er der erste Cellist war, der ausschließlich als Solovirtuose auf Tournee ging; er trat auch als Dirigent und als Komponist vorwiegend geistlicher Musik hervor. Vor allem aber bemühte er sich um eine Neubelebung der Solowerke von Johann Sebastian Bach.
Während des Spanischen Bürgerkriegs (1936 – 1939) emigrierte der Künstler 1937 und lebte schließlich 45 Jahre lang im Exil. Sein erster Exilort war das Pyrenäendorf Prades, rund 25 km nördlich der spanisch-französischen Grenze. Gleichgesinnte Katalanen versuchten den Exilanten, der ein ausgesprochener Franco-Gegner war, sogar dazu zu bewegen, während des Bürgerkrieges die Führung der Generalitat, der katalanischen Regierung, zu übernehmen, weil deren Präsident von Franquisten hingerichtet worden war. Aber Casals lehnte ab. 1956 übersiedelte der Musiker nach Puerto Rico, woher seine Familie mütterlicherseits stammte. 1958 gab er vor der UNO in New York ein Konzert, das er zum Anlass nahm, für mehr Menschlichkeit auf der Welt und gegen einen drohenden Atomkrieg, den er besonders fürchtete, vor der weltweiten Öffentlichkeit zu demonstrieren. Über Nacht galt nun der Cellist als Botschafter des Friedens und wurde sogar für den Friedensnobelpreis vorgeschlagen, gewann ihn jedoch nicht. Casals, der in dritter Ehe mit einer 59 Jahre jüngeren Frau verheiratet war, wurde 97 Jahre alt.

Salvador Dalí

▶ Baedeker Special, S. 112

Antoni Gaudí (1852 – 1926) Architekt

Antoni Gaudí, in Reus (Provinz Tarragona) geboren, ist der mit Abstand berühmteste spanische Baumeister der jüngeren Vergangenheit und heute das wichtigste kulturelle Aushängeschild von Katalonien. Zu Lebzeiten wurde der geniale und besessene Architekt nur belächelt oder sogar verachtet. Als er 1926 in Barcelona starb,

Antoni Gaudí (Fortsetzung)

nachdem er von einer Straßenbahn angefahren worden war, wäre er fast unerkannt geblieben. Im Jahr 2002, anlässlich des 150. Geburtstages von Antoni Gaudí, feierte Barcelona das Gaudí-Jahr, um den Baumeister ins rechte Licht zu rücken und um auch "das schlechte Gewissen zu beruhigen", wie der Direktor für alle Aktivitäten rund um Gaudís 150. Geburtstag einmal sagte.
Gaudí lebte zu einer Zeit, als in ganz Europa der Historismus und insbesondere die Neugotik Quintessenz aller Baukunst war, und sein Ideal war die Wiederbelebung einer lichten, farbigen mediterranen Gotik. So sind es auch gotische Formelemente, die in vielen seiner Werke dominant hervortreten. Seine eigentliche kreative Leistung jedoch war es, unter gleichzeitiger Verwendung von historischen Mustern und pflanzenhaft sich schlingenden Formen des Jugendstils eine neue Stilrichtung zu schaffen, die dem katalanischen Modernisme (Baedeker Special, S. 42) zuzurechnen ist.
Die Hauptwerke von Gaudí sind in Barcelona zu finden (u. a. Casa Milá und Casa Batlló). In der katalanischen Metropole erfuhr Gaudí auch großzügige Förderung durch den Grafen Eusebi Güell, der sich von ihm ein Wohnhaus (Palau Güell am südwestlichen Rand der Altstadt von Barcelona) errichten ließ. Das bekannteste von Gaudí gestaltete Bauwerk indessen ist der Templo de la Sagrada Familia in Barcelona. Ihm widmete der Architekt den weitaus größten Teil seines Arbeitslebens, doch noch heute ist diese gewaltige "Kirche der Armen", wie ihr Erbauer sie nannte, unvollendet.
Antoni Gaudí war nie in New York, doch entwarf er ein Wolkenkratzer-Hotel für Manhattan: ein Hotel namens "Attraction" mit fünf 100 m hohen Türmen, die für die Kulturen der fünf Kontinente stehen und die eine gläserne, mehr als 300 m hohe Säule umgeben sollten. Dieser Entwurf wurde auch für die Wiederbebauung von "Ground Zero" nach dem 11. September 2001 vorgeschlagen.

Javier Mariscal

▶ Baedeker Special, S. 34

Joan Miró (1893 – 1983) Künstler

Joan Miró ist nach Salvador Dalí (▶ Baedeker Special, S. 112) der zweite katalanische Maler, der im 20. Jh. Weltruhm erlangte. Seine ersten künstlerischen Anregungen erhielt der in Montroig, nahe der katalanischen Hauptstadt Barcelona, geborene Künstler von den französischen Realisten und vor allem vom neu aufkommenden Kubismus. Diesen hatte er in Paris kennen gelernt, wohin er 1919 zum ersten Mal gekommen war. Miró gehörte wenig später zu den Unterzeichnern des Surrealistischen Manifestes und wandte sich im Jahr 1923 gänzlich von der überkommenen Malerei und auch den bisherigen Bestrebungen des Kubismus ab, um seinen eigenen charakteristischen Stil zu entwickeln. In seinen Bildern fügen sich kräftige, oft kalligrafisch anmutende, zeichenhafte Linien mit intensiven Farben zu Kompositionen, denen die gänzliche Abstraktion fehlt und die zu vielfältigen gegenständlichen Assoziationen anregen. Auch mit grafischen Techniken sowie mit Keramik und Plastik befasste sich

Weltstars aus Katalonien

In vielen Bereichen hat Katalonien berühmte Zeitgenossen hervorgebracht:in der bildenden Kunst, in der Architektur, im Design, in der Musik, in der Literatur und nicht zuletzt in der Kochkunst.

Der Künstler

Der 1923 in Barcelona geborene **Antoni Tàpies** gehört zu den bedeutendsten bildenden Künstlern der Moderne. Die Anfänge seines Schaffens waren stark von den Vertretern des Surrealismus beeinflusst, insbesondere von Joan Miró (► Berühmte Persönlichkeiten), dem er auch persönlich nahe stand. Zu Beginn der 1950er-Jahre lernte Tàpies in Paris die neu aufkom-

mende Stilrichtung des Tachismus (von französ. tache = Fleck, Farbfleck) kennen, eine Variante der informellen Kunst, die vom Surrealismus in die totale Abstraktion führt. Tàpies' Objekte – er arbeitet häufig mit farbigem Mörtel, Keramik und ähnlichen eher plastischen als malerischen Materialien – leben aus einer stark verfremdeten Symbol- und Zeichensprache. Auch als Grafiker und Illustrator ist Tàpies hervorgetreten. Die Fundació Antoni Tàpies in ► Barcelona zeigt in wechselnden Ausstellungen ausgewählte Werke aus ihrem reichen Fundus.

Der Architekt

In Tokio, Paris und Metz, Houston und Chicago, in Brüssel, Madrid, Warschau, Luxemburg – überall in der Welt setzt **Ricardo Bofill** (geb. 1939) architektonische Maßstäbe, gleich ob es sich um Gebäude, wie das Nationaltheater von Katalonien in Barcelona und den Flughafen von Barcelona, oder ganze Städte, wie Antigone in Südfrankreich, handelt. Bofill, 1939 in Barcelona geboren und an der Architekturschule in Genf ausgebildet, unterhält in Barcelona und Paris Büros, denen Architekten, Ingenieure und sogar Soziologen und Philosophen angehören. Der katalanische Stararchitekt errichtet zur Zeit in Algerien im Auftrag der dortigen Regierung eine ultramoderne Stadt für 350 000 Menschen in einem praktisch unbewohnten Gebiet am Nordrand der Sahara. Algeria – so soll das neue Wirtschafts- und Finanzzentrum heißen – wird eine Mischung aus Wolkenkratzern und niedrigen Gebäuden sein. Geplant ist eine Bauzeit von 20 Jahren; 2007 sollen dort bereits 50 000 Menschen leben.

Die Primadonna

Montserrat Caballé, neben Maria Callas und Joan Sutherland eine der bedeutendsten Sopranistinnen der Nachkriegszeit, gehört in Spanien zu den bekanntesten Persönlichkeiten des öffentlichen Lebens. Ihre erste musikalische Ausbildung erhielt die 1933 in Barcelona geborene Opernsängerin als Achtjährige am Konservatorium ihrer Geburtsstadt. Ihr Bühnendebüt hatte sie 1956 am Stadttheater von Basel, dem sie bis 1959 angehörte; 1959 – 1962 war sie am Stadttheater von Bremen engagiert. 1962 ging sie zurück nach Barcelona. Bis dahin hatte sich die perfekt Deutsch sprechende Sopranistin für eine Sängerin des deutschen Fachs gehalten, für eine Interpretin der Opern von Richard Wagner und Richard Strauss. Nun aber begann sie, das italienische Repertoire für sich zu entdecken und sang Bellini, Verdi und Donizetti. Den internationalen Durchbruch erreichte die seit 1964 mit dem spanischen Tenor Barnabé Martí verheiratete Primadonna 1965, als sie in der

New Yorker Carnegie Hall ohne große vorherige Probe Marilyn Horne in einer Konzertaufführung von Donizettis "Lucrezia Borgia" ersetzte. Seither hat Montserrat Caballé, die über eine wunderschöne und sehr vielseitige Stimme verfügt und die Gesangstechnik souverän beherrscht, in allen großen Opernhäusern und Konzerthallen der Welt gesungen. Doch die Sopranistin beschränkt sich nicht nur auf Opern. 1987 brachte sie mit ihrem Freund Freddy Mercury, dem inzwischen verstorbenen Sänger der Rockgruppe "Queen", ein Plattenalbum mit Duetten heraus; mit ihm eröffnete sie auch 1992 die Olympischen Sommerspiele von Barcelona. Die sehr sympathisch wirkende Sängerin ist mit internationalen Ehrungen überhäuft worden. U. a. erhielt sie mit der "Dona Isabel la Católica" den höchsten Titel der spanischen Regierung, und sie wurde zur Ehrenbotschafterin der Uno ernannt.

Die Autoren

Der 1948 in Barcelona geborene und heute dort auch lebende **Enrique Vila-Matas** gilt in Spanien und Lateinamerika als einer der wichtigsten Gegenwartsautoren; vor allem in Mexiko und Argentinien, wo man ihn als seelenverwandt versteht, erfreut er sich großer Beliebtheit. Vila-Matas hat seit 1973 zahlreiche Essays und Kurzgeschichten sowie zehn Romane geschrieben, die in fünfzehn Sprachen übersetzt und mehrfach ausgezeichnet wurden. 2001 erhielt er den internationalen Literaturpreis Rómulo Gallegos. Vila-Matas ist kein einfacher Autor und auch nicht leicht einzuordnen. Er schreibt oft zwischen den Gattungen, er hat einen Hang zum Antitext und zum Absurden, in seinen Werken verwischen sich die Grenzen zwischen Fiktion und Realität, zwischen Held und Antiheld, zwischen Betrachter und Betrachtetem. Obwohl Katalane, verfasst der eigensinnige Erzähler seine Werke auf Spanisch, denn in dieser Sprache, die nicht seine Muttersprache ist, glaubt Vila-Matas Ironie und Distanz besser ausdrücken zu können als im Katalanischen. Auch in deutscher Übersetzung sind einige Romane des immens belesenen Schriftstellers erschienen, darunter das – von literarischen Zitaten überbordende – Werk "Bartleby & Co." (2001) und "Die merkwürdigen Zufälle des Lebens" (2002). Seine Leser müssen sich zuweilen, wie in den Erzählungen "Vorbildliche Selbstmorde" (1995), absurde Fragen stellen wie: Kann man sich bei seinem eigenen Selbstmord von einem Stellvertreter vertreten lassen?

Schon seit langem gehört der 1939 in Barcelona geborene Lyriker, Romancier, Essayist und Journalist **Manuel Vázquez Montalbán** zu den profiliertesten spanischen Gegenwartsautoren. Der Schriftsteller ("Ich kann nur zwei Dinge: schreiben und kochen"), der nach dem Studium der Geisteswissenschaften und Journalistik bei verschiedenen Zeitungen als Redakteur tätig war, veröffentlichte mehr als hundert Romane, Sach- und Kochbücher, Essay- und Lyrikbände. Weltweit berühmt wurde er mit seinen Kriminalromanen um Detektiv Pepe Carvalho, einen Ex-Kommunisten und CIA-

Agenten, dessen Abenteuer die politische und soziale Wirklichkeit in Spanien seit Francos Tod widerspiegeln. Diese Krimis, u. a. "Carvalho und der Mord im Zentralkomitee", zählen zu den erfolgreichsten Kriminalromanen der Weltliteratur.

Der Designer

Zu den bekanntesten Entwürfen des derzeit wohl berühmtesten katalanischen Designers **Javier Mariscal** (geb. 1950) gehört Cobi, das Maskottchen der Olympischen Sommerspiele 1992 in Bar-

celona. Mariscal, 1950 in Valencia geboren, zog 1971 nach Barcelona und studierte hier Grafikdesign. 1989 gründete er mit anderen Grafikern in einer ehemaligen Lederfabrik in Barcelona das Studio Mariscal. Sein Studio arbeitet in so verschiedenen Bereichen wie Textil- und Möbeldesign, Inneneinrichtung sowie grafischer Illustration. Mariscal publiziert auch in zahlreichen Illustrierten, und im Jahr 1979 entwarf er das Plakat BAR CEL ONA, das sich zum Wahrzeichen der Stadt entwickelte. Auch außerhalb Spaniens ist er erfolgreich. Ausstellungen von ihm gab es u. a. in Paris und auf der Documenta in Kassel (1987); er schuf das neue Logo der schwedischen Sozialdemokratischen Partei (1993) und kreierte ein Porzellan-Service für Rosenthal (1994). Darüber hinaus gestaltete er Plakate, Broschüren, Dekorationen für Ausstellungen, Werbespots und Zeichentrickfilme. Auch Twipsy, das bunte Maskottchen der Expo 2000 in Hannover, ist ein Werk des Designers aus Barcelona.

Der Koch

Restaurantkritiker Wolfram Siebeck nennt ihn den "genialsten, verrücktesten und originellsten Koch der westlichen Welt", der französische Starkoch Joël Robuchon bezeichnet ihn als "besten Koch des Planeten", das amerikanische Magazin "Gourmet" taufte ihn "Dalí der Küche": **Ferrán Adrià** (geb. 1962), Küchenchef des seit 1997 mit drei Michelin-Sternen ausgezeichnete Restaurants "El Bulli" bei Roses (▶ Tipp, S. 156), eines der drei Restaurants in Spanien, die drei Michelin-Sterne vorweisen können. Ferrán Adrià, Sohn eines Stuckateurs aus einem bescheidenen Vorstadtviertel von Barcelona, fand im Alter von 18 Jahren zur Kochkunst, als er während seines Betriebswirtschaftsstudiums in einem Restaurant als Tellerwäscher jobbte. Er bildete sich auf Reisen, besonders in Frankreich, autodidaktisch weiter und wurde bereits mit 22 Jahren Küchenchef in einem Edelrestaurant. Heute zählt der Katalane mit den wirr nach oben strebenden Haaren und den großen braunen Augen, der Gemüse auch als Gelatine serviert und Speisen zuweilen mit Holzkohle würzt, zu den innovativsten Köchen der Welt, bei dem sich Starköche aus aller Herren Länder gern Anregungen holen. Adriàs Philosophie ist es, mit unerwarteten Geschmacks- und Temperaturkontrasten zu überraschen. Einmal fand sich Parmesan-Eis zwischen zwei Keksen aus karamellisiertem Parmesan als Minisandwich auf der Speisekarte. Die Menüabfolge in dem nach der Bulldogge des Gründers benannten und konventionell eingerichteten Lokal ändert sich von Jahr zu Jahr. Von Ferrán Adrià wird auch in Zukunft noch viel zu erwarten sein. In Barcelona, und zwar in Nähe der Boquería, einer der wohl bestbestückten Markthallen der Welt, unterhält der Künstler unter den Köchen eine mit modernsten Eismaschinen, Schneidgeräten, Mixern und Öfen ausgestattete, einem Labor ähnelnde Versuchsküche, in der er mit seinem Bruder und einem weiteren Koch unermüdlich kulinarische Spezialitäten kreiert. Er schreibt auch Kochbücher; Ende 2002 sind die ersten beiden Bände von Adriàs Kochbuch erschienen.

der Künstler eingehend. Eine seiner berühmtesten Skulpturen ist der “Sonnenvogel”.

Joan Miró (Fortsetzung)

Miró war ein disziplinierter und fleißiger Arbeiter, pünktlich und zuverlässig, und er lebte bescheiden. Doch trotz seiner internationalen Anerkennung blieb seine finanzielle Lage stets angespannt. Bis zum Ausbruch des Spanischen Bürgerkrieges lebte Miró in Barcelona, dann, bis 1940, in Paris. Als in diesem Jahr deutsche Truppen auf die französische Hauptstadt vorrückten, suchte er wieder in Spanien Zuflucht. Im Jahr 1944 wurde Paris durch alliierte Verbände befreit, und Miró kehrte nach Frankreich zurück. Nach Kriegsende verlegte er seinen Wohnsitz auf die Insel Mallorca, wo er am ersten Weihnachtsfeiertag des Jahres 1983 verstarb.

Narcís Monturiol (1819 – 1885) Erfinder

Die Idee, als erster Mensch ein brauchbares Unterseeboot zu bauen, kam Narcís Monturiol, als er an der Küste bei Cadaqués mitansehen musste, wie ein Korallentaucher ertrank. So versuchte er zunächst ein Tauchboot zu entwickeln, mit dem es möglich sein sollte, zum küstennahen Boden zu tauchen und Korallen zu sammeln, was damals eine recht einträgliche Tätigkeit war. 1859 tauchte seine “Ictíneo”, ein 13,5 m langes U-Boot aus Holz, das durch menschliche Zugkraft angetrieben wurde, in den Häfen von Barcelona und Alicante erfolgreich jeweils zwei Stunden lang. Als 1862 die spanische Regierung Interesse an dem U-Boot-Projekt bekundete, baute der aus Figueres stammende Monturiol die “Ictíneo II”, die von einer Dampfmaschine angetrieben werden sollte. Doch finanziell war der geniale Erfinder am Ende. Um seine Schulden zu bezahlen, musste er die “Ictíneo II” zum Schrotthändler bringen. In der Folgezeit widmete sich Monturiol nur noch der Politik. In der Ersten Republik (1873 – 1874) war er Abgeordneter und schrieb Abhandlungen u. a. über Sozialutopien. 1992 wurde “Ictíneo I”, der “Große Fisch”, originaltreu nachgebaut und steht heute vor dem Aquarium im Hafengebiet von ▶ Barcelona.

Charlie Rivel (Josep Andreu Rivel, 1896 – 1983) Clown

Als “Akrobat schöön” hat der in Cubellas bei Barcelona geborene Spross einer Artistenfamilie ein Leben lang die Zirkusbesucher begeistert. Charlie Rivel (“Jeder Mensch ist ein Clown, aber nur wenige haben den Mut, es zu zeigen”) gehörte zu den “leisen” Clowns, deren Späße niemals derb sind und die im Zuschauer bei aller Heiterkeit ein leichtes Gefühl von Melancholie und Mit-Leiden wecken angesichts der zutiefst tragischen Tücke des Objekts, die dem Spaßmacher eine Fülle menschlich-allzumenschlicher Widrigkeiten beschert. Die Markenzeichen des katalanischen Clowns waren eine nahezu kubische rote Nase und ein überlanger, den ganzen Körper umhüllender enger Pullover. Er verstand es vortrefflich, sich auch ohne verbale Äußerungen seinem Publikum verständlich zu machen; virtuos setzte er lautmalerische Ausdrucksmittel bei seinen Auftritten ein.

Mercè Rodoreda (1908 – 1983) Schriftstellerin

Mercè Rodoreda ist die bekannteste Autorin Kataloniens. Die ersten Bücher der in Barcelona geborenen Schriftstellerin erschienen in den 1930er-Jahren, darunter der mit dem Preis Creixells ausgezeichnete Roman “Aloma” (1938). Danach hörte man von Mercè Rodoreda fast 20 Jahre nichts; die Autorin lebte in Paris, Bordeaux und später in der Nähe von Genf im Exil. 1962 publizierte sie den Roman “Auf der Plaça del Diamant” (mit einem Nachwort des kolum-

Mercè Rodoreda (Fortsetzung)

bianischen Literaturnobelpreisträgers Gabriel García Márquez), der den Leidensweg einer jungen katalanischen Frau aus Gràcia, einem Stadtteil Barcelonas, zur Zeit des Spanischen Bürgerkriegs (1936 bis 1939) beschreibt. Dieser Roman, ihr bekanntestes Werk, wurde in 20 Sprachen übersetzt. Weitere, auch auf Deutsch erschienene Werke sind u. a. der poetisch-surrealistische Prosatextband "Reise ins Land der verlorenen Mädchen" (1980), das Familienepos "Der zerbrochene Krug" (1982) und "Der Tod und der Frühling" (aus dem Nachlass 1986 erschienen), eine Parabel auf das Leben in der eng umgrenzten Welt eines archaischen Dorfes.

Antoni Tàpies

▶ Baedeker Special, S. 34

Kunst und Kultur

Kunstgeschichte

Frühe Völker

Von den spanischen Ureinwohnern traten die an der Mittelmeerküste lebenden Iberer künstlerisch am deutlichsten in Erscheinung. Anschauliches Beispiel für den Städtebau der Iberer ist die ausgedehnte Siedlung ▶ Ullastret in der Provinz Girona. Auch die Völker, die die Iberische Halbinsel im Altertum kolonisierten, hinterließen ihre Spuren. Die bedeutendste griechische Niederlassung war das um 700 v. Chr. erbaute Emporion (▶ Empúries), in dem sich später die Römer niederließen. An westgotischen Bauten ist – abgesehen von drei Kirchen in Terrassa (▶ Barcelona, Umgebung) – jedoch nichts vorhanden, und auch von den Mauren, die die im vorliegenden Reiseführer beschriebene Region nur kurze Zeit beherrschten, gibt es so gut wie keine Hinterlassenschaften.

Romanik

Der Beginn einer eigenständigen spanischen Kunst lässt sich ungefähr auf das 11. Jh. datieren, als sich unter französischem und lombardischem Einfluss die Romanik in Spanien durchsetzte. In Katalonien war durch die Benediktiner und ihre berühmte Klostergründung Santa Maria de Ripoll (874) lombardischer Einfluss in die Baukunst eingebracht worden. In diesem Konvent, vor allem in dessen Portalgestaltungen, erreichte auch die Bildhauerkunst der Romanik bereits einen bedeutenden Höhepunkt. In Katalonien gibt es über 2000 Bauwerke, meist Kirchen, aus der romanischen Zeit. Gut erhalten sind die Kirchen in den Pyrenäen, wo sie von Angriffen und Modernisierung verschont blieben. Die Gotteshäuser haben einen hohen Glockenturm, Mittelschiffe mit Tonnengewölbe und zuweilen imposante Wandgemälde. Allgemein orientierten sich die Maler im christlichen Spanien an der katalanischen Malerei, die sich durch byzantinisch anmutende Strenge auszeichnete.

Gotik

Nur langsam setzte sich in Spanien die Gotik gegen den romanischen Baustil durch. Die Zisterzienser waren es, die hier die burgundische Form der Gotik (Spitzbogen) heimisch machten. Ein hervorragendes Beispiel gotischen Kathedralenbaues in Spanien im 14. und 15. Jh. ist die Kathedrale von Barcelona. In Katalonien entwickelte sich zudem eine von Südfrankreich beeinflusste Sonderform des Kirchenbaus weiter, nämlich der Typus der einschiffigen Hallenkirche, wie an der Kathedrale von Girona zu sehen ist. In vielen Kirchen Kataloniens finden sich auch große, aus vielen einzelnen Reliefszenen zusammengesetzte "Retablos", von denen schöne Beispiele in den Museen von Barcelona und Vic ausgestellt sind. Für die Malerei der Gotik war gleichfalls französischer, später italienischer und im 15. Jh. auch niederländischer Einfluss maßgebend. Die Malschule von Barcelona, die sich im 15. Jh. unter niederländi-

Baldachin am Altar der Kathedrale von Girona

Gotik (Fortsetzung)

scher Einwirkung entwickelte, ließ in den Werken von Luis Dalmau, Bartolomeo Vermejo und Jaime Huguet aber schon kräftige eigenständige Merkmale eines sehr ausgeprägten Realismus und großer Prächtigkeit erkennen. Ein Charakteristikum der katalanischen Malerei während der Gotik war "esgrafiat", das Vergolden von Heiligenscheinen, Stoffen u. a. , z. B. "Der heilige Georg und die Prinzessin" von Jaume Huguet (1415 – 1492), einem der größten Künstler der katalanischen Gotik. Die Gotik war aber auch eine der Perioden mit den imposantesten profanen Bauten in Katalonien. Schöne Beispiele dieser Zeit, als Katalonien auf dem Höhepunkt seiner politischen Macht stand und eine wirtschaftliche Blütezeit erlebte, findet man im Gotischen Viertel (Barri Gòtic) von Barcelona.

Renaissance, Barock, Klassizismus

Zur Zeit der Renaissance, des Barocks und des Klassizismus entstanden in Katalonien kaum nennenswerte Zeugnisse des Kunstlebens. Zu sehr waren die Katalanen damit beschäftigt, sich gegen die spanische Zentralgewalt zu behaupten; weder wirtschaftlich noch kulturell war die Region in dieser Zeit besonders produktiv.

Modernisme

Mit dem durch die Industrialisierung eingeleiteten wirtschaftlichen Wiederaufschwung in der zweiten Hälfte des 19. Jh.s besann sich Katalonien auf seine eigene kulturelle Identität, und die Region erholte sich auch künstlerisch wieder. Ab den 1880er-Jahren entwickelte sich der Modernisme (▶ Baedeker Special, S. 42), der katalanische Jugendstil und die erste eigenständige katalanische Kunstrichtung. Diese vor allem in Barcelona auffällige Strömung begann gegen 1885 mit der Wiedereinführung der katalanischen Romanik durch den Architekten Elies Rogent (Universidad de Barcelona, Restaurierung des Klosters Ripoll) und Pere Falqués (Triumphbogen, Straßenlaternen am Passeig de Gràcia in Barcelona). Die bekanntesten Vertreter des sich oft am dekorativen, spielerischen und skurrilen Detail erfreuenden Modernisme sind die Architekten Luis Domènech i Montaner (Palau de la Música Catalana) und Antoni Gaudí. Zum Symbol dieser Richtung ist die 1882 begonnene, noch immer unvollendete Kathedrale "Sagrada Familia" in Barcelona mit ihren Höhlungen, gewölbten Balkonen, Rundungen, Lichtdurchlässen und jugendstilhaften Schnörkelungen geworden, das Hauptwerk des im Jahr 2002 gefeierten Architekten Antoni Gaudí (▶ Berühmte Persönlichkeiten).

Modernisme (Fortsetzung)

20. Jahrhundert

Pablo Picasso, der bedeutendste Künstler des 20. Jh.s, darf in gewisser Weise zu den katalanischen Malern gezählt werden, verbrachte er doch seine ersten Akademiejahre in Barcelona, bevor er 1904 nach Paris ging. Sein Frühwerk war, wie im Museu Picasso (▶ Barcelona) zu sehen ist, u.a. von der Stadt und ihrer Umgebung beeinflusst. Joan Miró (▶ Berühmte Persönlichkeiten) lebte für einige Zeit in Frankreich und schloss sich dem im Paris der 1920er-Jahre entstehenden Surrealismus an. Seine verspielt-heiteren, subtil-eleganten Bilder zählen zu den liebenswürdigsten Schöpfungen moderner Kunst. Als berühmtester Vertreter des Surrealismus gilt der in Figueres geborene Salvador Dalí (▶ Baedeker Special, S. 112), der die Kunstszene immer wieder durch seinen Hang zur Exzentrik belebte. Die neue Kunst der jungen spanischen Avantgarde unter Führung von Antonio Tàpies (1948 Mitbegründer der Gruppe "Dau al Set" ▶ Baedeker Special, S. 34) entwickelt eine radikal moderne Malerei, die auf beschreibende Bildmotive und kompositorische Regeln verzichtet; die Freiheit verschiedener Individualstile beibehaltend, bemüht sie sich um vom Material her kommende dramatische Effekte.

Literatur

Mittelalter

Die ersten bekannten Zeugnisse katalanischer Literatur stammen aus dem 12. Jahrhundert. Einen breiten Raum nehmen die Historienwerke und Chroniken ein; auch Übersetzungen aus der klassischen Antike und den wissenschaftlichen Werken des maurischen Kulturkreises sind häufig. Dahingegen treten die Genres der Schönen Literatur weit in den Hintergrund.

Großen Einfluss auf die katalanischeLiteratur gewann die höfische Troubadourdichtung der Provence, die im 12. und 13. Jh. ihre Blütezeit erlebte. Viele provenzalische Wörter fanden damals Eingang ins Katalanische. Eine zentrale Gestalt der katalanischen Sprache und Kultur ist der auf Mallorca geborene Ramón Llull (latinisiert Raimundus Lullus; 1235–1316), ein Mann von umfassender Bildung. Unter Lullus, der seine für das Denken des gesamten Abendlandes bedeutenden Traktate, Romane und Gedichte außer in lateinischer und arabischer Sprache im Idiom seiner Heimat schrieb, erlebte das Katalanische als Kultursprache eine Blüte, zu der es sich bis heute nicht wieder aufschwingen konnte. An Lullus' Werk "Llibre de Cavalleria", einen Leitfaden für ritterliche Lebensführung, knüpfte Joanot Martorell an, der den katalanischen Ritterroman zu hoher Vollendung führte ("Tirant lo Blanch"; um 1455).

Modernisme

Barcelona ist das bedeutendste Zentrum des Modernisme, der katalanischen Variante des Jugendstils an der Wende vom 19. zum 20. Jahrhundert. Noch heute prägen vom Triumvirat der Stararchitekten jener Zeit entworfene Prachtbauten weite Teile der katalanischen Hauptstadt.

Gerade Linien waren Antoni Gaudí (▶ Berühmte Persönlichkeiten) ein Gräuel. Weiche, fließende Formen mussten seine Bauwerke aufweisen – bunte Fliesen im maurischen Stil, an Blütenblätter oder die Flügel eines Schmetterlings erinnernde Glasfenster, gewölbte Balkonbrüstungen und schmiedeeiserne Geländer, geschwungene Treppen, in anthropomorphe Skulpturen verwandelte Schornsteine und Belüftungsschächte.

Eigenständige katalanische Kunstrichtung

Antoni Gaudí war der Hauptvertreter des verspielten, von mittelalterlichen Architekturelementen und organischen Naturformen inspirierten sowie neue Techniken und Materialien mit alter Handwerkskunst (Kunstschmiede, Schreinerei, Keramikwesen, Glaserei) verbindenden Modernisme, dessen Blütezeit in Katalonien in der Zeit zwischen 1880 und 1920 lag. Anders als die vergleichbaren Bewegungen des deutschen Jugendstils, des französischen Art Nouveau oder des englischen Modern Style präsentierte sich der Modernisme als stark nationalistisch geprägter Kunststil, er ist die erste eigenständige katalanische Kunstrichtung. Ausschlaggebend für seine Entstehung war der durch die Industrialisierung eingeleitete wirtschaftliche Wiederaufschwung in der zweiten Hälfte des 19. Jh.s, der den Katalanen zu einem wachsenden Selbstbewusstsein verhalf und die Renaixença einleitete, die Rückbesinnung auf die eigene kulturelle Identität, auf die Geschichte und Sprache der Heimatregion. Mit dem Wirtschaftswachstum entstand nun auch eine wohlhabende bürgerliche Schicht, die über genügend Geldmittel verfügte, das neu gewonnene Selbstwertgefühl in Form von repräsentativen Bauwerken nach außen zu demonstrieren. So entwickelte sich der Modernsime zu einer Kultur des Großbürgertums, die von der ihr nachfolgenden Bewegung des Noucentisme wegen ihrer Nähe zur Macht und zum Geld scharf kritisiert wurde. Der Modernisme wies aber auch sozialreformerische Ansätze auf. So suchten viele Architekten nach humaneren Bauweisen für Fabriken und Arbeiterwohnungen, bei denen auch die Ästhetik nicht zu kurz kommen sollte.

Das Triumvirat

Die Stararchitekten des Modernisme waren neben Antoni Gaudí (1852 bis 1926) Lluís Domènech i Montaner (1850 – 1920) und Josep Puig i Cadafalch (1867 – 1957).
Am stärksten geprägt wurde das Stadtbild Barcelonas von Antoni Gaudí. Neben seinem Hauptwerk, dem Temple de la Sagrada Familia, sind die vielen Entwürfe für seinen großzügigen Förderer Eusebi Güell zu nennen: die Casa Milà, die Casa Batlló mit ihrer "knöchernen Fassade" und die Casa Vicens, sein erstes wichtiges Werk, das durch den historistischen Mudéjar-Stil inspi-

riert ist und Stein, Ziegel und farbige Fliesen vereinigt. An vielen Plätzen und Boulevards stehen von Gaudí entworfene Kandelaber, und auch das ornamental strukturierte Pflaster der Gehsteige in weiten Teilen des Eixample geht auf ihn zurück. Charakteristisch für Gaudís Entwürfe ist die Vermengung gotischer Stil- und Konstruktionselemente (denen er freilich recht kritisch gegenüberstand) mit der zu seiner Zeit üblichen weichen Linienführung. Überdies war er ein exzellenter Statiker, der seine Tragwerkskonstruktionen empirisch anhand von Draht- und Fadenmodellen entwickelte.

Von ähnlicher Bedeutung ist Lluís Domènech i Montaner, der an der Hochschule für Architektur in Barcelona lehrte und eine stattliche Zahl von Zweckbauten – großenteils für die Weltausstellung von 1888 – sowie den prachtvollen Palau de la Música Catalana schuf. Wegweisend war die Funktionalität des von ihm konzipierten Hospital de la Santa Creu i de Sant Pau unweit des Temple de la Sagrada Familia. Nicht weniger als dreimal wurden von ihm errichtete Objekte mit dem Preis für das schönste Gebäude der Stadt ausgezeichnet.

Weniger spektakulär sind die Entwürfe von Josep Puig i Cadafalch, der in erster Linie praxisorientierte Bauten für Industrie und Wirtschaft errichtete. Auf ihn geht auch ein guter Teil der Neugestaltung der Plaça de Catalunya sowie der den Nordosten der Innenstadt durchziehenden Via Laietana zurück.

Quadrat d'Or

In den Häuserblocks inmitten des ab 1859 errichteten Stadtviertels Eixample – beiderseits des Passeig de Gràcia bzw. südlich der Avinguda Diagonal und zwischen den Straßen Aribau und Passeig de Sant Joan – findet sich die größte Konzentration modernistischer Gebäude. Dieses Gebiet umfasst etwa hundert Häuserblocks und wurde als "Quadrat d'Or" (Goldenes Quadrat) unter Denkmalschutz gestellt.

Ruta del Modernisme

Auf der Ruta del Modernisme kann man die Modernisme-Bauten der katalanischen Metropole genauer kennen lernen (▶ Baedeker Tipp, S. 82).

Die "Tierknochenfassade" der Casa Batlló

Literatur (Fortsetzung)

Neuzeit

Seit dem 15. Jh. verstärkte sich die Orientierung der Pyrenäenhalbinsel auf Kastilien und die kastilische Sprache. Damit erlitt das Katalanische ein ähnliches Schicksal wie das vom Nordfranzösischen überflügelte Provenzalische, mit dem es so vieles gemeinsam hat: Es behielt zwar seine Bedeutung als gesprochene Sprache, wurde aber im schriftlichen und besonders im literarischen Bereich durch das Kastilische abgelöst. Seit 1714 war es sogar durch Dekret des Königs Philipp V. vom offiziellen Gebrauch ausgeschlossen. Damit hatte man der originären katalanischen Literatur faktisch alle Verbreitungsmöglichkeiten genommen, und erst die in der Romantik aufkommende Rückbesinnung auf einstige Bedeutung (Renaixença = Wiedergeburt) brachte auch für das Katalanische einen Neubeginn. Es fand Eingang in Intellektuellen- und Literatenkreise, erfuhr Unterstützung von Fördervereinen und wurde zum Gegenstand eingehender philologischer und linguistischer Forschung. Der Sprachkundler Maria Aguiló (1825 – 1897) verfasste ein erstes "Lexikon des klassischen Katalanisch"; Tomás Forteza (1838 – 1889) veröffentliche eine "Gramática Catalana", und Joan Alcover gab vor 1906 das "Diccionari de la Llengua Catalana" heraus.
Die Literatur des 19. Jh.s widmete sich insbesondere Sujets aus dem bürgerlichen Milieu. Zu nennen sind vor allem Jacint Verdaguer i Santaló (1845 – 1902), ein bedeutender Epiker, Emili Vilanova (1840 – 1905) Humorist und Lustspielautor, sowie Pere Corominas (1870 – 1939; Pseudonym: Enrique Mercader), der als politischer und philosophischer Schriftsteller sowie als Freiheitskämpfer im Spanischen Bürgerkrieg hervortrat. Seit das Katalanische nach dem Ende der fast 40-jährigen Franco-Diktatur im Jahr 1975 wieder als offizielle Amtssprache zugelassen ist, boomt die katalanische Literatur wie nie zuvor.

Festkultur

Allgemeines

In kaum einem anderen Land wird so viel gefeiert wie in Spanien. Auch an der Costa Brava ist der Festkalender – vor allem zwischen der Weihnachtszeit und Herbstbeginn – fast vollständig ausgefüllt. Die meisten Feste, besonders die traditionellen Dorffeste, sind religiösen Ursprungs, und so hat jeder Ort seinen Schutzheiligen (patró), der mit Musik, Tanz, Böllerkrachen und einer ausgelassenen Kirmes geehrt wird. Darüber hinaus gibt es in Katalonien und an der Costa Brava Festtagsbräuche und Tänze, die im übrigen Spanien nicht üblich sind und im Folgenden beschrieben werden (Festkalender ▶ Praktische Informationen).

Castellers

Mit den bis zu 10 m hohen Castellers (Menschentürme) soll der Gemeinschaftssinn der Katalanen symbolisiert werden. Den unteren Ring eines Menschenturms bilden die kräftigsten Männer einer Gruppe. Auf deren Schultern steigen die nächsten und so weiter. Zum Schluss klettert ein kleiner Junge, der Eenxaneta (Wetterhahn), hinauf; wenn er es schafft, auf der Spitze der Pyramide drei Sekunden lang aufrecht zu stehen, dann ist der Menschenturm gelungen. In der Regel bestehen die Castellers aus sechs Etagen, manche Gruppen schaffen aber durchaus neun Ebenen. Die Castellers erfreuen sich in Katalonien großer Beliebtheit, alljährlich werden rund 900 Auftritte veranstaltet.

"Menschenturm" in Barcelona

Sardana

Wie die Castellers sind auch Sardanas ein Symbol für den Gemeinschaftssinn der Katalanen. Bei diesem ca. 500 Jahre alten Tanz stellen sich die Tänzer im Kreis auf, fassen sich an den Händen und tanzen, langsam und bedächtig, eine bestimmte Schrittfolge im Kreis. Auch eine besondere Kapelle, die Cobla, gehört dazu (Bläser, ein Kontrabassist, ein Trommler). Die Sardana, unter Franco verboten, wird auf jedem Dorffest getanzt – und sogar in der Weltstadt Barcelona jeden Sonntag um 12^{00} Uhr vor der Kathedrale. Auch Fremde dürfen sich in den Reigen einreihen.

Correfoc

Das Lauffeuer (correfoc) geht auf die Legende des hl. Georg zurück. Bei manchen Feierlichkeiten streifen Gruppen – als Teufel, Drachen oder sonstige Horrorfiguren verkleidet – durch die Stadt, werfen mit Feuerwerkskörpern (hierbei als Zuschauer am besten in Deckung gehen!) und machen vor allem einen Heidenlärm. Dann erscheint Sant Jordi, der Drachentöter, und beendet den Krawall.

Gegants

Die Gegants (Riesen) fehlen bei fast keinem Fest – bis zu 3 m hohe Pappmachéfiguren, die wichtige Persönlichkeiten aus der Geschichte der jeweiligen Ortschaft darstellen.

Reiseziele von A bis Z

Routenvorschläge

Die Hinweise in der Marginalienspalte geben einen Überblick über den Routenverlauf. Die in **halbfetter Schrift** aufgeführten Orte sind wie die innerhalb der Routen ebenso halbfett geschriebenen Orte bei den "Reisezielen von A bis Z" mit einem Hauptstichwort genannt. Bei den anderen erwähnten Orten, die über das Register gefunden werden können, handelt es sich in der Regel um Nebenreiseziele.

Route 1: Nördliche Costa Brava — ca. 150 km

Straßenverhältnisse

Die Route an der nördlichen Costa Brava, die von Süden nach Norden durch Alt Empordà, den nördlichsten der drei Landschaften der Costa Brava, führt, zeichnet sich im südlichen Bereich – bis auf die Höhe von Cadaqués auf der östlichsten Halbinsel des spanischen Festlandes – durch flache, teilweise recht gut ausgebaute Straßen aus. Im nördlichen Bereich überwiegen bergige und kurvenreiche, mitunter sehr schmale Landstraßen – mit fantastischer Aussicht auf Küste und Meer.

Empúries
L'Escala
Platja de Sant Pere Pescador
Castellò d'Empúries
Empúriabrava
Parc Natural Aiguamolls
Roses
Figueres

Die Route beginnt in dem für seine in Salz eingelegten Sardellen (anxoves) bekannten Hafenstädtchen und Urlaubsort L'Escala, 2 km südlich der Ausgrabungsstätte von *__Empúries__, der größten griechisch-römischen Siedlung in Spanien. Nördlich von Empúries gelangt man in den 3 km landeinwärts gelegenen Ort Sant Pere Pescador, dessen langer und breiter Sandstrand zu den schönsten Abschnitten der Costa Brava zählt. Etwa 7,5 km nördlich erreicht man das mittelalterliche Städtchen **__Castellò d'Empúries__ mit seiner großen Kathedrale, die nach der von Girona als zweitwichtigstes religiöses Denkmal der Provinz Girona gilt. Östlich der alten Hauptstadt der Landschaft Empúries erstreckt sich die Lagunensiedlung **Empúriabrava**, eine Retortenstadt, die sich rühmt, größte Marinasiedlung der Welt zu sein, und um die sich das fast 5000 ha große Feuchtgebiet *Parc Natural Aiguamolls de l'Empordà ausdehnt. Von Castellò d'Empúries sind es auf der gut ausgebauten C 260 nur wenige Kilometer ins östlich gelegene **Roses**, das bedeutendste Touristenzentrum an der nördlichen Costa Brava mit dem längsten Sandstrand an der Wilden Küste. Von Roses bzw. Castellò d'Empúries sollte man dann auf der sehr befahrenen C 260 **__Figueres__ besuchen, das Wirtschafts- und Handelszentrum der gesamten

◂ **Das Dalí-Museum in Figueres, eine der Hauptsehenswürdigkeiten von Katalonien. Jahr für Jahr zieht es mehrere hunderttausend Besucher an.**

Route 1 (Fortsetzung)

Peralada

Region mit südfranzösischem Flair. Hier steht das weltberühmte Teatre-Museu Salvador Dalí. Von Figueres sind es – auf der kleinen Landstraße C 252 – ca. 6 km zum nordöstlich gelegenen *Peralada, dem bedeutendsten Cava- bzw. Sekt-Zentrum der in diesem Reiseband beschriebenen Region, in dem man sich Führungen u. a. durch das örtliche Weinmuseum im Palacio de Peralada anschließen kann. Ca. 2 km südöstlich von Peralada ist die gut ausgebaute N 260 erreicht, die nordöstlich nach **Llançà**, in die nördlichste Touristenhochburg der Costa Brava, führt. Beeindruckend sind die Berge, kurz bevor man in den Küstenort hinunterfährt. Von Llançà schlängelt sich eine sehr kurvenreiche Küstenstraße in das Städtchen ***El Port de la Selva**, einen idyllisch in einer großen Bucht liegenden und bei Surfern und Tauchern beliebten Urlaubsort. Von hier aus führen zwei sehr romantische Strecken in südöstliche bzw. südliche Richtung, die zahlreiche Serpentinen aufweisen und dem Fahrer einige Mühe abverlangen. Auf der einen Route gelangt man nach ****Cadaqués** südlich des Cap de Creus, ins "schönste Dorf der Costa Brava", das mit seinen weißen Häusern und seiner noch recht unverfälschten Idylle bezaubert. Im benachbarten Port Lligat lädt das Casa-Museu Salvador Dalí, in dem der eigenwilige Künstler viele Jahre seines Lebens zusammen mit seiner Frau Gala lebte, zu einem Besuch ein, und weiter nördlich fasziniert die bizarre Fels-

Llançà

El Port de la Selva

Cadaqués

Port Lligat

Cap de Creus

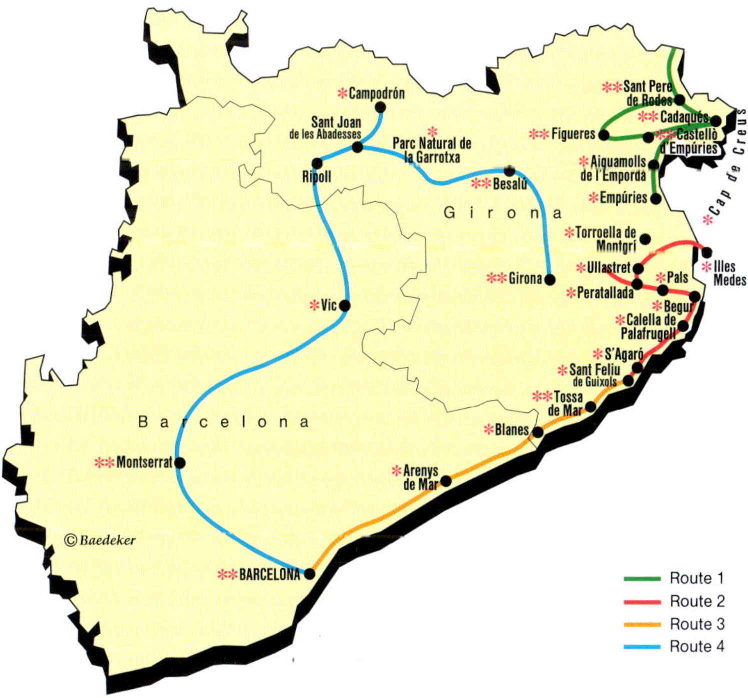

Route 1 (Fts.) **Sant Pere de Rodes**	landschaft des *Cap de Creus. Die andere Traumstraße führt von Port de la Selva zum hochgelegenen Kloster ****Sant Pere de Rodes** (Achtung: Gleich nach dem Verlassen der Hauptstraße des Ortes in Richtung Kloster – ausgeschildert – in die nächste Seitenstraße rechts abbiegen!). Der Blick von der bedeutendsten Klosterruine der Costa Brava über die Küste und auf das Meer ist atemberaubend und entschädigt für die kurvenreiche Anfahrt auf der 8 km langen Strecke. Von Llançà lohnt eine Fahrt auf der bequem zu bewältigenden N 260 nach Norden, d. h. in Richtung auf die französische Grenze. Schwieriger zu befahren ist jedoch das letzte Teilstück zwischen Colera und Portbou direkt an der Staatsgrenze. Ab dem Küstenort
Colera	Colera führt die Straße in zahlreichen Windungen einen Berg hinauf und dann in ebenso vielen Kurven wieder hinunter. Belohnt wird man mit einer herrlichen Aussicht auf die Wilde Küste – vor
Portbou	allem, wenn das tief gelegene **Portbou** mit seinem überdimensionalen Bahnhof auftaucht.

Route 2: Mittlere Costa Brava ca. 110 km

Straßenverhältnisse	Die Straßen auf der von Norden nach Süden führenden, hier beschriebenen Route durch die Landschaft Baix Empordà sind, außer den bergigen und kurvenreichen Strecken an einem kurzen Küstenabschnitt zwischen Begur und Calella de Palafrugell, sehr gut ausgebaut und bequem zu befahren.
L'Estartit	Von **L'Estartit**, dessen Hauptattraktionen der breite, lange Sandstrand und die vorgelagerten idyllischen Felsinseln *Illes Medes bilden, fährt man rund 6 km landeinwärts, um das mittelalterliche
Torroella de Montgrí	Städtchen *Torroella de Montgrí mit seinern schmalen Gassen und historischen Gebäuden zu erreichen, über dem sich weithin sichtbar auf einem Bergstock das Castell de Montgrí erhebt. Dann gelangt man – erst in westlicher Richtung, schließlich über die GI 644
Ullastret	– nach ***Ullastret**, einer iberischen Ausgrabungsstätte, die zu den größten ihrer Art im Nordosten Spaniens zählt. Etwa 3 km südlich gibt es auf der GI 644 eine Abzweigung. Fährt man geradeaus weiter, gelangt man nach 2,5 km auf die C 255, die in westlicher Rich-
La Bisbal	tung nach 1,5 km La Bisbal erreicht, ein Zentrum der Keramikindustrie, wo ein Halt nur wegen der an der Hauptstraße ausgestellten Keramikwaren lohnt. Ca. 8 km nordwestlich von La Bisbal liegt
Púbol	der verschlafene Ort Púbol mit dem Casa-Museu Castell Gala Dalí, einem ehemaligen Landschlösschen, das Salvador Dalí einst seiner Muse Gala schenkte. Biegt man an der oben erwähnten Abzweigung auf der GI 644, 3 km südlich von Ullastret, nach links ab, ge-
Peratallada	langt man nach 2 km in den Ort *Peratallada, ein liebevoll restauriertes, mittelalterliches Landstädtchen mit einigen Geschäften,
Pals	Restaurants und Bars. Auch ***Pals**, rund 8 km östlich von Peratallada, ist schön restauriert, doch da die meisten Häuser dieses Museumsdorfes nicht mehr bewohnt sind, fehlt hier jegliches Alltags-
Begur	leben. Östlich von Pals liegt das von einem Kastell überragte mittelalterliche ***Begur**, das mit seinen engen, von Geschäften und Restaurants gesäumten Gassen zu den schönsten Städten der Costa Brava zählt. Die nun vorgeschlagene Route besteht – bis Calella de Palafrugell – zum größten Teil aus engen, steilen und kurvenreichen Sträßchen, die stellenweise durch Feriensiedlungen führen,

mancherorts aber einen herrlichen Blick auf die Küste erlauben. Südöstlich von Begur liegen einige der reizvollsten Strände der Costa Brava, darunter die Platja de Fornells und die Platja d'Aiguablava, wo sich ein schöner Parador über dem Meer erhebt. Weiter südlich schmiegt sich der idyllische kleine Küstenort Tamariu in eine Senke zwischen pinienbedeckten Bergen. Auf dem Weg nach Llafranc lohnt ein Abstecher zum Far Sant Sebastià, einem Leuchtturm, der eine prächtige Aussicht auf die buchtenreiche Küste gewährt. Auch Llafranc ist ein hübscher Küstenort, etwas größer als Tamariu. Viele beliebte Postkartenmotive findet man im südlich benachbarten *Calella de Palafrugell, im reizvollsten und belebtesten Urlaubsort an der Küste von Palafrugell. Über eine zweispurige Schnellstraße erreicht man von hier das 4 km landeinwärts gelegene **Palafrugell**, die von Tagesausflüglern gern besuchte Hauptstadt des Ferienzentrums, zu dem die drei vorher genannten Orte gehören. Auf der gut ausgebauten und recht befahrenen C 250 gelangt man binnen kurzer Zeit nach Palamós. Vorher aber sollte man einen kleinen Umweg über die von Felsen und Pinien eingerahmte Platja del Castell und weiter südlich über den Strandort La Fosca machen. **Palamós** selbst liegt an einer weit geschwungenen Bucht und ist das Zentrum des Segelsports an der Costa Brava. Mit dieser Stadt ist der Küstenort Sant Antoni de Calonge mittlerweile aufgrund seines weiten Sandstrandes zusammengewachsen. Rund 5 km landeinwärts befindet sich das vom alten Castell überragte mittelalterliche Städtchen Calonge. Auf der Küstenstraße von Sant Antoni de Calonge in südlicher Richtung gelangt man weiter nach **La Platja d'Aro**, einem der bekanntesten und völlig vom Tourismus beherrschten Seebäder an der Costa Brava. Ruhiger und beschaulicher geht es im etwa 3 km südlich gelegenen *S'Agaró zu, einer Nobelsiedlung mit Jugendstilhäusern am Strand. Von hier ist es nicht mehr weit nach ***Sant Feliu de Guíxols**, das als Hauptstadt der Costa Brava gilt. Der Ort besitzt ein schönes Zentrum, kommt aber völlig ohne Hektik und Trubel aus.

Route 2 (Fortsetzung)
Tamariu
Llafranc
Calella de Palafrugell
Palafrugell
Palamós
Sant Antoni de Calonge
Calonge
La Platja d'Aro
S'Agaró
Sant Feliu de Guíxols

Routenvorschläge

Route 3: Südliche Costa Brava und Costa del Maresme ca. 100 km

Straßenverhältnisse

Mit vielen Kurven ist nur an der Küstenstraße zwischen Sant Feliu de Guíxols und Tossa de Mar sowie teilweise zwischen Tossa de Mar und Lloret de Mar zu rechnen. Ab Malgrat de Mar bis Barcelona, d. h. entlang der gesamten Costa del Maresme, verläuft die gut ausgebaute, aber auch viel befahrene N II.

In ***Sant Feliu de Guíxols** (s. oben) verlässt man in südlicher Richtung die Landschaft Baix Empordà und gelangt über die 22 km lange Küstenstraße, eine der reizvollsten Panoramastraßen an der Wilden Küste, in die Landschaft La Selva und den hübschen Küstenort ****Tossa de Mar**. Marc Chagall nannte den Ort, der mit seiner befestigten mittelalterlichen Siedlung eine der schönsten Altstädte Spaniens besitzt, liebevoll das "blaue Paradies". Massentourismus, Hektik und Trubel erlebt man im weiter südlich gelegenen **Lloret de Mar**, das baulich vor allem mit seiner gewaltigen Hotel-Skyline am Strand den Betrachter überwältigt. Alten Charme hingegen konnte sich ***Blanes**, der südlichste Ferienort der Costa Brava, bewahren. In der Innenstadt pulsiert immer noch ursprüngliches Le-

Sant Feliu de Guíxols
Tossa de Mar
Lloret de Mar
Blanes

Route 3
(Fortsetzung)

Malgrat de Mar

Marineland

Calella

ben, spielt nicht der Tourismus die erste Geige. Vor allem vom Geschäft mit Urlaubern lebt **Malgrat de Mar**, die nördlichste Bettenburg der an die Costa Brava südlich anschließenden Costa del Maresme. Nördlich von Malgrat de Mar befindet sich der Freizeitpark Marineland. Südwestlich und hinter Pineda de Mar liegt der von riesigen Hotel- und Apartmentanlagen geprägte Küsten- und Urlaubsort **Calella**, in dem wie in Lloret de Mar in der Hochsaison das Nachtleben boomt. Kurz hinter Calella, in südwestlicher Richtung, verläuft die N II bis nach Barcelona direkt neben der Bahnlinie, die den fast durchgehenden Sandstrand von den Küstenorten an der Costa del Maresme trennt. Wesentlich ruhiger geht es im alten Ferienort Sant Pol de Mar zu sowie in dem Ferienbad Canet de Mar und dem Urlaubsort ***Arenys de Mar**, in dessen Ortsmitte der Besucher eine breite Rambla und mittelalterliche Gassen vorfindet. Südwestlich von Arenys de Mar folgen der Villenort Caldes d'Estrac, die recht nüchterne Handels-, Gewerbe- und Industriestadt **Mataró** und das Seebad Vilassar de Mar, das eine elegante Strandpromenade besitzt. Von hier aus nach ****Barcelona** gibt es zwei Möglichkeiten: Man bleibt auf der Küstenstraße N II, oder man benutzt, was mit weniger Stress und weniger Verkehr verbunden ist, die gebührenpflichtige Autobahn A 19, die direkt ins Zentrum der katalanischen Hauptstadt führt.

Cala del Senyor Ramón – eine der beliebtesten Buchten an der Küstenstraße zwischen Sant Feliu de Guíxols und Tossa de Mar

Sant Pol de Mar
Canet de Mar
Arenys de Mar

Caldes d'Estrac
Mataró
Vilassar de Mar
Barcelona

Routenvorschläge

Route 4: Landesinneres (Katalanisches Gebirge) ca. 300 km

Straßenverhältnisse

Die Provinzhauptstadt Girona – vom Norden über die A 7, vom Osten über die C 255 bzw. C 250 sowie vom Süden über die A 7 bzw. die N II schnell erreichbar – bildet den Ausgangspunkt der vierten und letzten hier vorgeschlagenen Route. Zwar führt sie durch eine Gebirgsregion mit hohen Bergen und tiefen Tälern – besonders idyllisch ist die Strecke zwischen Besalú und Ripoll –, doch bei den Straßen handelt es sich fast durchweg um gut ausgebaute, bequem zu befahrende Verkehrswege. Lediglich die Auffahrt zum Kloster Montserrat von der C 1411 ist steil und kurvenreich. Mit einigen Tunnels muss auf dieser Route gerechnet werden.

Von **Girona**, der Hauptstadt der gleichnamigen Provinz mit einem gotischen Zentrum am Riu Onyar und schönen Geschäftsstraßen am anderen Ufer des Flusses sind es rund 20 km nach Banyoles und zum Estany de Banyoles, dem größten Binnensee Kataloniens. Weitere 13 km nördlich gelangt man in den Ort **Besalú**, ein sehr hübsches, unter Denkmalschutz gestelltes mittelalterliches Städtchen mit einer in einem leichten Winkel über den Fluss führenden Brücke. Ca. 14 km westlich erhebt sich auf einem Felssporn das Örtchen Castellfollit, in dessen Wurstmuseum man sich über die Wurst- und Fleischwarenproduktion im katalanischen Binnenland informieren kann. Die südwestlich gelegene Industriestadt Olot hat zwar architektonisch nichts Außergewöhnliches zu bieten, dennoch besitzt das Stadtzentrum ein gewisses Flair. "Smaragd der Pyrenäen" wird ***Camprodón*** nordwestlich von Olot liebevoll genannt – mit Recht, denn der Berg- und Wintersportort verfügt über ein reizvolles altertümliches Zentrum. In *Sant Joan de les Abadesses steht ein Kloster mit einem bedeutenden romanischen Kunstwerk, einer geschnitzten Kreuzabnahmegruppe. Auch in ***Ripoll***, der "Wiege Kataloniens" und heute einer verschlafen wirkenden kleinen Industriestadt, befindet sich im Ortszentrum ein romanisches Kloster, dessen Kirche ein kunstvoll gestaltetes Portal aufweist. Die schöne Altstadt der 34 km südlich von Ripoll gelegenen Landkreismetropole ***Vic*** erfreut den Besucher mit einer hübschen Plaça Major. Ein Abstecher lohnt sich zum Stausee Pantà de Sau, einem idyllisch zwischen Bergen gelegenen Stausee, 14 km nordöstlich von Vic (zuerst in Richtung Roda de Ter und die letzten 8 km über eine Bergstraße). Dort steht auf einer Anhöhe ein in einem traditionellen katalanischen Gehöft untergebrachter Parador, von dessen Bar-Terrasse man einen grandiosen Blick auf den Pantà de Sau und die ihn umgebende Bergwelt hat. Vic ist es auch ein geeigneter Ausgangspunkt für Fahrten ins südöstlich gelegene, waldbedeckte, als Wanderregion geschätzte Massiv der *Serra de Montseny. Von Vic gelangt man über die C 25 und die A 18 östlich von Manresa zum Kloster von **Montserrat**. Von der C 1411 führt eine steile, kurvenreiche Straße auf den Bergstock und zum Kloster hinauf, von wo aus man eine fantastische Aussicht auf das Umland genießt. Wer nun nach ****Barcelona**** weiterfahren möchte, sollte nicht die Bergstraße, die zur Anfahrt diente, sondern die kurvenreiche, aber gut ausgebaute Straße in Richtung Westen benutzen, die auf die hier autobahnähnliche N II führt. Ins Zentrum von Barcelona gelangt man am einfachsten über die Avinguda Diagonal (ausgeschildert), die Hauptachse der katalanischen Metropole.

Girona
Banyoles
Besalú
Vic
Pantà de Sau
Montseny
Montserrat
Barcelona

Bergwelt beim Kloster Montserrat

Reiseziele von A bis Z

Arenys de Mar — J 4

Provinz: Barcelona
Höhe: Meereshöhe
Einwohnerzahl: 10 000

***Einstige Hochburg der Spitzenklöppelei**

Arenys de Mar, ein bedeutender Fischerhafen und der hübscheste Urlaubsort an der Costa del Maresme, liegt im mittleren Abschnitt dieses Küstenstreifens, etwa auf halber Strecke zwischen Barcelona und der Mündung des Riu Tordera. Einst verdankte der heutige Badeort seinen Wohlstand den Spitzenklöppeleiprodukten, die im ganzen Land gefragt waren. Noch vor drei Jahrzehnten bestimmten Spitzenklöpplerinnen das Bild der mittelalterlichen Gassen und der Rambla, die als breite Allee das eigentliche Ortszentrum bildet.

Sehenswertes in Arenys de Mar

Casa Consistorial

Die Rambla, die Hauptstraße, auf der samstags Wochenmarkt stattfindet, bietet mit ihren Schatten spendenden Platanen und zahlreichen Straßencafés einen malerischen Anblick. An ihrem unteren Ende steht an der Plaça de la Vila das rechtwinklig-zweiflügelige Gebäude der Casa Consistorial mit der Gemeindeverwaltung. Ein kleiner, mit bunten Kacheln verzierter Brunnen schmückt die Fassade des linken Gebäudeflügels; darüber befindet sich eine Schrifttafel mit einem kurzen Abriss der Ortsgeschichte.

Eglésia Santa Maria

Geht man die Rambla hinauf, so kommt man bald zur links gelegenen Plaça de l'Església mit der Pfarrkirche Santa Maria. Der Bau des Gotteshauses wurde im Jahr 1584 von französischen Meistern begonnen und 1628 vollendet. Der Hauptaltar, von Pau Costa 1704 geschaffen, ist einer der bedeutendsten Barockaltäre Kataloniens.

Museu Mollfulleda de Mineralogia

Museu Marés de la Punta

Rechts neben der Kirche windet sich die schmale Carrer de L'Eglésia hoch. Im Gebäude Nr. 39 befindet sich das aus einer Sammlung von Joaquim Mollfulleda i Borrell hervorgegangene Mineralogie-Museum mit über 4000 Einzelstücken (Öffnungszeiten: Mi. – Sa. 11^{00} – 13^{30}, 18^{00} – 20^{00}, So. 11^{00} – 13^{30} Uhr). Ein paar Meter weiter ist im Haus Nr. 43, einem stattlichen Bau aus dem Jahr 1772, das Museu Marés de la Punta, eins der besten Spitzenmuseen Europas, eingerichtet, das die einst in der Region populäre Kunst des Spitzenklöppelns vorstellt. Das nach dem Bildhauer Frederic Marés i Deulovol, dem Stifter der Sammlung, benannte Museum enthält eine reichhaltige Kollektion von Ziertüchern, Spitzenmantillen, liturgischen Gewändern, Musterschablonen (sog. Klöppelbriefe),

Handwerkszeug und Kreuzsticharbeiten (Öffnungszeiten: Di. – Sa. $11^{00} - 13^{00}$, 18^{00} bis 20^{00}, So. $11^{00} - 13^{00}$ Uhr).

Strand, Hafen
Der Badestrand liegt jenseits der Durchgangsstraße und ist durch eine Unterführung zu erreichen. Am nördlichen Ortsende befindet sich der große Sporthafen und der gleichfalls beachtliche Fischerhafen, in dem heute die gesamte Fischereiflotte der Costa del Maresme stationiert ist. Im weiteren Verlauf der Küstenstraße nach Norden folgen viele Sandstrände.

Klöpplerin in Arenys de Mar

Umgebung von Arenys de Mar

Caldes d'Estrac
Der hübsche, von pinienbestandenen Hügeln umgebene Villenort Caldes d'Estrac, 3 km südwestlich von Arenys de Mar, besitzt eine lange, hübsche Strandpromenade, die entlang des grobkörnigen Sandstrandes von Molen geschützt wird. Die schon von den Römern genutzten chlorhaltigen Thermalquellen (kein Kurbetrieb) sind 41 °C warm.

Canet de Mar

Auch Canet de Mar, 4 km nordöstlich von Arenys de Mar, gehört wegen seines langen Sandstrandes zu den bevorzugten Seebädern der Costa del Maresme. Das Zentrum des Ortes, der die erste Fachhochschule für Ingenieurwissenschaften im Bereich der Strickwarenindustrie besitzt, gruppiert sich um ein ausbetoniertes Flussbett, das im Sommer jedoch meist trocken ist. Die gotische Kirche Sant Pere i Sant Pau wurde, wie der Name sagt, den Heiligen Petrus und Paulus geweiht. Etwas landeinwärts steht auf einer Anhöhe das im 10. Jh. errichtete Castell Santa Florentina.

Barcelona — K 1–2

Provinz: Barcelona
Höhe: 0 – 532 m ü. d. M. (Tibidabo)
Einwohnerzahl: 1,8 Mio. (Großraum ca. 4 Mio.)

**Hauptstadt Kataloniens

Ausführlich beschrieben im Baedeker Allianz Reiseführer "Barcelona"

Barcelona ist neben Madrid die bedeutendste Stadt Spaniens. Werden in Madrid die Weichen in Regierung, Verwaltung und Finanzen gestellt, so ist Barcelona erster Industrie- und Handelsplatz des Landes; ist Madrid das stolze Zentrum Kastiliens, so zeigt sich Kataloniens Kultur und politisches Selbstbewusstsein nirgends deutlicher als in Barcelona, seiner Hauptstadt. Aber nichts illustriert die

Tibidabo

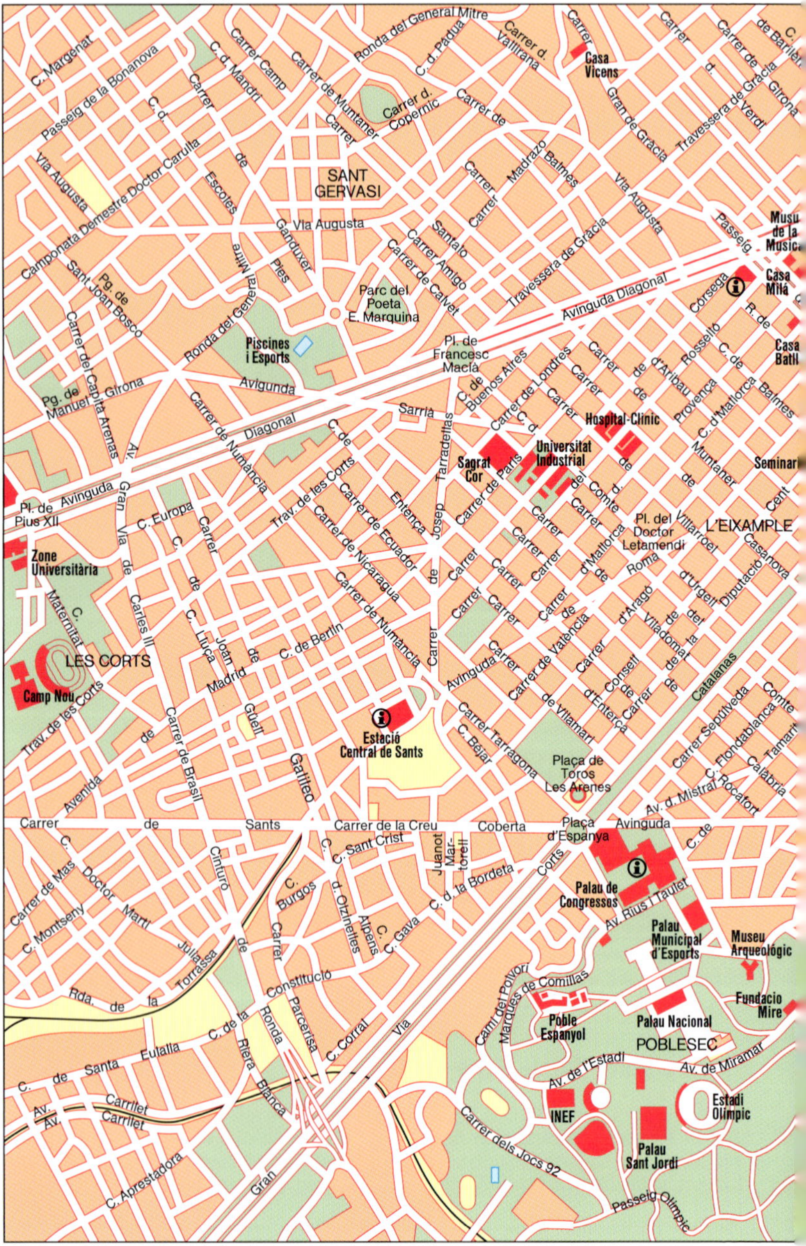
Ronda del General Mitre
C. d. Padua
Carrer d. Vallirana
Carrer
Casa Vicens
Carrer
Carrer de Girona
C. de Bailèn
C. Margenat
Passeig de la Bonanova
C. d. Mandri
Carrer Camp
Carrer de Muntaner
Carrer d. Copèrnic
Carrer de
Gran de Gràcia
Travessera de Gràcia
d. Verdi
Via Augusta
Carrer
C. d.
de
Escoles
SANT GERVASI
Carrer Madrazo
Balmes
Carrer
Via Augusta
Camponata Demestre Doctor Carulla
Via Augusta
Ganduxer
Pies
Carrer Amigo
Santaló
Carrer de Calvet
Passeig
Museu de la Música
Casa Milà
Sant Joan Bosco
Pg. de
Ronda del General Mitre
Parc del Poeta E. Marquina
Travessera de Gràcia
Avinguda Diagonal
Corsega
R. de
Rosselló
C. de
Casa Batlló
Carrer del Capità Arenas
Piscines i Esports
Pl. de Francesc Macià
C. de Buenos Aires
Carrer de Londres
Carrer de
d'Aribau
Provença
C. d'Mallorca
Balmes
Pg. de Manuel Girona
Avigunda
Sarrià
Carrer de Numància
Diagonal
C. de
Tarradellas
Hospital Clinic
Muntaner
Seminari
Sagrat Cor
Universitat Industrial
Carrer de París
del Comte d.
Av.
Avinguda
Gran
Pl. de Pius XII
Trav. de les Corts
Carrer de Ecuador
Entença
Josep
Pl. del Doctor Letamendi
Villarroel
L'EIXAMPLE
Casanova
C. Europa
Carrer
Carrer de Nicaragua
Carrer
Carrer
d'Mallorca
Roma
Diputació
Zone Universitària
C.
de
Via
de
Carrer de Numància
d'Urgell
Maternitat
C.
C. Lluça
de
Carlles III
Joan
C. de Berlín
Carrer
Carrer
d'Aragó
Viladomat
LES CORTS
Madrid
Güell
Avinguda
Carrer de València
Consell de
Catalanas
Comte
Camp Nou
Trav. de les Corts
de
Carrer de Brasil
Galileo
Estació Central de Sants
Carrer Tarragona
C. Béjar
de Vilamarí
d'Entença
Carrer
Carrer Sepúlveda
C. Flondablanca
Calàbria
Tamarit
Avenida
Plaça de Toros Les Arenes
Av. d. Mistral
Rocafort
Carrer
de
Sants
Carrer de la Creu
Coberta
Plaça d'Espanya
Avinguda
C. de
C.
Cinturó
C. Sant Crist
Juanot
Martorell
Carrer de Mas
Doctor
C. Burgos
d. Olzinelles
C. d. la Bordeta
Corts
Palau de Congressos
Av. Rius i Taulet
C. Montseny
Martí
Carrer
Alpens
C. Gava
Palau Municipal d'Esports
Museu Arqueològic
Julià Torrassa
de
Constitució
Camí del Polvorí
Marquès de Comillas
Fundació Miró
Rda. de la
C. de la
Ronda
Parcerisa
C. Corral
Via
Poble Espanyol
Palau Nacional
POBLESEC
C. de Santa Eulàlia
Riera Blanca
Av. de l'Estadi
Av. de Miramar
Av. Carrilet
Av. Carrilet
INEF
Estadi Olímpic
Carrer dels Jocs 92
Palau Sant Jordi
C. Aprestadora
Gran
Passeig Olímpic

Girona
Barcelona
500 m
© Baedeker
Sagrada Familia
Pl. de Gaudí
Pl. de la Sagrada Familia
Plaça de les Glòries Catalanes
Avinguda Diagonal
Diagonal
Pl. de Pablo Neruda
Plaça de Toros Monumental
Teatre Nacional
Auditori
POBLENOU
Rambla del Poblenou
Cementiri de l'Est
Concepció
Pl. de Tetuan
Estació de Autobuses
Arc de Triomf
Parc Estació Nord
Palau de Justícia
Vila Olympica
Parc de la Ciutadella
Museu d'Art Modern
Museu de Geologia
Museu Zoologic
Zoo
Sant Pere
Pal. de la Música
El Corte Inglés
Teatre
Coliseum
Pl. de Catalunya
Universitat
Santa Ana
C. d. Pelai
C. d. Tallers
Casa de Caritat
Museu d'Art Contemporani
Betlem
Palau Reial
Museu Textil
Museu Picasso
Catedral
Pal. Generalitat
S. Maria del Mar
Estació de França
Parc Barceloneta
Port Olímpic
Nova Icaria
Pal. d. I. Virreina
Biblioteca Central
Llotja
Palau de Mar
BARRI GOTIC
Liceu
Pl. Rejal
La Mercè
LA BARCELONETA
Imax
L'Aquarium
Museu Marítim
Mon. a Colom
Aduana
Paral-lel
Torre de Sant Sebastiá
Mar Mediterrània
World Trade Center
Transbordador
Aeri
Port Vell
POBLE SEC
Funicular
Castell de Montjuïc
Moll de Barcelona
Moll de Sant Bertran
Moll de Ponent
Moll de la Costa
Moll de Contradic
Moll de Levante
Moll Nou
Moll d'Espanya
Moll Pescadors
Moll Balears
Moll del Dipòsit
Moll de la Barceloneta
Cinturó del Litoral
Pg. Josep Carner
Av. de Miramar
Passeig de Colom
Rambla de Santa Mònica
Av. d'Icaria
Circumvalació

Baedeker TIPP Anfahrt mit der RENFE

Die Anfahrt mit dem Auto bis ins Zentrum von Barcelona ist relativ unproblematisch; auch Parkhäuser sind leicht zu finden. Doch aus der Stadt wieder herauszufinden kann für unkundige Autofahrer aufgrund der unzureichenden Beschilderung und vor allem wenn man sich einmal verfahren hat – überwiegend Einbahnstraßen! – zum Problem, zumindest zum Ärgernis werden. Bequem und billig ist die Anfahrt mit der Eisenbahn von Blanes, dem südlichsten Punkt der Costa Brava, und der gesamten Costa del Maresme aus (▶ Praktische Informationen, Öffentliche Verkehrsmittel). So verkehrt z. B. stündlich etwa zweimal eine Bahn von Calella (▶ dort) nach Barcelona; in Barcelona benutzt die Renfe das Metro-Netz, so dass die Fahrgäste an der Plaça de Catalunya, direkt neben den Rambles und damit im Stadtzentrum, aussteigen können. Die Hin- und Rückfahrt von Calella auf der 50 km langen Strecke (einfache Fahrt ca. 1 Std.) kostet rund 5,35 €.

Hauptstadt Kataloniens (Fortsetzung)

Rivalität zwischen den beiden Metropolen besser als ein Fußballspiel zwischen dem F. C. Barcelona und Real Madrid – hier geht es nicht mehr um Tore, sondern um Ehre oder Schmach und um Glaubensfragen. Die Olympischen Sommerspiele von 1992 haben das Antlitz von Barcelona nachhaltig verändert, nicht allein durch den Neu- bzw. Umbau der olympischen Stätten – insbesondere auf dem Montjuïc und am Olympiahafen –, sondern ebenso in der Innenstadt selbst, wo avantgardistische Architekten und Designer ihre Ideen verwirklicht haben, etwa an den neuen Hafenpromenaden und auch in vielen neuen Bars und Restaurants. Damit hat Barcelona ein weiteres Mal seinen Ruf als urbane Trendsetterin bestätigt – war es an der Wende vom 19. zum 20. Jh. der Baustil des Modernisme, so locken im neuen Jahrtausend waghalsige Architektur, eine lebendige Design- und Medienszene sowie wunderbare Museen in die katalanische Metropole.

Geschichte

Die Fama schreibt die Gründung der Stadt im Jahr 218 v. Chr. dem karthagischen Feldherrn Hamilkar Barkas zu. Gesichert erschien Barcelona zuerst unter dem iberischen Namen Barcino, das unter Augustus römische Kolonie mit dem Beinamen Julia Faventia wurde. Die Westgoten erhoben den Ort 414 und 531 vorübergehend zu ihrer Hauptstadt. Die Mauren nahmen Bardschaluna 716 ein; Ludwig der Fromme eroberte die Stadt im Jahr 801 und machte sie zur Hauptstadt der schon 778 von Karl dem Großen gegründeten Spanischen Mark. Seit 874 waren die Grafen von Barcelona unabhängig; während dieser Zeit und der Vereinigung Kataloniens mit Aragón war Barcelona neben Genua und Venedig die führende Handelsstadt am Mittelmeer. Die Vereinigung mit Kastilien im 15. Jh., mehr noch der Ausschluss Kataloniens vom Handel mit der Neuen Welt, der allein über die andalusischen Häfen lief, erschütterten diese Position. Bei der Erstürmung durch die Franzosen im Spanischen Erbfolgekrieg im Herbst 1714 wurde ein großer Teil der Stadt zerstört. Mit der Regierung Karls III., der 1778 den Handel mit Amerika freigab, begann dann der glänzende Wiederaufstieg, der u. a. in den Weltausstellungen von 1888 und 1929 gipfelte. Von etwa 1880 an bis in die 30er-Jahre des 20. Jh.s war die Stadt eine Hochburg der spanischen Anarchisten. Nachdem 1931 in Spanien die Republik ausgerufen worden war, erhielt Katalonien 1932 ein Autonomiestatut (bis 1939), und Barcelona war Sitz der Regionsregierung. Während des Bürgerkriegs war Barcelona bis 1939 in der Hand der Republikaner. In Francos Todesjahr, 1975, wurde Katalanisch als Lehr- und Amtssprache anerkannt. Im Oktober 1979 entschieden sich die

Souvenirverkauf am 11. September, dem katalanischen Nationalfeiertag, auf den Rambles

Geschichte (Fortsetzung)

Katalanen bei einer Volksabstimmung für eine weitgehende Selbstregierung ihrer Region mit Barcelona als Haupstadt. Das Jahr 1992 war für Barcelona von zweifacher Bedeutung: Zum einen wurden die XXV. Olympischen Sommerspiele ausgetragen, zum anderen feierte man den fünfhundertsten Jahrestag von Kolumbus' erster Entdeckungsfahrt.

Verkehr

Das Stadtgebiet von Barcelona ist durch öffentliche Verkehrsmittel gut erschlossen, so dass man auf ein Auto ohne Probleme verzichten kann. Einzelfahrscheine und Mehrfahrtenkarten (Targetes) gelten im Verbund für Metro, Züge und Busse.

Metro

Fünf Metrolinien verkehren Mo. bis Do. zwischen 5^{00} und 22^{30}, Fr. und Sa. bis 2^{00} und So. von 6^{00} bis 24^{00} Uhr. Sie werden auf einigen Strecken – etwa zum Tibidabo und nach Pedralbes – durch Züge der Ferrocarrils Generalitat de Catalunya (FGC) ergänzt.

Bus

Die 70 Tagesbuslinien (gelb für das Zentrum, rot für das größere Stadtgebiet, grün für die Außenbezirke) verkehren von 5^{00} bis 24^{00} Uhr; danach sind 15 Nachtlinien (blaue Busse) unterwegs. Der Bus Turístic fährt in 15-minütigem Abstand – auf zwei unterschiedlichen Routen, die man an drei gemeinsamen Haltestellen miteinander kombinieren kann – alle wichtigen Sehenswürdigkeiten der Stadt an und kann mit einem Ein- oder Zweitagesticket beliebig oft benutzt werden.

Taxi

Die Taxis in Barcelona sind schwarz-gelb lackiert. Der Preis setzt sich aus einer Grundgebühr und der Kilometergebühr zusammen.

Flughafen

Der Flughafen liegt 12 km südwestlich. Züge der RENFE und der Aerobus ab Plaça de Catalunya verbinden ihn mit der Stadt.

Martorel
Vilafranca del Penedès
Sant Vicenç de Calders
Esplugues de Llobregat
S3 Molí Nou
S33 Can Ros
S4 Olesa de Montserrat
R5 Manresa Baixador
R6 Igualada
Cornellà
L5 Cornellà
L3 Zona Universitària
Palau Reial
Maria Cristina
Gavarra
Sant Ildefons
Can Boixeres
Can Vidalet
Pubilla Cases
Collblanc
Cornellà-Riera
Riu Llobregat
Cornellà de Llobregat
Almeda
l'Hospitalet de Llobregat
Can Serra
Florida
Torrassa
Badal
Rbla Just Oliveras
Santa Eulàlia
Plaça de Sants
Av Carrilet
Mercat Nou
Sants
l'Hospitalet de Llobregat
l'Hospitalet - Av Carrilet
St. Josep
Bellvitge
Hostafrancs
Gornal
Castelldefels
Vilanova i la Geltrú
Sant Vicenç de Calders
L1 Feixa Llarga
Bellvitge
Ildefons Cerdà
Magòria La Campana
Espanya
El Prat de Llobregat
S3 R5
S33 R6
S4
Aeroport
Parc de Montjuïc
Castell de Montjuïc
U6
Reina Elisenda

S5 Sant Cugat
S55 Universitat Autònoma
S2 Sabadell
S1 Terrassa
Vallvidrera Superior
Peu del Funicular
Tibidabo
Pl de Funicular
Av Tibidabo
U7
Sarrià
Les Tres Torres
La Bonanova
Muntaner
St Gervasi
El Putxet
Pàdua
Pl Molina
Gràcia
Provença
Hospital Clínic
Diagonal
Vall d'Hebron
Montbau
Mundet
Valldaura
L3 Canyelles
Penitents
Vallcarca
Lesseps
Fontana
L11 Can Cuiàs
Línia en construcció
Línea en construcción
Line under construction
L5 Horta
L11 Trinitat Nova
L4
Via Júlia
Vilapicina
Llucmajor
Virrei Amat
Maragall
Torras Bages
Sant Andreu
Sant Andreu Arenal
Fabra i Puig
Alfons X
Guinardó
Congrés
Joanic
Hospital de Sant Pau
Camp de l'Arpa
Sagrera
Verdaguer
Sagrada Família
Encants
Navas
Clot
El Clot-Aragó
La Pau
Verneda
L4 La Pau
Bac de Roda
St. Martí
Girona
Monumental
Passeig de Gràcia
Tetuan
Universitat
Sant Antoni
Catalunya
U6
U7
S1
S2
S5
S55
Arc de Triomf
Urquinaona
Glòries
Marina
Besòs
Bogatell
Llacuna
Poblenou
Selva de Mar
Besòs Mar
Estació en construcció
Estación en construcción
Station under construction
Liceu
Paral·lel
L2 Paral·lel
Drassanes
Jaume I
Ciutadella Vila Olímpica
Barceloneta
St. Sebastià
Mar Mediterrània
N

Barcelona

Einkaufen

Barcelona ist ein Einkaufsparadies. So gilt die katalanische Hauptstadt neben Rom, Paris, Mailand, New York und Tokio als eines der größten Modezentren der Welt. Billig allerdings ist das Shopping in Barcelona nicht. Die Preise lassen sich in etwa mit denen in Deutschland vergleichen, nicht selten liegen sie aber auch darüber. Die exklusiven Mode- und Designgeschäfte befinden sich im oberen Teil der Stadt – nordwestlich des Gotischen Viertels und der Plaça de Catalunya – an der Rambla de Catalunya, am Passeig de Gràcia und an der Avinguda Diagonal samt Seitenstraßen, u. a. im Carrer de Balmes und im Carrer de Muntaner nordwestlich der Av. Diagonal. Der zweite Einkaufsbereich ist die Altstadt und insbesondere deren nördlicher Abschnitt (zwischen Plaça de Catalunya und Carrer de la Palla). Hier findet man preisgünstige Modeboutiquen und kleine, manchmal sehr skurrile Läden (▶ Tipp, S. 74) mit Lebensmitteln, Antiquitäten, Kunsthandwerk, aber auch viel Kitsch.

Nachtleben

Barcelona

Barcelonas Nachtleben sei langweilig, hieß es lange Zeit, denn die fleißigen Bürger der Stadt gingen angeblich früh zu Bett. Doch weit gefehlt! Die Nächte von Barcelona gehören zu den pulsierendsten europäischer Großstädte, und das Nachtleben der katalanischen Hauptstadt bietet für jeden Geschmack etwas: Kneipen, Szenelokale, Musikbars, Jazzkeller, Diskos, Tanzsäle, Cocktail- und Champagnerbars und natürlich auch Restaurants, Theater, Kinos, Opern- und Konzerthäuser. Die meisten Lokale schließen nicht vor 2 Uhr morgens; viele lassen dann nur die Rollläden herunter, und es wird weiter gefeiert. Ein ausgesprochenes nächtliches Ausgehviertel gibt es allerdings nicht – das Nachtleben verteilt sich auf die ganze Stadt. In der Altstadt trifft man sich nachts am liebsten um die Plaça Reial herum, im Raval ist um das Museu d'Art Contemporani eine neue Kneipenszene entstanden. Die meisten Lokale (Kneipen, Restaurants, Musiklokale) findet man am Olympiahafen; Ausgehzentren sind auch der Poble Espanyol auf dem Montjuïc, das Stadtviertel L'Eixample, das schöne Viertel Gràcia mit seinen Alternativkneipen und das Ausflugsziel Tibidabo. Eins der Epizentren nächtlichen Lebens ist ferner das Maremàgnum am Hafen, und das Viertel Born zwischen Gotischem Viertel und dem Parc de la Ciutadella eignet sich hervorragend für einen Kneipenbummel.
Donnerstags erscheint der "Guía del Ocio", der an den Zeitschriftenkiosken zu erwerben ist. Dieser Veranstaltungskalender listet fast alles auf, was man im nächtlichen Barcelona erleben kann.

Hafengebiet und Parc de la Ciutadella

*Hafen

Metro Drassanes (Linie 3), Barceloneta (Linie 4)

Der Hafen von Barcelona ist vor denen von Gijón und Bilbo (Bilbao) der bedeutendste und modernste Spaniens. Für den Besucher weitaus am interessantesten ist sein anlässlich der Olympischen Spiele – und auch noch danach – zu einem erheblichen Teil neu gestalteter nordöstlicher Teil.

*Kolumbus-denkmal

An der Plaça del Portal de la Pau erhebt sich das im Jahr 1888 errichtete 60 m hohe Kolumbusdenkmal. Die eiserne Säule ist über und über mit allegorischen Figuren bedeckt und trägt eine 8 m hohe Bronzestatue des Entdeckers. Auf dem Sockel sind Stationen aus Kolumbus' Leben und Entdeckungsfahrten als Relief dargestellt. Ein Aufzug im Säuleninneren fährt zu einer Aussichtsplattform hinauf.

*Museu Marítim

> **Baedeker TIPP – Barcelona Card**
>
> Mit der Barcelona Card, erhältlich u. a. in den Tourismusbüros von Barcelona und in den Geschäften der Handelskette Corte Inglés, kann man die öffentlichen Verkehrsmittel der Metropole kostenlos benutzen und erhält Preisnachlässe bei der Benutzung anderer Verkehrsmittel, beim Besuch von Museen, Veranstaltungsorten und Freizeiteinrichtungen (z. B. Theater, Zoo, Casino, Varieté) sowie in Geschäften, Restaurants und Nachtlokalen. Die Barcelona Card kostet 16,25 € (1 Tag), 19,25 € (2 Tage) und 22,25 € (3 Tage); die Card für Kinder ist jeweils 3 € billiger.

Jenseits des Passeig de Colom erkennt man an den einstigen Docks (katal. Drassanes) die mehrschiffigen Bogenhallen, die früher als königliches Schiffszeughaus dienten. Die Werft entstand schon in der Mitte des 13. Jh.s und wurde bis zum 18. Jh. auf zwölf Hallen erweitert. Hier wurden die Galeeren der Krone von Aragón gebaut und gewartet. Als jedoch nach der Entdeckung Amerikas das Hauptgebiet der Seefahrt der Atlantik wurde, sank die Bedeutung der Anlagen rasch. 1936 wurde beschlossen, hier das Marinemuseum (Museu Marítim) einzurichten. An dessen Südseite ist noch ein Rest der alten Stadtmauer erhalten.
Das Museum zeigt alle Aspekte der Seefahrt: Schiffe und Schiffsmodelle, nautisches Gerät, Werkzeuge und Waffen. Die große Halle des Museums wird von dem exzellenten Nachbau der Galeere "Real" in Originalgröße beherrscht. Die "Real" war das Flaggschiff der Flotte, die am 7. Oktober 1571 unter dem Oberkommando von Don Juan de Austria bei Lepanto die Türken besiegte. Ein besonderer Anziehungspunkt ist der multimedial aufgebaute Bereich "Aventura del Mar". Auch eine virtuelle U-Boot-Fahrt kann der Besucher unternehmen (Öffnungszeiten: tgl. 10⁰⁰ – 19⁰⁰ Uhr).

Port Vell
**Aquàrium

Vom Kolumbusdenkmal begleitet die zur Olympiade angelegte Promenade Moll de la Fusta das Becken des alten Hafens, das sie zusammen mit der Moll d'Espanya und der Brücke Rambla del Mar begrenzt. Letztere führt hinüber zum Maremàgnum, einem mächtigen Gebäude aus Glas, Stahl und Beton, unter dessen Dach sich Restaurants, Geschäfte, Galerien und ein Kinozentrum zusammengefunden haben. Das Interieur des Restaurants "Dive" wurde vom US-Filmregisseur Steven Spielberg wie ein phantastisches U-Boot gestaltet. Hauptattraktion auf der Moll d'Espanya ist das Aquàrium, angeblich das größte seiner Art in Europa. Seine neue Abteilung "Explora!" stellt drei Meeresökosysteme vor; das Nonplusultra ist aber die riesige Unterwasserlandschaft mit Haien, Muränen und einem versunkenen Amphorenschiff, die man durch einen verglasten Unterwassertunnel von 80 m unterquert (Öffnungszeiten: Juli bis Aug. tgl. 9³⁰ – 23⁰⁰, sonst bis 21⁰⁰ Uhr). Vor dem Aquarium steht ein Nachbau der "Ictíneo", einees der ersten brauchbaren U-Boote der Welt, das 1861 von Narcís Monturiol entworfen wurde (▶ Berühmte Persönlichkeiten).

*Transbordador Aeri

Das gesamte Becken des Haupthafens wird von einer Seilbahn überspannt (Transbordador Aeri), die die allerbeste Aussicht auf das Hafengebiet ermöglicht. Die hafenseitige Endstation ist die auf der Moll Nou stehende Torre de Sant Sebastià, ein

Kolumbusdenkmal

Im Maremagnum befinden sich Restaurants, Geschäfte, Galerien und ein Kinozentrum.

Transbordador Aeri (Fts.)

96 m hoher Stahlgittermast; von dort überquert die Bahn die Moll de Barcelona mit dem neuen World Trade Center, um darauf an der 158 m hohen Torre de Jaume I eine Zwischenstation einzulegen. Die Bahn endet an der Flanke des Montjuïc nahe den Jardins de Miramar (Betriebszeiten: tgl. 12^{00} – 17^{45} Uhr).

Passeig de Colom

Vom Kolumbusdenkmal zieht sich der breite, palmengesäumte Passeig de Colom in nordöstlicher Richtung zur Hauptpost. Segler und andere Nautik-Fans werden hier in einem der vielen Geschäfte für Schiffsausrüstung sicher fündig.

La Mercé

An der Plaça de la Mercé steht die um die Mitte des 18. Jh.s errichtete Kuppelkirche La Mercé, in der die Schutzpatronin Barcelonas, die Marienstatue "Mare de Déu de la Mercé" (13. Jh.), verehrt wird.

Lotja

Der Passeig de Colom endet bei dem 1928 erbauten Postgebäude und der Lotja (Börse), einer Gründung von 1382. Aus dieser Zeit ist noch der elegante Börsensaal erhalten.

Parc de la Ciutadella

Metro Barceloneta, Ciutadella (Linie 4)

Hinter der Estació de França beginnt der Parc de la Ciutadella. Er wurde an Stelle der unter Philipp V. 1715 erbauten Zitadelle angelegt. Diese sollte die Barcelonesen einschüchtern. Denn diese hatten sich im Spanischen Erbfolgekrieg auf die falsche Seite gestellt und nicht die Bourbonen unterstützt. 1869 wurde die Zitadelle geschleift, und 1888 fand hier die Weltausstellung statt. Davon zeugt u. a. der große Brunnen, ein Werk von Josep Fontseré, dessen Assistent Antoni Gaudí hieß. Auf dem Gelände sind einige Museen, der städtische Zoo und das Parlament der Autonomen Region Katalonien untergebracht.

Das Gebäude des Zoologischen Museum an der Westecke des Parks wurde zur Weltausstellung erbaut und diente ursprünglich als Restaurant. Das etwas eigenartige Gebäude in pseudomaurischem Mischstil von Lluís Domènech i Montaner heißt im Volksmund "Castell dels tres dragons" (Drei-Drachen-Schloss). Das Museum selbst ist in seiner Ausstattung völlig antiquiert, aber tadellos gepflegt und geordnet und deshalb von großem nostalgischem Reiz.

Museu de Zoologia

Das Geologische Museum (nach seinem Gründer auch Museu Martorell genannt) präsentiert nach ihrem chemischen Aufbau geordnete Mineralien sowie Fossilien. Direkt an das Museum schließt das 1883 bis 1887 erbaute Palmenhaus an.

Museu de Geologia

Der Zoo nimmt den östlichen Teil des Stadtparks ein. Besonders erwähnenswert ist der große weiße Gorilla namens Schneeflocke, das weltweit einzige Exemplar in einem Zoo. Gut gestaltet sind das Reptilienhaus, das Vogelhaus und vor allem das Delphinarium.

Parc Zoològic

Das Museum moderner Kunst ist im äußersten linken Flügel des Palau de la Ciutadella zu finden, der auch das Parlament de Catalunya beherbergt. Der Stadtpalast wurde im 18. Jh. als Arsenal der Zitadelle errichtet, die Museumsflügel um die Wende vom 19. zum 20. Jh. angefügt. Die Bezeichnung Museum "moderner" Kunst ist etwas irreführend, denn zum einen reichen die Bestände über den Historismus bis zur Romantik zurück, zum anderen hat man sich auf katalanische Künstler konzentriert. Die Jugendstilabteilung (Möbel, Bilder, Plastiken) beeindruckt mit sehr sehenswerten Stücken von Gaudí.

Museu d'Art Modern

Südlich des Bahnhofs Estació de França beginnt der im 18. Jh. angelegte Stadtteil Barceloneta, dessen rechtwinkliges Straßennetz seine barocke Planung verrät. Neben vielen Fischrestaurants findet man hier auch das ehemalige Lagerhaus Palau de Mar, in dem nun das Museum zur katalanischen Geschichte zu Hause ist. Hier liegen die Stadtstrände von Barcelona.

Barceloneta

Von Barceloneta sieht man die beiden Hochhaustürme am 1992 entstandenen Olympiahafen. Sie gehörten zum Olympischen Dorf und beherbergen heute ein Hotel bzw. Wohnungen und Büros. Dazwischen erstreckt sich Marina Village mit seinem weithin sichtbaren Fisch aus geflochtenen Bronzebändern als Wahrzeichen.

Port Olímpic / Vila Olímpica

**Rambles

Vom Kolumbusdenkmal ziehen sich die Rambles, der mit Platanen bepflanzte Hauptstraßenzug der inneren Stadt, eigentlich eine Abfolge von fünf Flanierboulevards mit schmalen Fahrbahnen an den Seiten, nach Nordwesten. Östlich von ihnen liegt die Altstadt, westlich das Barri Xino (= Chinesenviertel, auch wenn hier nie Chinesen lebten). Früher war das Barri Xino mit seinem Gewirr enger Gassen der Rotlichtbezirk der Stadt, ein Zentrum von Billigprostitution, Drogenhandel und Kleinkriminalität und für nächtliche Streifzüge nicht unbedingt zu empfehlen. Doch die frühere Heimat der Huren und Junkies ist mittlerweile ein Szene-Viertel geworden, aber auch der Stadtteil mit den größten Gegensätzen in der Stadt. Seit der Olympiade 1992 wurden große Teile des zuletzt völlig verrotteten Stadtteils saniert. Einerseits stößt man hier immer noch

Metro
Drassanes, Liceu
Catalunya (Linie 3)

Rambles
(Fortsetzung)

auf von Alteingesessenen und ausländischen Immigranten bewohnte heruntergekommene Gassen, wo sich weiterhin Dirnen, Drogendealer und Kleinkriminelle tummeln. Doch in den sanierten Straßen des Viertels, das sich nun Raval (Vorstadt) nennt, haben sich inzwischen Künstler und Intellektuelle niedergelassen und locken heute avantgardistische Galerien, schicke Szenekneipen sowie elegante Schmuck- und Modeläden Besucher an.

Die Rambles – Barcelonas beliebteste Flaniermeile

Das heutige Treiben auf den Rambles lässt nicht ahnen, dass sich hier einst ein (im Sommer meist trockener) Bach seinen Weg zum Meer bahnte – daher auch der Name vom arabischen "ramla". Die Rambles sind das Schaufenster Barcelonas, nicht nur der Geschäfte und der vielen Buch- und Zeitschriftenstände wegen. Hier gibt es auch einen Blumen- und einen Vogelmarkt, vor allem aber viele Restaurants und Cafés mit Tischen im Freien, von denen man den Pflastermalern, Stegreifakrobaten, Straßenmusikern und "lebenden Statuen", wie Kaiser Augustus und Ché Guevara, bei ihren Darbietungen zuschauen kann. Allerdings – die Rambles sind in der Saison auch ein beliebtes Operationsfeld von Taschendieben. Davon wusste Hans Christian Andersen noch nichts zu berichten, als er in seinen "Reisebildern aus Spanien" die Cafés (deren legendärstes das Café de la Opera, Rambla dels Caputxins 74, ist) auf den Rambles beschrieb:

Hans Christian Andersen "Reisebilder aus Spanien" (1866)

In keinem anderen Land habe ich derart glänzende Cafés, eine solche Pracht und soviel Geschmack wie in Spanien gesehen, selbst Paris bleibt in dieser Hinsicht weit zurück. Eins der schönsten an der Rambla, das ich mit meinen Freunden täglich besuchte, wurde von mehreren hundert Gasflammen beleuchtet, die geschmackvoll bemalte Decke erhob sich auf schlanken Säulen, die Wände trugen gute Gemälde und Spiegel, jedes Stück wurde auf mehrere tausend Reichstaler geschätzt. Unter der Decke verliefen Galerien, die zu kleinen Gemächern und Billardzimmern führten; über dem Garten, der mit Springbrunnen und blühenden Sträuchern prangte, war ein großes Zeltdach ausgespannt, das am Abend aufgezogen wurde, sodass man den blaugrünen Himmel sah. Oft war es nicht möglich, weder draußen noch drinnen, oben noch unten, einen freien Tisch zu finden, alle Plätze waren besetzt. Hier sah man Leute der unterschiedlichsten Klassen, elegante Herren und Damen, höhere und niedere Militärs, Bauern in Samt, die bunte Manta locker über den Arm geworfen. Ich sah, wie ein Mann der geringeren Klasse seine vier kleinen Mädchen hereinführte, die all diese Pracht neugierig, beinahe andächtig in Augenschein nahmen. Für sie bedeutete der Besuch des Cafés gewiss ebenso viel wie für viele Kinder der erste Theaterbesuch. Die lebhafte Unterhaltung des großen Menschengewimmels wurde jedoch niemals lärmend, man hörte nur ein seltsames Summen, das von einem Klavier begleitet wurde.

Hans Christian Andersen (Fortsetzung)

Beim Kolumbusdenkmal beginnt die Rambla de Santa Mònica. Gleich am Anfang steht links die Marinekommandantur und wenig weiter das Centre d'Art de Santa Mònica; auf der rechten Seite befindet sich das Museu de Cera, das Wachsfigurenkabinett.

Rambla de Santa Mònica

Von der Rambla dels Caputxins, der Fortsetzung der Rambla de Santa Mònica, zweigt die Carrer Nou de la Rambla ab. An ihr baute Antoni Gaudí von 1885 bis 1889 für Eusebi Güell ein sehr eigenwillig gestaltetes großbürgerliches Wohnhaus. Als eines der wenigen Beispiele eines modernistischen Privathauses kann man es auch innen besichtigen (Öffnungszeiten: Mo. – Sa. 10^{00} – 18^{00} Uhr).

Rambla dels Caputxins

*Palau Güell

Auf gleicher Höhe öffnet sich rechts an der Rambla der Durchgang zur Plaça Reial, im 19. Jh. an Stelle eines Kapuzinerklosters angelegt und heute eine ruhige, schöne und geschlossene Platzanlage mit klassizistischen Häusern, in deren Arkadengängen Cafés Gelegenheit zu einer erholsamen Pause beim Stadtbummel bieten.

Plaça Reial

Wiederum links an der Rambla sieht man die Fassade des 1844 erbauten und 1847 eröffneten Gran Teatre del Liceu, des größten Opernhauses Spaniens und zweitgrößten traditionellen Theaters nach der Mailänder Scala. Das Gebäude brannte im Januar 1994 ab und wurde im Herbst 1999 wieder eröffnet. Während der Zuschauerraum in alter Pracht wiedererstanden ist, gehört die Bühne nun zu den modernsten der Welt.

Gran Teatre del Liceu

Die Carrer de Sant Pau führt von der Rambla etwas weiter weg zur romanischen Kirche Sant Pau del Camp, 1117 außerhalb der damaligen Stadt (camp = Feld) erbaut. Sie besitzt ein schönes Hauptportal und einen reizvollen kleinen Kreuzgang (13. Jh.).

Sant Pau del Camp

Nach dem Pla de la Boqueria – das Pflastermosaik auf ihm entwarf Joan Miró – schließt sich die Rambla de Sant Josep an. Hier findet vormittags der farbenprächtige Blumenmarkt statt, weshalb sie auch "Rambla dels Flors" genannt wird. Wiederum links folgt die 1840 bis 1914 errichtete Markthalle mit der Boqueria, dem schönsten Markt der Stadt (▶ Baedeker Tipp, S. 70).

Rambla de Sant Josep

*Boqueria

Westlich der Markthalle liegt das alte Hospital de la Santa Creu, ein großer Komplex aus dem 15. Jh., in dem nun Kultureinrichtungen zu Hause sind. Besonders schön sind die mit Azulejos aus dem 17. Jh. geschmückte Vorhalle und der gotische Patio.

Antic Hospital de la Santa Creu

Barcelona im Bürgerkrieg

Francos Putsch, der den Spanischen Bürgerkrieg (1936 bis 1939) auslöste, hatte in Barcelona keine Aussicht auf Erfolg. Doch dann herrschten Anarchie und Bürgerkrieg, und die Stadt wurde Opfer des Bombenterrors aus der Luft. Churchill äußerste seinen Respekt vor der tapferen Bevölkerung Barcelonas.

Die alternative Olympiade in Barcelona sollte am 19. Juli 1936, an einem Sonntag, eröffnet werden. Die Olympischen Spiele in der katalanischen Hauptstadt waren die Antwort der europäischen Linken auf die in Berlin stattfindende Olympiade, die nach Meinung vieler junger Liberaler und Sozialisten Hitler und der Nazidiktatur in Deutschland nur als Propagandamittel diente. So waren Hunderte von Sportlern nach Barcelona gekommen, um sich im Geist der Freiheit zu sportlichen Wettkämpfen zu versammeln.

Putsch gescheitert

Einen Tag vor dem Eröffnungstermin für die Olympiade in Barcelona, am 18. Juli 1936, brach der Spanische Bürgerkrieg aus. Der überwiegende Teil des spanischen Militärs putschte auf Seiten General Francos gegen die rechtmäßig gewählte Volksfront-Regierung in Madrid. In vielen Teilen der spanischen Republik übernahmen Aufständische die Kontrolle, in einigen Städten aber, wie in Madrid und Bilbao, scheiterten die Militäreinheiten am Verteidigungswillen der Bevölkerung. Auch in Barcelona, der zweiten Metropole Spaniens, konnte Francos Putsch schnell im Keim erstickt werden. In der Nacht vom 18. auf den 19. Juli waren 12 000 Soldaten konzentrisch auf die Stadtmitte vorgerückt; die Offiziere hatten ihren Männern erklärt, sie zögen zum Schutz der Republik aus. Barcelona war aber die Hochburg der Anarchisten und ihres Gewerkschaftsbundes CNT; allein in der katalanischen Hauptstadt verfügte die Gewerkschaft über 350 000 Mitglieder. Die CNT wartete nicht, bis ihr die Regierung den Befehl zur Bewaffnung gab. Als sich die Nachricht von einem Militärputsch verbreitete, öffneten die Gewerkschafter ihre geheimen Waffenlager und errichteten Barrikaden. Nach stundenlangen Kämpfen mussten sich die Aufständischen am Abend des 19. Juli schließlich geschlagen geben. Die für den Putsch verantwortlichen Offiziere wurden später nach einem Kriegsgerichtsverfahren standrechtlich erschossen.

Anarchie

Doch nun rissen die Anarchisten die Macht in der Stadt an sich. Vom ersten Tag an versuchten sie ihre Utopie von der klassenlosen Gesellschaft in die Tat umzusetzen. In der einst lässigen Handelsmetropole herrschte daraufhin ein düsteres proletarisches Regiment. Bewaffnete Milizionäre in Arbeitskleidung kontrollierten die Straßen.
Restaurants, Luxushotels und Theater wurden geschlossen, ihre Besitzer vertrieben oder erschossen. Die Regierung der mit weitreichender Autonomie ausgestatteten Region Katalonien legte der Bevölkerung nahe, keine bürgerliche Kleidung, vor allem keine Hüte mehr zu tragen. Am schlimmsten aber traf der Terror die Kirche, die die Anarchisten als gefährlichsten Feind der so-

zialen Gerechtigkeit betrachteten. Geistliche wurden ermordet, Kirchen geplündert oder in Brand gesteckt. In Barcelona blieb nur die Kathedrale verschont.

Bürgerkrieg im Bürgerkrieg

In Spanien herrschte zu dieser Zeit nicht nur der Bürgerkrieg zwischen der rechtmäßigen Republik und dem aufständischen Militär unter Franco, im Lager der Republik fand noch ein weiterer Bürgerkrieg statt: Rot gegen Rot – der Kampf der von Moskau gelenkten Kommunisten gegen Anarchisten, Trotzkisten und Linksrevolutionäre aller Couleur. Zum Ausbruch dieses Bürgerkriegs kam es im Mai 1937 in Barcelona, als die katalanische Regionalregierung ein Polizeikommando losschickte, um das Haupttelefonamt der Stadt zu besetzen, das von den Anarchisten kontrolliert wurde, die hier ungeniert die Gespräche der Regierung abhörten. Die Polizisten wurden mit MG-Feuer begrüßt. Die nun einsetzenden Kämpfe zwischen Anarchisten einerseits sowie Kampfeinheiten von Kommunisten, Sozialisten, bürgerlichen Republikanern, Zentralregierung und Regionalregierung andererseits waren blutiger als diejenigen im Juli 1936 gegen das putschende Militär. Nach vier Tagen mussten sich die Anarchisten ergeben. Mit deren Niederlage, die auch ihr Ende als politische Kraft bedeutete, gewannen die Kommunisten immer mehr die Oberhand im republikanischen Spanien. Bereits im Juni 1937 begann die Jagd auf alle, die im Verdacht standen, Feinde der Komintern zu sein. Auch in Barcelona verschwanden Tausende in den Folterkellern der nun tonangebenden sowjetischen Geheimpolizei NKWD. Sogar Mitglieder der Internationalen Brigaden, die die Republik unterstützten, fielen dieser Hexenjagd zum Opfer. Für Willy Brandt, den späteren deutschen Bundeskanzler, den die Exilleitung der Sozialistischen Arbeiterpartei (SAP), einer linken Absplitterung der SPD, als Beobachter nach Barcelona geschickt hatte, war diese Säuberungswelle ein Schlüsselerlebnis: Als er Spanien wieder verließ, war er ein erbitterter Gegner der Kommunisten.
Nach außen hin aber gab die spanische Republik ein akzeptables Bild ab, die Autorität hatte sich ja wieder durchgesetzt. Im November 1937 wurde der Regierungssitz der Republik nach Barcelona verlegt.

Gefahr aus der Luft und Zusammenbruch der Front

Bis zum Kriegsende blieb die Front weit von Barcelona entfernt, doch auch die katalanische Hauptstadt war dem Kriegsterror ausgesetzt. Zwei Jahre lang erlebte die republikanische Wirtschaftsmetropole einen Luftkrieg, in dem die Flugzeuge von Francos Verbündeten – Hitler und Mussolini – schwere Bombenangriffe flogen. Vor allem im März 1938 und im Herbst desselben Jahres versanken große Teile der Stadt in Schutt und Asche. Ende 1938 ging Franco zum Großangriff auf das noch republikanisch regierte Katalonien über. Die republikanische Front brach zusammen, und nun kam eine Verteidigung Barcelonas nicht mehr in Betracht. Am 15. November 1938 waren hier noch die letzten Einheiten der Internationalen Brigaden feierlich verabschiedet worden; jetzt sank unter den in Barcelona gebliebenen Kampfwilligen die Moral, Tausende verließen die Stadt und flüchteten in Richtung Frankreich. Am 26. Januar 1939 zogen die Truppen Francos kampflos in die katalanische Hauptstadt ein. Seit dem Fall Barcelonas gab es keinen organisierten Widerstand mehr, am 1. April 1939 hatte Franco den Spanischen Bürgerkrieg für sich entschieden.

Tapferes Barcelona

Als der englische Premier Churchill den Einwohnern Londons 1940 nach deutschen Luftangriffen Mut zusprechen wollte, erinnerte er sie an "die tapfere Bevölkerung Barcelonas", die über zwei Jahre lang den Bombardements aus der Luft widerstanden hatte.

Palau de la Virreina

Nur wenige Schritte sind es von der Markthalle zum Palau de la Virreina, kenntlich an den beiden bronzenen Reiterstandbildern zu beiden Seiten des Portals. Das Gebäude wurde 1772 bis 1777 für den ehemaligen Vizekönig von Peru erbaut und nach seiner Gattin benannt, die nach dem Tod ihres Mannes noch bis 1791 hier wohnte.

Baedeker TIPP Barcelonas schönster Markt

"Platz, auf dem Ziegenbockfleisch verkauft wird" soll Boqueria, ein altes katalanisches Wort, bedeuten. Tatsächlich befand sich hier, am unteren Ende der Rambla de Sant Josep, schon in früherer Zeit ein Markt. Die Boqueria von heute – der "Bauch von Barcelona" wird die Markthalle genannt – ist ein Paradies für Freunde kulinarischer Genüsse. Selbst Küchenchefs der besten Restaurants decken sich auf dem stimmungsvollen Mercat de la Boqueria mit fangfrischem Fisch und frischen Meeresfrüchten, mit Käse und Pilzen aus den Pyrenäen, Würsten aus Vic, Obst und Gemüse von der Costa del Maresme, Trüffeln aus der Garrotxa usw. ein. Auch wenn Sie nichts kaufen möchten – lassen Sie sich einfach von den Gerüchen, Farben und Geräuschen auf einem der schönsten Märkte Europas berauschen.

Rambla dels Estudis / Rambla Canaletes

Es folgt die Rambla dels Estudis, die vormittags Schauplatz des Vogel- und Zierfischmarkts ist. Zusammen mit der Rambla Canaletes stellt sie die Verbindung zur Plaça de Catalunya dar.

Museu d'Art Contemporani

Von der Rambla Canaletes gelangt man westlich auf der Carrer Bon Succès zur Casa de Caritat aus dem 18. Jh., nun Sitz des Centre de Cultura Contemporània de Barcelona. An das alte Gebäude angebaut ist das blendend weiße, hypermoderne Museu d'Art Contemporani (Museum der zeitgenössischen Kunst), entworfen vom US-Architekten Richard Meier. Es zeigt seine Bestände moderner Kunst überwiegend aus Spanien und Katalonien, aber auch Werke namhafter internationaler Künstler in wechselnden Ausstellungen.

Plaça de Catalunya

Den Abschluss der Ramblas und zugleich des alten Stadtkerns bildet die verkehrsreiche Plaça de Catalunya. An dem weiten, großzügig gestalteten Platz mit seinen Grünanlagen und Wasserbecken haben viele Großbanken ihren Sitz; dominierend an der Nordwestseite ist das Gebäude der Banco Español de Crédito. An der Ostseite steht das mächtige Gebäude der Telefónica, an der Nordseite das Kaufhaus Corte Inglés, empfehlenswert wegen seiner vielen regionaltypischen Artikel und wegen seiner Cafeteria im neunten Stock, die eine schöne Aussicht bietet.

Ciutat Vella · **Barri Gòtic

Metro
Liceu (Linie 3), Jaume I (Linie 4)

Östlich der Rambles und nördlich vom Hafen erstreckt sich die Altstadt, deren Kern und bedeutendster mittelalterlicher Rest das Barri Gòtic (Gotisches Viertel) ist. In seinen engen Gassen buhlen viele Schmuck-, Textil-, Leder- und Souvenirgeschäfte und natürlich eine erkleckliche Anzahl Bars und Lokale um Kundschaft.

Plaça de Sant Jaume

Im Mittelpunkt des Viertels, der Plaça de Sant Jaume, steht an der Südostseite die ursprünglich aus dem 14. Jh. stammende Casa de la Ciutat (Rathaus) mit ihren z. T. noch gotischen Seitenfassaden (so der schöne alte Haupteingang, links an der im Jahr 1847 geschaffe-

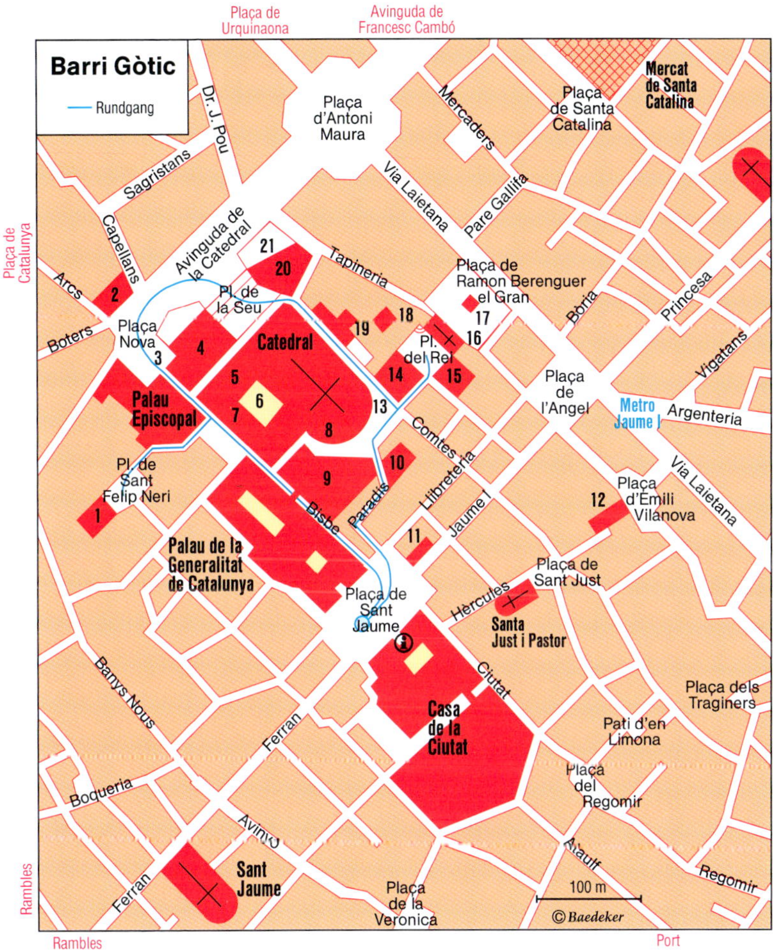

1 Museu del Calçat (Schuhmuseum)
2 Architektenkammer
3 Römische Stadtmauertürme
4 Haus des Erzdiakons (Institut Municipal d'Història)
5 Romanisches Portal
6 Kreuzgang der Kathedrale
7 Porta de Santa Eularia
8 Porta de la Pietat (Zugang zum Kreuzgang)
9 Domherrenhaus
10 Säulen vom Augustustempel (im Innern des Hauses)
11 Museu d'Holografia
12 Galeria de Catalans Il·lustres
13 Portal de Sant Iu
14 Palau del Lloctinent (Archiv der Krone von Aragon)
15 Palau Clariana-Padellás (Museu d'História de la Ciutat)
16 Capella de Santa Agata
17 Reiterdenkmal Ramon Berengers d. Gr.
18 Saló de Tinell
19 Museu Frederic Marès
20 Casa Pia Almoina
21 Römische Stadtmauern

nen Hauptfassade vorbei); der große Ratssaal Saló de Cent aus dem 14. Jh. kann an Wochenenden von 10^{00} bis 14^{00} Uhr besichtigt werden. Gegenüber hat die Generalitat de Catalunya, die Regierung

Plaça de Sant Jaume (Fts.)

Im Palau de la Generalitat residiert heute Kataloniens Regierung, die Generalitat de Catalunya.

Plaça de Sant Jaume (Fts.)

der Autonomen Gemeinschaft Katalonien, ihre Diensträume in dem im 15. Jh. errichteten Sitz der Landstände, der sich nun Palau de la Generalitat nennt.

***Catedral (La Seu)**

Auf dem Mont Tabor, dem höchsten Punkt der Altstadt, erhebt sich die Kathedrale. Sie wurde 1298 an Stelle eines romanischen Baus, von dem am nordöstlichen Seitenportal noch einige Reliefs erhalten sind, begonnen und 1448 bis auf die Hauptfassade und den Kuppelturm, die erst 1898 bzw. 1913 angefügt worden sind, vollendet.

*Claustre

Kommt man von der Plaça de Sant Jaume, gelangt man zunächst zu dem sehr schönen, magnolien- und palmenbestandenen Kreuzgang (Claustre) aus den Jahren 1380 bis 1451. Dass in ihm Gänse gehalten werden, geht auf die seit dem Mittelalter bestehende Tradition zurück, die Kathedrale von den lautstarken Vögeln bewachen zu lassen. Die Südwestecke nimmt die 1270 gestiftete Capella de Santa Llucia ein; im Kapitelsaal daneben zeigt das Museum der Kathedrale Gemälde spanischer Meister aus dem 14 und 15. Jh.

Innenraum

Das hochgotische Innere der Kathedrale ist in drei Schiffe gegliedert. Die farbenprächtigen Glasgemälde entstammen teilweise dem 15. Jh.; Beachtung verdienen das mitten im Hauptschiff stehende und an drei Seiten ummauerte Chorgestühl (15. Jh.) sowie die schöne Kanzel von 1403. Von der Capella Major mit ihrem spätgotischen Retablo führt eine Treppe hinab zur Krypta; dort werden in einem Alabastersarkophag – eine um 1330 entstandene italienische Arbeit – die Reliquien der hl. Eulalia aufbewahrt. Die stattlichste der Seitenkapellen ist die Capella del Santíssim Sagrament links neben dem Hauptaltar. Sie birgt das aus dem 15./16. Jh. stammende alabasterne Grabmal des hl. Bischofs Olegarius († 1136) sowie den "Christus von Lepanto", die angebliche Galionsfigur von dem Flaggschiff, das Don Juan de Austria in der gegen die Türken gewonnenen Seeschlacht von 1571 kommandierte. In der letzten Seitenkapelle vor dem linken Querhausarm sieht man eine der berühmten Marienfigur vom ▶ Montserrat gleichende schwarze Madonna. In der Sakristei wird der Kirchenschatz ausgestellt.

Catedral (Fortsetzung)

Pla de la Seu

Die Hauptfassade der Kathedrale öffnet sich zur Pla de la Seu. Zur Kathedrale gewendet, sieht man rechts die im 15. Jh. erbaute Casa de l'Ardiaca (Haus des Erzdiakons), dahinter schließt sich der Bischöfliche Palast (Palau Episcopal) an, der schon im Jahr 926 urkundlich erwähnt wird; linker Hand liegt das Diözesanmuseum.

***Museu Frederic Marès**

Links an der Kathedrale vorbei kommt man in der Carrer dels Comtes zum Museu Frederic Marès, das die Privatsammlung des Bildhauers Frederic Marès Deulovo bewahrt. Es ist im einstigen Palau Reial eingerichtet, dem Palast der Grafen von Barcelona und der Könige von Katalonien und Aragón, dessen eigentlicher Eingang zur Plaça del Rei zeigt (s. u.). Die reichhaltige Skulpturensammlung umfasst überwiegend spanische Stücke aus romanischer, gotischer und barocker Zeit sowie aus dem 19. Jh.; hinzu kommt das Museu Sentimental, in dem Erinnerungsstücke – Alltagsgegenstände, Schmuck, auch Raucherutensilien und Fotos – versammelt sind, die Frederic Marès zusammengetragen hat (Öffnungszeiten: Di. bis Sa. 10⁰⁰ – 19⁰⁰, So. 10⁰⁰ – 15⁰⁰ Uhr).

***Plaça del Rei**

Hinter dem Museum geht es an der Rückfront des Palau de Lloctinent entlang, des im 16. Jh. erbauten Sitzes der katalanischen Vizekönige (daher der Name: Palast des Stellvertreters), und dann links durch einen Durchgang auf die Plaça del Rei, den wohl schönsten, weil weitgehend mittelalterlich gebliebenen Platz im Gotischen Viertel. Ganz links erhebt sich der fünfstöckige Wachturm des Königspalastes, daran schließt sich der Treppenaufgang zum 1370 erbauten Salò de Tinell an. Auf diesen Stufen empfingen die Katholischen Könige Kolumbus nach der Rückkehr von seiner ersten Amerikafahrt. Geradeaus sieht man die profanierte Kirche Santa Agata, in der sich ein großer gotischer Bildaltar und zwei hoch gelegene gotische Grabmäler befinden; für viele interessanter aber mag in der einstigen Sakristei das große eiserne Räderwerk einer Turmuhr aus dem Jahr 1576 sein. Sowohl die Kirche als auch der Salò de Tinell gehören zum Museu d'Història de la Ciutat, das seine Sammlung in der im 15. Jh. an anderer Stelle erbauten und 1931 hierher an die Plaça del Rei versetzten Casa Padellàs zeigt, einem typisches Stadtpalais des Spätmittelalters. Bei den Ausschachtungsarbeiten für die Fundamente am neuen Standort wurden bedeutende Reste der einstigen Römerstadt gefunden, die nun im Untergrund vorgeführt werden. Die eigentlichen Exponate veranschaulichen die vorrömische und arabische Zeit, das Mittelalter, die Zeit der katalanischen Seemacht sowie volkskundliche Themen (Öffnungszeiten: Okt. – Mai Di. – Sa. 10⁰⁰ – 14⁰⁰ und 16⁰⁰ – 20⁰⁰, So. 10⁰⁰ – 14⁰⁰; Juni bis Sept. 10⁰⁰ – 20⁰⁰, So. 10⁰⁰ – 14⁰⁰ Uhr).

***Museu d'Història de la Ciutat**

****Museu Picasso**

Von der Plaça del Rei sind es nur wenige Schritte zur Avinguda Laietana, die das Barri Gòtic begrenzt. Über die Plaça de l'Angel folgt

Museu Picasso (Fortsetzung)

man der Carrer de la Princesa und dann der rechts abzweigenden Carrer Montcada zum Haus Nr. 15, dem spätgotischen Palau Berenguer de Aguilar, heute Museu Picasso. Der große Künstler lebte von 1895 bis 1904 in Barcelona. In diese Jahre fällt seine "Blaue Periode", und das Museum konnte gerade aus dieser Schaffensepoche einige sehr schöne Werke in seinen Besitz bringen. Andererseits darf man eine vollständige Werkschau nicht erwarten, vielmehr präsentiert das Museum vor allem Gemälde, Zeichnungen und Druckgrafik überwiegend aus der Frühphase des Künstlers (Öffnungszeiten: Di. – Sa. 10^{00} – 20^{00}, So. 10^{00} – 15^{00} Uhr).

Museu Textil / Museu Barbier-Mueller

Gegenüber (Haus Nr. 12) findet man in einem Palais aus dem 13. Jh. das Museu Textil i d'Indumentària mit Stoffen und Kleidern seit dem 4. Jh. n.Chr.; im Nachbargebäude zeigt das Museu Barbier-Mueller altindianische Stücke aus Mittel- und Südamerika.

Santa Maria del Mar

Nur wenig südlich der Museen steht die Kirche Santa Maria del Mar (1329 – 1383), ein dreischiffiger gotischer Bau ohne Querhaus, das nach der Kathedrale bedeutendste Gotteshaus der Stadt. Errichtet wurde sie im alten Handwerkerviertel über einer spätrömischen Nekropole, wo – so die Legende – die hl. Eulalia bestattet gewesen sein soll. Die farbigen Glasfenster stammen großenteils aus dem 15. bis 17. Jahrhundert.

Baedeker TIPP Originelle Läden

Im Gotischen Viertel gibt es noch viele Geschäfte wie zu Uromas Zeiten – hübsche rustikale Läden mit Waren, wie sie vor über hundert Jahren angeboten wurden: u. a. die Haushaltswarenhandlung von A. Aquil·li Maggi (Ample, 28; nahe dem Passeig de Colom) mit Metall-, Kupfer- und Messingwaren (Töpfe, Kerzenleuchter, Milchkannen); der Lebensmittelladen Can Gisbert (Sombrerers, 23; bei der Kirche Santa Maria del Mar) mit getrockneten Früchten und Nüssen; die Confiserie Fargas (Pi, 16; auf der Höhe der Boqueria) mit handgegossenen Pralinen); der Kerzenladen Cerreria Subirá (Llibreteria, 7; bei der Plaça de Sant Jaume).

**Montjuïc

Südlich über dem Hafen erhebt sich der 213 m hohe, zur Küste steil abfallende Berg Montjuïc, der von einer Festung gekrönt wird. Der Name bedeutet "Berg der Juden", da sich hier einst ein großer jüdischer Friedhof befand. Heute ist der Montjuïc Naherholungsgebiet und Touristenattraktion: Die Erinnerungen an die Weltausstellung von 1929, hervorragende Museen sowie die Olympiabauten von 1992 und öffentliche Sportanlagen sind hier versammelt.

Zugang

Zu Fuß kann man von der Plaça d'Espanya die große Treppenanlage zum Palau Nacional hochgehen. Vom Hafen fährt die Schwebebahn (Transbordador Aeri, ► S. 63) zu den Jardins de Miramar an der Nordostflanke des Bergs. Von der Avinguda del Paral·lel (Metro Paral·lel, Linie 3) führt eine zunächst unterirdisch verlaufende Standseilbahn hinauf (Betriebszeiten: tgl. 10^{45} – 20^{00} Uhr), die von einer Gondelbahn zur Festung fortgesetzt wird (Betriebszeiten: nur Sa. und So. 11^{00} – 14^{45} und 16^{00} – 20^{00} Uhr).

Plaça d'Espanya

Die folgende Beschreibung geht von der Plaça d'Espanya aus, dem wichtigsten Verkehrsknotenpunkt im Westen der Stadt. In ihrer Mitte erhebt sich das Brunnendenkmal "España Ofrecida a Dios" (Das gottgeweihte Spanien), das wie der übrige Platz und die Was-

Plaça d'Espanya (Fortsetzung)

serspiele entlang der Avinguda de la Reina Maria Cristina im Sommer ab 22^{00} Uhr mit Musikbegleitung farbig illuminiert wird.

Pavellò Mies van der Rohe

Von der Plaça d'Espanya durchquert man zunächst das weitläufige Messegelände (Fira de Barcelona). An der Brunnenanlage rechts kommt man zum Pavellò Mies van der Rohe. Der 1886 in Aachen geborene Ludwig Mies van der Rohe, letzter Direktor des berühmten Bauhauses in Dessau, hatte den deutschen Pavillon für die Weltausstellung in Barcelona (1929) entworfen, und zur hundertsten Wiederkehr seines Geburtstages wurde diese getreue Nachbildung des Originals eingeweiht. Der Pavillon beeindruckt durch die klare Linienführung und durch den ästhetischen Effekt der verwendeten Materialien Glas, Stahl und polierter Naturstein.

****Poble Espanyol**

Vom Pavillon kann man einen Abstecher zum Spanischen Dorf (Poble Espanyol) machen, einer für die Weltausstellung von 1929 angelegten Nachbildung charakteristischer Bauten der spanischen Provinzen, an der bekannte Künstler wie Maurice Utrillo mitwirkten. Das 46 000 m^2 große Poble Espanyol gehört zu den populärsten Sehenswürdigkeiten der Stadt, nicht zuletzt wegen der malerischen Sträßchen und Gassen und der Handwerksbetriebe, die Volkskunst und Kunstgewerbe herstellen – in der "Stadt des Kunsthandwerks" sind heute 45 unterschiedliche Handwerksberufe vertreten. Auf der Plaça Major finden im Sommer Rock-, Pop- und andere Musikkonzerte statt. Für das leibliche Wohl sorgen Restaurants und Bars, für nächtliche Unterhaltung drei Diskotheken (Öffnungszeiten des Poble espanyol: Mo. 9^{00} – 20^{00}, Di. – Do. bis 2^{00}, Fr. bis Sa. bis 4^{00}, So. bis 24^{00} Uhr).

****Museu Nacional d'Art de Catalunya**

Die große Freitreppe an der Plaça d'Espanya endet vor dem riesigen, architektonisch ziemlich überladenen Palau Nacional, dem Herzstück der Weltausstellung von 1929, von wo aus man einen prächtigen Blck auf die Stadt genießt. Im Palau Nacional ist das Nationalmuseum katalanischer Kunst untergebracht, das dank seiner hervorragenden Sammlungen aus allen Epochen der katalanischen Kunstgeschichte zu den bedeutendsten Sehenswürdigkeiten von Barcelona zählt. Das Museum wird seit 2000 einer grundlegenden Neugestaltung unterzogen, an deren Ende – der Planung nach im Jahr 2003 – die bisherigen Sammlungen mit denen des Münzkabinetts und des Museums moderner Kunst zusammengeführt werden sollen. Ungeachtet der Umbauten sind die Sammlungen romanischer und gotischer Kunst geöffnet; die Werke aus Renaissance und Barock dagegen können nicht gezeigt werden (Öffnungszeiten: Di. – Sa. 10^{00} – 19^{00}, So. 10^{00} bis 14^{30} Uhr).

Christus als Pantokrator, als "Allherrscher": romanisches Fresko im Palau Nacional

Barcelona

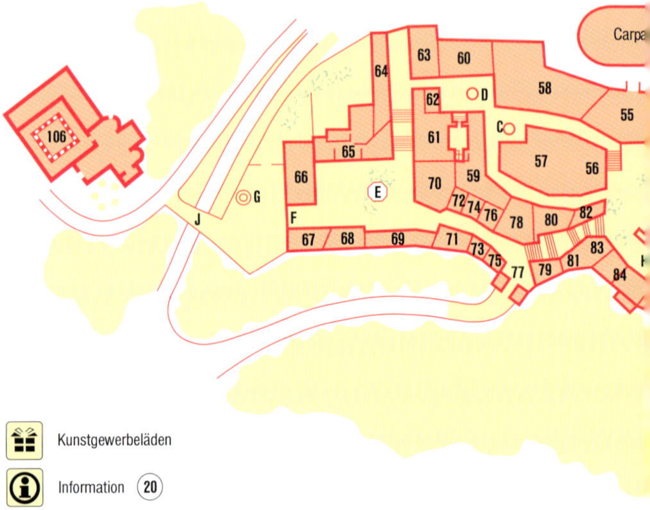

Kunstgewerbeläden

Information (20)

Toiletten (5) (34)

Geldwechsel (104) (34)

Fundbüro (20)

Telefon (5) (20) (34)

S.O.S. Erste Hilfe (2)

Museum (19)

Museum (72)

Tabakwaren

Verwaltung

Poble Espanyol

1 Avila
2 Cáceres
3 Majadas (Cáceres)
4 Plasencia
5 Cáceres
6 Sigüenza (Guadalajara)
7 Sigüenza (Guadalajara)
8 Navalcarnero (Madrid)
9 Santillana de Mar (Santander)
10 Borja (Zaragoza)
11 Riaza (Segovia)
12 Santillana de Mar (Santander)
13 Alquézar (Huesca)
14 El Burgo de Osma (Soria)
15 El Burgo de Osma (Soria)
16 Aranda de Duero (Burgos)
17 Sigüenza (Guadalajara)
18 Cambados (Pontevedra)
19 Cáceres
20 Cáceres
21 La Fresneda (Teruel)
22 La Fresneda (Teruel)
23 Sangüesa (Navarra)
24 Graus (Huesca)
25 Jérica (Castellón)
26 Montblanch (Tarragona)
27 Sigüenza (Guadalajara)
28 Segovia
29 Toledo
30 Valderobres (Teruel)
31 Cambados (Pontevedra)
32 Cambados (Pontevedra)
33 San Esteban de Lorenzana (Lugo)
34 Medinaceli (Soria)
35 Maluenda ((Zaragoza)
36 Betanzos (La Coruña)
37 Betanzos (La Coruña)
38 Caldas de Reyes (Pontevedra)
39 Cangas de Onis (Oviedo)
40 Morella (Castellón)
41 Molinos de Duero (Soria)
42 Calaceite (Teruel)
43 Cati (Castellón)
44 Jérica (Castellón)
45 Peñafiel (Valladolid)
46 Sariñena (Huesca)
47 Fraga (Huesca)
48 Borja (Zaragoza)
49 Albarracín (Teruel)
50 Albarracín (Teruel)
51 Corella (Navarra)
52 Alcañiz (Teruel)
53 Torralba de Ribota (Zaragoza)

A San Mateo: Musikpavillon
B Catí: Brunnen
C Tarifa: Brunnen
D Córdoba: Virgen de l,os Faroles
E Prades: Brunnen
F Prades: Puerta de Prades
G Ulldecona: Wegkreuz
I Maya: Torbogen
J Ribas de Freser

54 Utebo (Zaragoza)
55 Ronda (Málaga)
56 Arcos de la Frontera (Cádiz)
57 Córdoba und Sevilla
58 Ecija (Sevilla)
59 Córdoba
60 Ubeda (Jaén)
61 Murcia
62 Córdoba
63 Arcos de la Frontera (Cádiz)
64 Mallorca
65 La Jana (Castellón)
66 Tárrega (Lérida)
67 Cornudella (Tarragona)
68 La Gárriga (Barcelona)
69 Santa Pau (Girona)
70 Besalú (Girona)
71 Rupit (Barcelona)
72 Rupit (Barcelona)
73 Isona (Lérida)
74 Montblanch (Tarragona)
75 Rupit (Barcelona)
76 Camprodón (Girona)
77 Montblanch (Tarragona)
78 Montblanch (Tarragona)
79 Besalú (Girona)
80 Rupit (Barcelona)
81 Belianes (Lérida)
82 Morella (Castellón)
83 Santa Pau (Girona)
84 Vitoria
85 Vergara (Guipúzcoa)
86 Estella (Navarra)
87 Erandio (Vizcaya)
88 Roncal (Navarra)
89 Maya (Navarra)
90 Olazagutia (Navarra)
91 Vinuesa (Soria)
92 Molinos de Duero (Soria)
93 Vinuesa (Soria)
94 Sos del Rey (Zaragoza)
95 Toro (Zamora)
96 Toro (Zamora)
97 Segovia
98 Toro (Zamora)
99 Santillana de Mar (Santander)
100 Burgo de Osma (Soria)
101 Ayllón (Segovia)
102 Ayllón (Segovia)
103 Sigüenza (Guadalajara)
104 Cáceres
105 Torija (Guadalajara)
106 Monasterio (Girona)

Museu Nacional d'Art de Catalunya (Fortsetzung)

Von Weltrang ist die Abteilung romanischer Kunst (11. – 13. Jh.), darunter herrliche Fresken aus vielen Kirchen des katalanischen Pyrenäenraumes wie Boí und Taüll bei Lleida, deren Gewölbe und Apsiden im Museum originalgetreu nachgebaut wurden, um darauf die Wandgemälde anzubringen. Die Sammlungen der gotischen Kunst aus dem 14. und 15. Jh. beschränken sich zwar nicht nur auf Katalonien, doch sind die schönsten ausgestellten Werke in dieser Region entstanden, darunter ein mächtiger, von der Malerfamilie Serra aus Barcelona geschaffener Marienaltar aus dem 14. Jahrhundert.

Museu Etnològic

Das Museu Etnològic (Völkerkundemuseum) östlich hinter dem Palau Nacional zeigt Kleidung, Hausgerät, Mobiliar und Kunstgewerbe vor allem aus Afrika, Amerika, Asien und Ozeanien.

***Museu d'Arqueologia**

Interessanter ist sicher das Archäologische Museum in einem der einstigen Weltausstellungspavillons von 1929 am Osthang. Es legt seinen Schwerpunkt auf den katalanischen Raum. Themen sind Vorgeschichte, Balearenkultur, Funde aus der griechischen und römischen Stadt ▶ Empúries und klassische Archäologie. Besondere Erwähnung verdienen ein Modell von Empúries sowie attische und etruskische Gefäße aus Magna Graecia (Öffnungszeiten: Di. – Sa. 9^{30} – 19^{00}, So. 10^{00}–14^{30} Uhr).

Teatre Grec

Gegenüber wurde für die Weltausstellung in einem ehemaligen Steinbruch das Teatre Grec (Griechisches Theater) nach dem Vorbild von Epidauros in den Hang gebaut.

Jardí Botànic

Hinter dem Palau Nacional erstreckt sich der Botanische Garten, unmittelbar nach der Weltausstellung in aufgelassenen Steinbrüchen angelegt, die wegen ihrer Strukturierung unterschiedliche Kleinklimazonen besitzen.

****Anella Olímpica**

Die Sportanlagen auf dem Montjuïc (Anella Olímpica = Olympischer Ring) waren die Hauptaustragungsstätte der XXV. Olympischen Sommerspiele 1992. Doch auch ohne Sportveranstaltungen sollte man sie unbedingt besuchen, sieht man hier doch ein Ensemble avantgardistischer Architektur, das das 21. Jh. vorwegnahm.

Estadi Olímpic

Das Olympiastadion, in das man von oben hineinblicken kann, war kein reiner Neubau, denn es bezog das zur Weltausstellung 1929 erbaute Stadion mit ein. Der italienische Architekt Vittorio Gregoti und vier katalanische Kollegen vergrößerten das alte Gebäude auf ein Fassungsvermögen von 70 000 Zuschauern, indem sie das Niveau des Spielfeldes 11 m absenkten. In der Galeria Olímpica kann man die Spiele von 1992 Revue passieren lassen.

Palau Sant Jordi

Den benachbarten Sportpalast, nach dem katalanischen Nationalheiligen Sant Jordi benannt, entwarf der Japaner Arata Isozaki. Unter der Kuppel haben 17 000 Zuschauer Platz.

Torre de Calatrava

Auf der Freifläche zwischen Stadion und Sportpalast stellte die japanische Künstlerin Aiko Migawaki einen Wald steinerner Säulen auf, aus denen geschlungene Drähte gleichsam herauswachsen. Dahinter erhebt sich das spektakulärste und umstrittenste Bauwerk auf dem Montjuïc: der Sendemast der Telefónica, zumindest was die Statik anbetrifft ein Meisterwerk. Architekt Santiago Calatrava erdachte einen Turm, der von allen bisherigen Turmbaukonzepten abweicht und an eine frei schwebende Grammofonnadel erinnert. Ricardo Bofill schuf das Gebäude der Sporthochschule INEF.

In die Nordflanke des Montjuïc eingebettet sind die schneeweißen kubischen Gebäude der Fundació Joan Miró, entworfen von Josep Lluís Sert. Die von dem in Barcelona geborenen Miró (1893 – 1983) ins Leben gerufene Stiftung zeigt zahlreiche seiner eigenen Werke sowie solche seiner Zeitgenossen (Öffnungszeiten: Di – Sa. 10^{00} bis 19^{00}, Do. bis 21^{30}, So. 10^{00} – 14^{30} Uhr).

*Fundació Joan Miró

Auf der Höhe des Berges erhebt sich die im 18. Jh. errichtete Festung. Sehr zu empfehlen ist ein Rundgang auf dem flachen Dach der Zitadelle, von wo sich ein weiter Blick über Meer, Hafen, Stadt und Gebirge bietet. In den einstigen Kasematten zeigt das Museu Militar Waffen und Kriegsgerät, Modelle von Festungsanlagen und Dioramen mit Zinnsoldaten.

Castell de Montjuïc

Museu Militar

Unterhalb der Festung liegt der Mirador del Alcalde, dessen Pflasterung aus Betonröhren, Flaschenhälsen und -böden, Transmissionsketten und anderen ungewöhnlichen Materialien ornamental angeordnet ist. Westlich vom Mirador erstrecken sich hangabwärts die Jardins de Mossén Verdaguer, deren Hauptteil Wasserterrassen bilden. Die meerseitige Flanke des Montjuïc bedecken die Jardins de Mossèn Costa i Llobera, berühmt für ihre Sukkulenten, Kakteen und Euphorbien.

Mirador del Alcalde

Modernisme in Barcelona

Die katalanische Spielart des Jugendstils, der Modernisme, hat in Barcelona seine großen Erfolge gefeiert.

Geradezu ein Paradebeispiel des Modernisme ist der von Lluís Domènech i Montaner entworfene und 1908 vollendete große Palau de la Música Catalana an der von der Avinguda Laietana abgehenden Carrer Sant Pere mès Alt. Die überreiche und hervorragend erhaltene Dekoration vor allem des 1700 Besucher fassenden Konzertsaales gehört zu den glänzendsten Beispielen jener Epoche. Der Palast kann allerdings nur nach Voranmeldung (☎ 93 295 72 00) oder bei einem Konzert bewundert werden.

*Palau de la Música Catalana

Die größte Zusammenballung modernistischer Bauten konzentriert sich im Stadtteil Eixample, der ab 1859 zwischen Gran Via dels Corts Catalanes und Avinguda Diagonal planmäßig mit achteckigen Häuserblocks auf rechteckigem Grundriss angelegt wurde. Seine Hauptachse ist der von herrlichen Kandelabern gesäumte Passeig de Gràcia. Die schönsten modernistischen Häuser findet man im Quadrat d'Or (Goldenes Quadrat), in einem relativ kleinen Bereich um die Passeig de Gràcia herum (▶ Baedeker Special, S. 42).
Wenig nördlich von der Plaça de Catalunya kommt man zu einem aus drei spektakulären Häusern bestehenden Block. Er beginnt mit der Casa Lleó i Morera (Passeig de Gràcia, 35), 1905 von Domènech i Montaner gebaut, gefolgt von der Casa Amatller (Nr. 41; 1900) von Puig i Cadafalch. Völlig gelöst von überkommenen Bauprinzipien zeigt sich die Fassade der Casa Batlló (Nr. 43, 1905 – 1907) von Anto-

*Eixample

**Quadrat d'Or

Manzana de la Discórdia

*Casa Batlló

Auf dem Montjuïc: Olympiastadion und der an eine frei schwebende Grammofonnadel erinnernde Sendemast der Telefónica ▶

Baedeker TIPP Ruta del Modernisme

Auf der Ruta del Modernisme kann man die Modernisme-Bauten genauer kennen lernen. Das Kombiticket (in manchen Gebäuden freier Eintritt, in anderen 50 % Ermäßigung) gibt es in der von Josep Puig i Cadafalch entworfenen Casa de Amatller, Passeig de Gràcia, 41, ☎ 934 88 01 39.

ni Gaudí, sowohl was ihre ornamentale Struktur als auch was das Baumaterial, u. a. Keramikfliesen und getriebenes Stahlblech, betrifft.

***Fundació Antoni Tàpies**

An der folgenden Straßenecke erkennt man das von Domènech i Montaner entworfene Haus der Fundació Antoni Tàpies an der Stahldrahtskulptur ("Wolke und Stuhl") auf dem Dach. Sie ist ein Werk von Antoni Tàpies (▶ Baedeker Special, S. 34), dessen Stiftung hier Grafiken, Plastiken und Gemälde des Künstlers ausstellt (Öffnungszeiten: Di. – So. 10^{00} – 20^{00} Uhr).

****Casa Milá**

Den Passeig de Gràcia ein Stück weiter hinauf sieht man rechts (Hausnummer 92) die Casa Milá (im Volksmund "La Pedrera" = Steinbruch), ebenfalls von Antoni Gaudí (1910) und dessen spätester profaner Bau. Mehr noch als bei der Casa Batlló bricht der Architekt hier mit allen Traditionen, so dass das Haus mehr einer Skulptur als einem Gebäude gleicht.

Typische Häuserblocks im Modernisme-Viertel L'Eixample aus der Vogelperspektive

Museu de la Música

Vom Ende des Passeig de Gràcia gleich nach rechts auf die Avinguda Diagonal einbiegend kommt man zum Palau Quadras von Puig i Cadafalch, heute Heimat des Musikmuseums, das vorwiegend Musikinstrumente, darunter eine der größten Gitarrensammlungen Europas, zeigt.

Temple de la Sagrada Familia

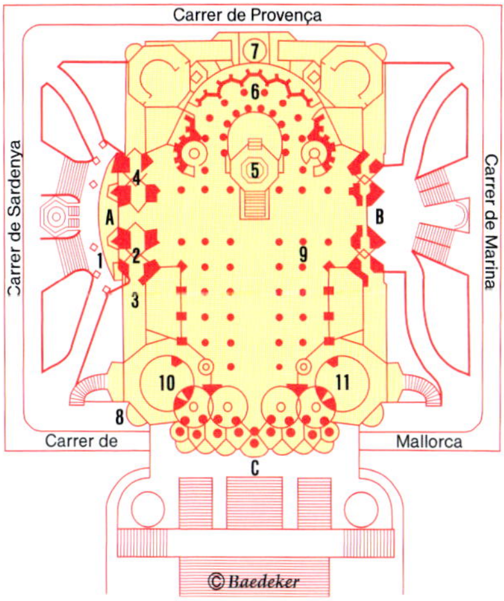

A Passionsportal
B Weihnachtsportal
C Portal der Herrlichkeit

1 Eingang
2 Vorraum
3 Kirchenmodell
4 Verkaufskiosk
5 Altar (darunter Krypta)
6 Apsis
7 Marienkapelle
8 Gaudí-Museum
9 Modellwerkstatt
10 Baptisterium
11 Sakramentskapelle

****Temple de la Sagrada Familia**

Geht man die Avinguda Diagonal nach Osten entlang, sieht man schon von weitem den Temple de la Sagrada Familia (Kirche der Heiligen Familie), an dem bis heute gebaut wird. Er gilt als Hauptwerk von Antoni Gaudí, der das bereits 1882 begonnene Objekt 1883 übernommen und nach seinen eigenen Vorstellungen völlig umgestaltet hat. Die Baukosten für diese "Kirche der Armen", wie Gaudí sie oft nannte, werden aus Almosen und Stiftungen zusammengetragen. Die Kirche ist auf eine Gesamtlänge von 110 m und eine Höhe von 45 m hin geplant, wobei die Hauptkuppel 160 m und die zwölf die Apostel symbolisierenden Türme bis 115 m Höhe erreichen sollen. Noch immer stehen aber lediglich das viertürmige Ostportal ("Weihnachtstor"; die Türme stehen für die vier Evangelisten), die Außenmauern der Apsis, die Krypta, in der Antoni Gaudí 1926 begraben wurde, ferner Teile des Westportals mit nunmehr ebenfalls vier Türmen und der Langhauswände. Künstlerisch ist der Temple de la Sagrada Familia eine höchst eigenwillige Mischung von Stilzitaten und Neuschöpfungen. Der Grundriss, die Raumaufteilung und die große Linienführung sind der Gotik und der Neogotik verpflichtet, verbinden diese Elemente aber mit pflanzenhafter, fließender Ornamentik des Modernisme.

Innenraum

Im Schnittpunkt von Querhaus und Apsis steht der von einem Baldachin geschützte Altar. Im Untergeschoss ist das Museum der Kirche eingerichtet, das u. a. Skizzen von Gaudí-Bauten, ein großes Modell der Kirche im Maßstab 1:25 zeigt und ein weiteres Modell, das 1910 in Paris ausgestellt war. Die Türme des rechten Seitenportals können erstiegen werden (was allerdings für Schwindelanfällige nicht ganz angenehm ist, es gibt aber auch einen Aufzug). Von oben bietet sich ein interessanter Blick in das Innere der Kirche und über das Stadtgebiet, man sieht auch sehr gut den Mosaikschmuck der Turmhelme (Öffnungszeiten: tgl. Okt. – März 9^{00} bis 18^{00}, Apr. – Sept. 9^{00} – 20^{00} Uhr).

Aufstieg

Im Nordwesten der Stadt, im Stadtteil Vallcarca, breitet sich an einer Hügelflanke der zwischen 1900 und 1914 angelegte Parc Güell aus, ebenfalls eine Schöpfung von Antoni Gaudí. Direkt am Eingang, nach dem von einem Turm gekrönten und großenteils mit farbiger Majolika bedeckten Pförtnerhaus, beginnt die doppelläufige Freitreppe; sie wird durch ein Wasserspiel geteilt, dessen Hauptakzent ein salamanderähnliches buntes Keramiktier bildet. Die Treppe endet auf dem Platz vor der Säulenhalle, dessen Umfassungsmauer als wellenförmig verlaufende lange Sitzbank gestaltet ist. Beeindruckend ist der originelle Schmuck aus Keramikfragmenten in allen Farben, welcher die Bank lückenlos bedeckt. Von der Terrasse aus genießt man einen weiten Blick über die Stadt und auf das Meer. Von 1906 bis 1926 lebte Antoni Gaudí hier im Park in einem von Francesc Berenguer entworfenen Haus, das heute Museum und zu einem großen Teil noch mit Originalmobiliar von Gaudí eingerichtet ist.

*Parc Güell

Metro Plaça de Lesseps, Vallcarca (Linie 3)

Parc Güell (Fortsetzung)

Museu Gaudí

Weitere Sehenswürdigkeiten

Nahe dem Westende der Avinguda Diagonal liegt das Pilgerziel aller Barça-Fans: Im 1957 vollendeten Stadion Camp Nou mit einem Fassungsvermögen von 125 000 Zuschauern bestreitet der F. C. Barcelona seine Heimspiele. Im Museum des F. C. Barcelona kann man u. a. die Trophäen eines der erfolgreichsten Fußballklubs der Welt bestaunen (Öffnungszeiten: Mo. – Sa. 10^00 – 18^30; So. 10^00 – 14^00 Uhr).

Camp Nou / *Museu del F. C. Barcelona

Metro Collblanc (Linie 5)

Nördlich des Westendes der Avinguda Diagonal erstreckt sich der Stadtteil Pedralbes, eine der begehrtesten Wohngegenden Barcelonas. Von der Metrostation Palau Reial (Linie 3) ist man direkt am Palau de Pedralbes, 1924 für König Alfons XIII. erbaut. Er beherbergt das Museu de les Arts Decoratives, das Gebrauchsgegenstände und Möbel von der Gotik bis zur Gegenwart ausstellt, sowie das Museu de Ceràmica mit seiner hervorragenden Sammlung historischer und zeitgenössischer Keramik, darunter maurische, katalanische, valencianische und toledanische Stücke (Öffnungszeiten: Di. – Sa. 10^00 – 18^00, So. 10^00 – 15^00 Uhr).

Pedralbes

*Museen im Palau de Pedralbes

An den Palast schließt die Finca Güell an, 1884 bis 1887 von Antoni Gaudí als Landsitz für Eusebi Güell erbaut. Gaudís Stil zeigt sich am besten am Pförtnerhaus mit dem "Drachentor".

Finca Güell

Weiter bergan kommt man zum 1326 gegründeten Klarissinnenkloster von Pedralbes. Apotheke, Küche, Dormitorium, Refektorium und Krankensaal, die einschiffige, eher karg und schmucklos wirkende Klosterkirche und der im Gegensatz dazu hübsche dreigeschossige Kreuzgang mit einem Renaissancebrunnen in der Mitte können besichtigt werden. Vom Kreuzgang aus gelangt man in die Säle mit 80 Gemälden des 13. bis 18. Jh.s (u. a. Zurbarán, Lucas Cranach, Fra Angelico) aus der Sammlung Thyssen-Bornemisza, deren größter Teil in Madrid ausgestellt ist.

*Monestir de Pedralbes

*Sammlung Thyssen-Bornemisza

Nordwestlich vom Stadtzentrum erhebt sich der 532 m hohe Berg Tibidabo, eines der am meisten besuchten Ausflugsziele im Großraum von Barcelona. Seinen Namen hat er von der Legende, dass

***Tibidabo**

◂ **Noch immer unvollendet: Temple de la Sagrada Familia, das °Hauptwerk von Antoni Gaudí**

Tibidabo (Fortsetzung)

sich hier die Versuchung Christi durch Satan ereignet haben soll ("Der Versucher spricht: 'Ich werde dir... geben'" = latein. "tibi dabo..."). Von der Plaça de Catalunya fährt man mit der FGC bis zur Endstation Avinguda del Tibidabo und von dort mit der nostalgischen Straßenbahn Tramvia Blau bergan zur Standseilbahn (Funicular) für die letzte Etappe zum Gipfel des Tibidabo.

Museu de la Ciència

Nahe der Talstation der Standseilbahn befindet sich in der Carrer Teodor Roviralta Nr. 55 das Wissenschaftsmuseum mit Ausstellungen zu Optik, Mechanik und Raumforschung; angegliedert sind eine meteorologische Station und ein Planetarium.

Sagrat Cor

Oberhalb der Bergstation krönt den Gipfel des Tibidabo die mächtige Kirche Sagrat Cor mit einer großen Christus-Statue auf dem Dach. Vom Fuß der Statue hat man einen sehr guten Rundblick auf das Stadtgebiet von Barcelona und das Umland.

Torre Foster **Aussicht

Noch beeindruckender sind die Aussichtsmöglichkeiten von der Plattform des anlässlich der Olympischen Spiele erbauten Funk- und Fernsehturms Torre Foster. Der spindelähnliche Turm, entworfen von Norman Foster, ist insgesamt 288 m hoch, die Plattform liegt 135 m über dem Boden bzw. 560 m über Meeresniveau. Man überblickt nicht nur Barcelona, sondern schaut bei guter Sicht auch bis zu den Balearen. Landeinwärts sieht man den Montserrat, den Montseny und im Norden die Pyrenäen. Von der Bergstation der Standseilbahn fährt eine Touristenbahn hinüber zum Turm.

*Parc d'Atraccions

Der größte Publikumsmagnet des Tibidabo ist aber der in mehreren Ebenen an die steile Bergflanke rechts unterhalb von Sagrat Cor gebaute Vergnügungspark. Das dortige Automatenmuseum im einstigen Theater zeigt mechanische Puppen und Spielautomaten.

Umgebung von Barcelona

Vilafranca del Penedés

Bei der westlich am Llobregat gelegenen Industrievorstadt Molins de Rei zweigt die N 340 zum Pass Cruz de Ordal (505 m ü.d.M.) – benannt nach dem hier aufgestellten Kruzifix – ab, der eine schöne Aussicht bietet. Man erreicht Vilafranca del Penedés (224 m ü. d. M.), den Hauptort des Weinbaugebiets Penedés. Überall in der Umgebung können natürlich die Weinkellereien besichtigt werden. In der Stadt selbst erhebt sich an der Plaça Jaume I der alte Palast der Könige von Aragón, in dem heute das Stadtmuseum und das Museu del Vi (Weinmuseum), das die Geschichte der Weinkultur von der Antike bis zur Gegenwart lebendig dokumentiert, untergebracht sind.

Martorell

Von Molins de Rei lässt sich auf der N II am Llobregat entlang auch ein Abstecher zum 11 km entfernten Martorell unternehmen. Die Stadt liegt an der Mündung des Riu L'Anoia in den Riu Llobregat. Diesen überspannt die dem punischen Feldherrn Hannibal zugeschriebene "Teufelsbrücke". Dicht dabei steht ein Triumphbogen für Hamilkar Barkas, den Vater Hannibals. Das städtische Museum im ehemaligen Kapuzinerkloster stellt Keramiken und archäologische Funde aus der Umgebung aus.

Sant Cugat del Vallès

Via Tibidabo gelangt man zu dem in waldreicher Umgebung im Nordwesten Barcelonas liegenden Villenort Sant Cugat del Vallès. Dessen einstiges Benediktinerkloster wurde 897 erstmals urkund-

Der Kellermeister prüft einen Tinto in den Bodegas Torres in Vilafranca del Penedés.

Sant Cugat del Vallès (Fortsetzung)

lich erwähnt; die heutige romanisch-gotische Bausubstanz stammt aus dem 12. bis 17. Jahrhundert. Im Inneren der dreischiffigen Klosterkirche befinden sich ein schöner Allerheiligenaltar (1375) und das Grab des Abtes Odo (14. Jh.). Links neben der Kirchenfassade öffnet sich eine Pforte zu einem außerordentlich großen Kreuzgang mit über 150 figurengeschmückten Säulenkapitellen.

Terrassa

Auf der A-18 / E 9 erreicht man über Sabadell nach 30 km die Industriestadt Terrassa (Tarrasa), bekannt für ihre Textilproduktion, insbesondere die Herstellung und Verarbeitung von Seidenstoffen. Die Bedeutung dieses Industriezweigs verdeutlichen das Museu de Textil und auch das Museu de Ciència. Terrassa war bis zur Eroberung durch die Mauren als Egara westgotischer Bischofssitz (gegr. 450) und hat sich drei frühchristliche Kirchen erhalten, die alle südöstlich vom heutigen Bahnhof liegen.

*Westgotische Kirchen

Die ehemals westgotische Basilika Santa Maria wurde im 12. Jh. romanisch erweitert. Reste eines Mosaiks aus dem 4. Jh. sieht man vor der Kirche; innen erzählen Wandmalereien die Geschichte des 1170 ermordeten Thomas Becket, Erzbischof von Canterbury. Die prächtigen gotischen Retablos malten Jaume Huguet, Lluis Borrassà, Jaume Cirera und Guillerm Talarn. Die Kirche Sant Miquel wurde ursprünglich im 6. Jh. als Taufkapelle erbaut und zeigt byzantinischen und westgotischen Einfluss. Besonders sehenswert sind das achteckige, von Säulen umgebene Baptisterium und die Ausmalungen des 7. Jh.s in der Krypta. Sant Pere war ursprünglich Begräbniskapelle. In der byzantinischen Apsis sieht man noch Reste eines Mosaiks; das Hauptschiff ist romanisch.

Provinz: Gerona
Höhe: 220 m ü. d. M.
Einwohnerzahl: 3000

*Vom Kastell überragte altertümliche Stadt

Begur (span. Bagur), eine der schönsten Städte der Costa Brava, liegt rund 3 km landeinwärts und ca. 6 km nordöstlich von ▶ Palafrugell. Mit seinen mittelalterlichen Häusern, seinen engen, von Boutiquen und Restaurants gesäumten Gassen und der hübschen, kleinen Plaça de la Vila, wo man in Straßencafés eine Pause einlegen kann, gruppiert sich Begur um das alte Kastell, das, im 11. Jh. gegen Piraten gebaut und 1810 endgültig zerstört, frei auf einem kegelförmigen, buschbestandenen Felsen steht. Vom Kastell selbst ist nicht mehr allzu viel zu sehen, doch lohnt der Blick von hier oben, der bis nach ▶ L'Estartit und den Illes Medes reicht.

Sehenswertes in Begur und Umgebung

Begur

Auffallend im Stadtbild sind die Rundtürme (atalayas) und die Casas Indianos. Die 10 – 12 m hohen Türme wurden im 16. Jh. zum Schutz der Siedlung vor Piratenüberfällen errichtet, entsprechend schwierig ist der Zugang; eine Tür befindet sich erst im 1. Stock und ist nur über eine Leiter gut zu erreichen. Bei den sog. Casas Indianos handelt es sich um Häuser, die im 19. Jh. von Kuba-Auswanderern, den sog. “Indianos” bzw. “Americanos”, die im Alter als wohlhabende Männer in ihre Heimat zurückkehrten, in einer Art karibischen Kolonialstils erbaut wurden.

Mas d'en Pinc

Auf dem Gutshof Mas d'en Pinc nördlich etwas außerhalb des Ortes ist die Vereinigung “Nereo” untergebracht, die sich dem Schutz der Meeresküste und der Unterwasserwelt verschrieben hat. Zu sehen sind hier Aquarien mit Ökosystemen und ein Garten mit mediterranen Kräutern sowie ein Raum, der der Flamencotänzerin Carmen Amaya gewidmet ist, die hier ihren Lebensabend verbrachte.

*Strände

Die Strandabschnitte bei Begur, von Felsen umgebene kleine Buchten, zählen zu den reizvollsten der Costa Brava. Bei Sa Riera erstreckt sich eine rund 300 m lange Sandbucht; von hier aus gelangt man schnell zum nördlich gelegenen Nacktbadestrand Platja de l'Illa Roja und weiter zur kilometerlangen Platja de Pals (▶ Pals). Bei den südlich von Sa Riera gelegenen Strandabschnitten von Aiguafreda und der rund 80 m langen, von weißen Häusern, Pinien und Café-Terrassen eingerahmten, meist sehr gut besuchten Sa Tuna handelt es sich um kiesige Strände, wobei der Strand von Aiguafreda zum Baden nur bedingt geeignet ist. Die Platja de Fornells und Platja Aiguablava sind die wichtigsten Strände der landeinwärts gelegenen Stadt Begur. An der Platja de Fornells, 2 km südöstlich von Begur, wird das Wasser schnell tief. Hier befinden sich das luxuriöse Hotel Aiguablava und etliche schöne Villen, dazu gibt es einen kleinen Sporthafen mit Club Nautic. Die Bademöglichkeiten sind allerdings sehr begrenzt, da die Küste ausschließlich felsig ist und nur betonierte Stege ins Wasser führen. Wer Sandstrand sucht, kommt eher an der unmittelbar benachbarten Platja Aiguablava

Begur – mit seinen schönen mittelalterlichen Häusern und engen Gassen ein Kleinod an der Costa Brava

Begur (Fortsetzung)

auf seine Kosten, zu der eine gesonderte Zufahrtsstraße hinführt. Der ziemlich kleine, aber in der Hochsaison stets gut besuchte Strand ist von schroffen Felsklippen eingerahmt und von Pinienwäldern umgeben. Das Areal umfasst mehrere Felsbuchten mit überraschend klarem und sauberem Wasser. Hier findet man auch den Parador von Aiguablava (▶ Baedeker Special, S. 192).

Besalú

E 5

Provinz: Gerona
Höhe: 151 m ü. d. M.
Einwohnerzahl: 2 000

**Unter Denkmalschutz gestelltes mittelalterliches Städtchen

Das sehr hübsche Städtchen Besalú liegt, südwestlich von ▶ Figueres, am Riu Fluvià und am Schnittpunkt der beiden Straßen N 260 und C 150. Der unter Denkmalschutz gestellte Ortskern, über den sich dominierend die Ruine der Kirche Santa Maria erhebt, hat mit engen Gassen sowie alten Sakral- und Profanbauten noch völlig sein mittelalterliches Bild bewahrt.

Sehenswertes in Besalú

*Plaça de la Llibertat

Das mittelalterliche Flair kommt am besten in der von schattigen Arkadengängen und historischen Gebäuden aus dem 16. Jh. gesäumten Plaça de la Llibertat, dem Hauptplatz des Ortes, zum Aus-

Plaça de la Llibertat (Fortsetzung)	druck. Am Anfang des Carrer Comte Tallaferro steht ein restauriertes stattliches Gebäude mit Laubengängen im Erdgeschoss und romanischen Zwillingsfenstern im ersten Stock.
Santa Maria	Der Carrer Comte Tallaferro steigt zu den Resten der einstigen Kollegiatskirche Santa Maria hinauf. Von dem hochromanischen Bau (12./13. Jh.) ist wenig mehr als das Chorhaupt erhalten geblieben, seit er im Jahr 1836 profaniert und allmählich abgetragen wurde. Der einst gleichfalls auf diesem Gelände stehende Palast der Grafen von Besalú, die sich hier im 9. Jh. niedergelassen hatten, ist nahezu völlig verschwunden.
Sant Vincenç	Vom Hauptplatz sind es nur wenige Schritte zu der am Carrer Major stehenden spätromanischen Pfarrkirche Sant Vincenç, deren Turm im 16. Jh. weitgehend erneuert wurde. An der südöstlichen Langhauswand findet sich ein bemerkenswertes romanisches Portal mit Rundbogen und figurengeschmückten Kapitellen.
Sant Pere	An der Plaça de Sant Pere südwestlich vom Hauptplatz trifft man auf eine weitere romanische Kirche. Der dem hl. Petrus geweihte, wuchtige, dreischiffige Bau mit Querhaus und Chorumgang gehörte einst zu einem schon im Jahr 977 gegründeten Benediktinerkloster und gilt heute als eine der bedeutendsten romanischen Kirchen in Katalonien. An der glattflächigen, nahezu schmucklosen Hauptfassade verdient das hoch gelegene mittlere Fenster besondere Beachtung, dessen Säulen figurenreiche Kapitelle tragen und das von zwei Löwenskulpturen flankiert wird.
Casa Cornellà	An der Plaça de Sant Pere, gegenüber der Kirche Sant Pere, erhebt sich die Casa Cornellà, ein stattlicher romanischer Profanbau mit

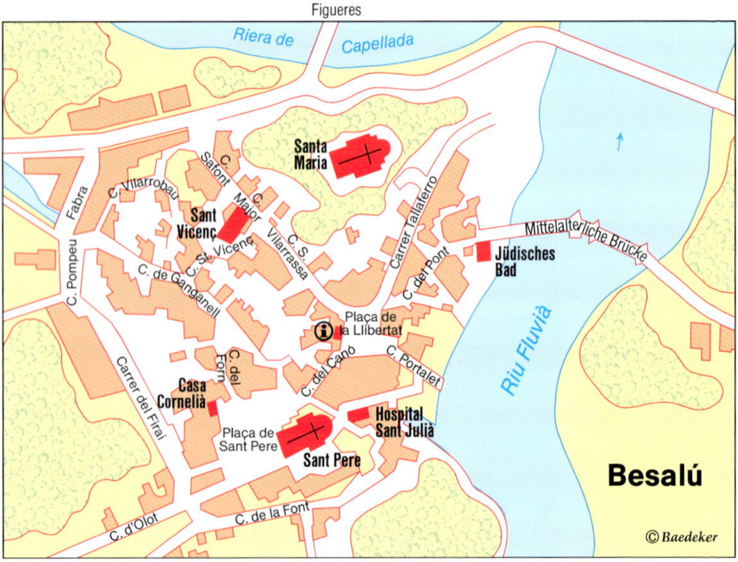

einem reizvollen Innenhof und einer heimatkundlichen Sammlung von Haus- und Ackergeräten.

Hospital de Sant Julia

Östlich der Kirche Sant Pere gelangt man zum Hospital de Sant Julia (12. Jh.), einem einstigen Spital. Im Rundbogenportal sind schöne figurengeschmückte Kapitelle zu sehen.

Mikwe

Vom Hauptplatz führt der Carrer del Pont zur mittelalterlichen Brücke über den Riu Fluvià. Rechts der Brücke liegt das ehemalige jüdische Viertel mit der Mikwe (jüdisches Bad; 13. Jh.), Relikt aus einer Zeit, als eine große jüdische Gemeinde hier lebte. Die dazugehörige Synagoge gibt es heute leider nicht mehr.

Besalú – Mittelalter zum Anfassen

*Pont Fortifikat

Der Riu Fluvià wird von einer großen Brücke überspannt, die im Jahr 1315 neu errichtet wurde. Mit ihren fünf unterschiedlich breiten Bögen und ihrer charakteristischen Silhouette ist sie das Wahrzeichen von Besalú. Das viel fotografierte, in einem leichten Winkel über den Fluss führende Bauwerk ist auf der Stadtseite und in der Brückenmitte jeweils durch einen Wehrturm – beide Türme mit Fallgitter – gesichert. Ein guter Blick auf die "Befestigte Brücke" bietet sich von der nahen modernen Straßenbrücke.

Umgebung von Besalú

Castellfollit

Östlich von Besalú beginnt die Landschaft Garrotxa, die der Riu Fluvià in eine nördliche und eine südliche Hälfte teilt. Letztere ist vulkanischen Ursprungs, was sich auch in der phantastischen Lage von Castellfollit (span. Castellfullit) 14 km westlich von Besalú zeigt: Der alte Teil des Ortes mit seinen engen Gassen klebt auf einem Basaltsporn fast 60 m über dem Riu Fluvià. Nahe der äußersten Felsspitze steht hoch über der Schlucht die alte Kirche. Wer Originelles sucht, sollte im Carrer de Girona – auf der Hauptstraße des Ortes – das Wurstmuseum (Museu de l'Embotit) der Metzgerfamilie Sala besuchen, wo anschaulich gezeigt wird, wie sich in den letzten 150 Jahren die Wurst- und Fleischwarenerzeugung im katalanischen Binnenland entwickelt hat.

Olot

Die architektonisch nicht sehr interessante, aber in ihrem Zentrum dennoch reizvolle Industriestadt Olot, 10 km weiter, ist der Hauptort der Garrotxa. Was diese Landschaft hervorgebracht hat – Textilindustrie und die Landschaftsbilder der 1783 gegründeten Malerschule von Olot –, ist das Thema im Museu Comarcal de la Garrotxa. Die Kirche Sant Esteve nennt ein Gemälde von El Greco ihr ei-

Hoch über dem Riu Fluvià thront die Kirche von Castellfollit.

Besalú (Fts.)

gen; und mit der Casa Sola-Morales von Lluis Domènech i Monataner ist auch der Modernisme vertreten.

*Parc Natural de la Garrotxa

Olot eignet sich sehr gut für Ausflüge und Wanderungen in das uralte, unter Naturschutz stehende Vulkanland der Garrotxa, deren schönste Teile im Parc Natural zusammengefasst sind. Der größte Trichter ist mit 350 m Durchmesser der Crater de Santa Margarita nordwestlich im Gemeindeteil Santa Pau. Das Casal dels Volcans im botanischen Garten von Olot informiert sowohl über die Entstehung der Vulkane als auch über Wandermöglichkeiten.

Blanes — H 5

Provinz: Girona
Höhe: Meereshöhe
Einwohnerzahl: 27 700

*Südlichster Ferienort der Costa Brava

Blanes, der südlichste Ferienort der Costa Brava und die größte Stadt an der spanischen Küste nördlich von Barcelona, konnte sich seinen alten Charme bewahren. Zwar stehen am Strand zahlreiche Hotelbauten und am äußersten südlichen Stadtrand wurden zehn Campingplätze angelegt, doch die Altstadt blieb weitgehend im Originalzustand. Hier spielt der Fremdenverkehr nicht die erste Geige; in Blanes ist immer noch eine große Fischereiflotte zu Hause, außerdem lebt die Stadt auch von der Textilindustrie. Das in römischer Zeit unter dem Namen Blanda bekannte Blanes liegt unmittelbar nördlich der Mündung des Riu Tordera, der hier die Grenze zur Provinz Barcelona bzw. zur Costa del Maresme bildet.

Sehenswertes in Blanes

Überblick

Im Altstadtbereich wird der körnige Sandstrand nordöstlich vom Becken des Sport- und Fischerhafens, südwestlich von der Sa Palomera genannten exponierten Felsklippe begrenzt. Diese kann erstiegen werden, und von ihrem Gipfel bietet sich ein guter Blick auf die nahen Küstenabschnitte. Weiter südwestlich erstrecken sich die neueren Teile der Stadt und der Hafenkomplex.

Altstadt

Zwischen Meer und Altstadt verläuft die Strandpromenade, von der rechtwinklig die wichtigsten Straßen abzweigen. Vor allem im Carrer Ample und Carrer Raval fallen einige architektonisch interessante Bürgerhäuser aus dem 18. und 19. Jh. ins Auge. Am Carrer Ample steht der sechseckige Font Gòtica, der Gotische Brunnen aus dem 15. Jh.; er trägt das Wappen der Vizegrafen Cabrera, die vom 11. bis ins 17. Jh. die dominierende Rolle in Blanes spielten. Weiter landeinwärts schließt das Portal de Santa Maria, ein altertümliches Stadttor, den Stadtkern ab. Erhöht über dem Häusergewirr thront die Pfarrkirche Santa Maria aus dem 14. Jh., die überwiegend gotischen Stil aufweist und drei annähernd gleich hohe Schiffe besitzt. Von dem direkt angrenzenden einstigen Palast der Grafen von Cabrera sind nur ganz geringe Reste erhalten.

Hafenbereich

Mitten auf der von überdachten Straßencafés und Sitzbänken gesäumten Strandpromenade (Passeig Maritim) steht ein Denkmal für den Schriftsteller Joaquim Ruyra (1858 – 1939); am nördlichen Ende erhebt sich ein aus drei alten rostzerfressenen Ankern bestehendes

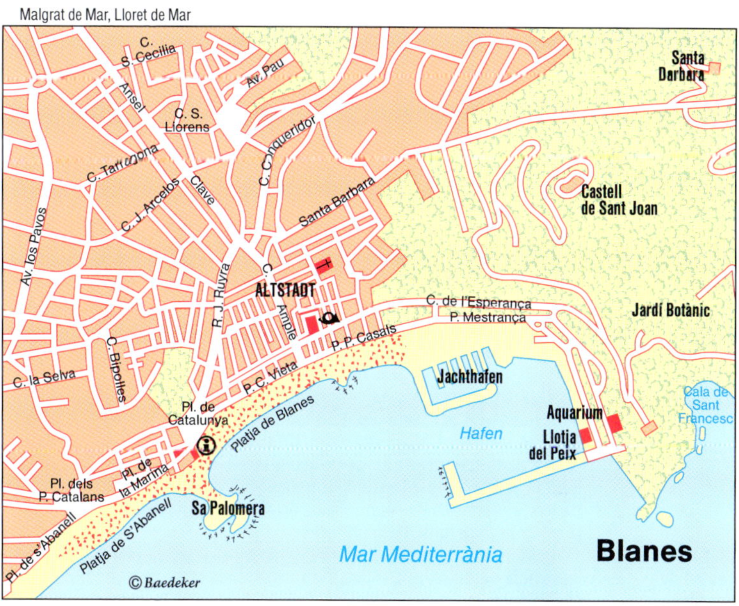

Blanes – das südlichste Seebad an der Costa Brava

Hafenbereich (Fortsetzung)

Monument, das die Fischer von Blanes allen Freunden des Meeres gewidmet haben. Am Carrer Esperança (parallel zum Passeig Marítim) ragt die kleine Kapelle Nostra Senyora de l'Esperança (16. Jh.) mit Schiffsmodellen als Votivgaben empor. Beim Hafenbecken gelangt man zur Llotja del Peix (Fischbörse), wo von Montag bis Freitag jeden Nachmittag eine Fischauktion stattfindet; die Versteigerungshalle selbst ist Urlaubern nicht zugänglich, doch kann man dem Geschehen von der Bar im ersten Stock beiwohnen. Wer dann fangfrischen Fisch genießen möchte, hat dazu viele Möglichkeiten in den umliegenden Hafenrestaurants.

***Jardi Botànic "Mar i Murtra"**

Auf der Landspitze nordöstlich jenseits des Hafenbeckens legte der deutsche Botaniker Karl Faust (1874 – 1952) den Botanischen Garten Mar i Murtra (Meer und Myrte) an, in dem mehr als 4000 Pflanzenarten aus aller Welt gedeihen. Ganz unten an einer malerischen Bucht steht ein kleiner Rundtempel. Von hier aus führt eine Treppe aufwärts zu einem Seerosenbecken, bei dem auf Keramiktafeln Johann Wolfgang von Goethes berühmtes "Lied der Mignon" ("Kennst du das Land, wo die Zitronen blühn?") auf Deutsch, Katalanisch und Spanisch zu lesen ist (Öffnungszeiten: April – Okt. tgl. 9^{00} bis 18^{00}; Nov. – März Mo. – Fr. 10^{00} – 17^{00}, Sa. – So. 10^{00} – 14^{00} Uhr). Vom Hafen aus ist der Botanische Garten über einen sehr steilen Anstieg (etwas versteckt hinter den drei rostigen Ankern, s. o.) in ca. 20 Minuten zu erreichen; vom Plaça de Catalunya fährt aber auch ein Bus (Linie 3) hinauf zum Garten.

Castell de Sant Joan

Nördlich vom Garten sieht man auf einem 166 m hohen Berg die spärlichen Reste des Castell Sant Joan aus dem 11. Jahrhundert. Sie sind vom Zentrum zu Fuß oder mit dem Kraftfahrzeug zu erreichen. Von hier oben hat man einen herrlichen Blick: im Süden auf Blanes und seine Strände, im Norden auf die küstennahen Berge und die hoch gelegene Ermita de Santa Bàrbara aus dem 12. Jahrhundert.

Strände

Der Stadtstrand von Blanes, Platja de Blanes, ist wegen des nahen Hafens nicht besonders attraktiv, weshalb die südlich angrenzende Platja de Sabanell, an der die lebhafte Uferpromenade weiterführt, als Hauptstrand von Blanes gilt. Sie ist 2,5 km lang und ca. 100 m breit und bietet genügend Platz für Sportaktivitäten, wie Windsurfing und Segeln. Weiter östlich, etwas außerhalb des Ortes, liegt die ca. 200 m lange, schön geschwungene, auch über einen beim Botanischen Garten beginnenden Fußweg erreichbare Strandbucht Cala de Sant Francesc, die in der Hochsaison von den Bewohnern der nahen Feriensiedlung aufgesucht wird und daher meist sehr überlaufen ist.

Fischauktion im Hafen von Blanes

Cadaqués

E 8

Provinz: Girona
Höhe: Meereshöhe
Einwohnerzahl: 2000

**Schönstes Dorf der Costa Brava

Das einstige Fischerstädtchen Cadaqués liegt weit im Norden der Costa Brava am östlichen Rand einer bergigen Halbinsel, die sich mit dem Cap de Creus ins Meer hinausschiebt und den Golf de Roses im Norden begrenzt. Heute östlichste Touristenhochburg der Iberischen Halbinsel, die nur über eine schmale, kurvenreiche, aber eine herrliche Aussicht gewährende Bergstraße zu erreichen ist, wurde Cadaqués ursprünglich durch seine berühmte Künstlerkolonie bekannt. Zu Beginn des 20. Jh.s zog Cadaqués, das "schönste Dorf der Welt", Maler, Schriftsteller und Musiker an, u. a. Max Ernst, Paul Éluard, André Breton, Pablo Picasso, Federico García Lorca und vor allem Salvador Dalí, dessen Vater aus Cadaqués stammte und der im nahen Port Lligat (s. unten) ein Landhaus hatte. Auch auf den kolumbianischen Literaturnobelpreisträger Gabriel García Márquez und Rockstar Mick Jagger übte das Fischerdorf eine besondere Anziehungskraft aus. Die Künstler begeisterte der auch heute einmalig schöne Ort mit den weißen Häuschen, die sich an der muschelförmigen, steilen Bucht den Hang hinaufziehen, den schmalen und verwinkelten, vielfach nur für Fußgänger geeigneten Gassen, den Treppen und Rampen aus Schiefergestein sowie den malerischen kleinen Plätzen. Salvador Dalí, der in Cadaqués seine spätere Ehefrau Gala kennen lernte, ist es in erster Linie zu verdanken,

Schönstes Dorf der Costa Brava (Fortsetzung)

dass die kleine Stadt während des Touristen- und Baubooms nicht durch Hochhäuser verschandelt wurde. Die höchste Erhebung im Ort stellt daher immer noch der Turm der Pfarrkirche dar; hässlich ist lediglich der Großparkplatz am Ortseingang. Die fast unverfälschte Idylle – es gibt auch schrille Boutiquen und eine lebendige Nachtszene – hat natürlich ihren Preis: Trotz des Mangels an schönen Sandstränden herrscht hier vor allem im Sommer immer Hochbetrieb, und die Preise liegen etwas höher als in anderen Badeorten an der Costa Brava. Heute verkehren hier zwar keine weltberühmten Künstler mehr, doch Kunst wird immer noch groß geschrieben, u. a. in Kunstmuseen (s. unten) und Kunstgalerien. Einen herrlichen Überblick über Cadaqués, seine Buchten, die gesamte Halbinsel und das Meer genießt man vom 605 m hohen Berg El Pení südwestlich von Cadaqués. Der Fußmarsch hin und zurück dauert etwa zwei Stunden.

Sehenswertes in Cadaqués

Església Santa Maria

Die den Ort überragende Pfarrkirche Santa Maria, das Wahrzeichen von Cadaqués, wurde im 17. Jh. neu erbaut, nachdem das alte Gotteshaus 1543 bei einem der zahlreichen Piratenüberfälle völlig zerstört worden war. Das Innere zeigt einen prächtigen vergoldeten Barockaltar (1727) von Pau Costa und eine ebenfalls barocke Orgel. Die Kirche ist Veranstaltungsort des alljährlich im Sommer stattfindenden internationalen Musikfestivals.

Heute verkehren nicht mehr wie einst weltberühmte Künstler in Cadaqués, doch Kunst wird im idyllischen weißen Dorf am blauen Meer immer noch großgeschrieben.

Centre d'Art Perrot-Moore

In der Nähe des Hafens befindet sich in der Carrer Vigilant 1 das Centre d'Art Perrot-Moore, das eine beachtenswerte Privatsammlung von Gemälden aus der Zeit seit dem 15. Jh. besitzt, darunter Werke deutscher, niederländischer und italienischer Meister aus dem 16. und 17. Jh. sowie Bilder der klassischen Moderne, u.a. des Impressionismus, Kubismus und Surrealismus. Das 1978 eröffnete Museum geht auf eine Initiative des Briten John Peter Moore zurück, der als langjähriger Manager und Weggefährte Salvador Dalís dem großen Meister das Centre widmete. Entsprechend sind hier viele Werke des exzentrischen Künstlers zu bewundern. Auch von Pablo Picasso werden zahlreiche Gemälde und Zeichnungen gezeigt. Höhepunkt der Ausstellung ist ein alter Postbus aus den 1930er-Jahren, in dem Dalí, Gala, der Maler Miró (▶ Berühmte Persönlichkeiten) und der Dichter García Lorca einst eine "surrealistische Reise" unternahmen (Öffnungszeiten: nur während der Saison Mo.-Sa. 10^{30} - 13^{30}, 16^{00} bis 20^{00} Uhr).

Dem Küstler Salvador Dalí ist es zu verdanken, dass Cadaqués nicht durch Hochhäuser verschandelt wurde.

Cadaqués

Museu de Cadaqués

Das städtische Museum (Carrer Narcis Monturiol, 15) zeigt überwiegend Gemälde lokaler Künstler, auch weniger bedeutende Werke von Dalí und Picasso sind zu sehen. Ergänzt wird die Ausstellung durch Fotos von Salvador Dalí und seiner Frau Gala, die der französische Fotograf Marc Lacroix anfertigte, der das Ehepaar über Jahrzehnte fotografisch begleitete (Öffnungszeiten: Mo.-Sa. 11^{00} - 13^{30}, 15^{00} - 19^{30} Uhr; So. 11^{00} - 13^{30} Uhr)

Strände

Die muschelförmige Hafenbucht mit ihrem kristallklaren Wasser bietet nur geringe Bademöglichkeiten. Der Stadtstrand, der größte Strandabschnitt des Ortes, ist grobkieselig, meist überfüllt und nicht besonders attraktiv. Auch die angrenzenden Strandbuchten sind nicht sehr reizvoll. Die wichtigsten Badestrände an der stark gegliederten Felsenküste befinden sich weiter nördlich in Richtung zum Cap de Creus.

Umgebung von Cadaqués

Port Lligat
****Casa-Museu Salvador Dalí**

In Port Lligat, einem kleinen ehemaligen Fischerdorf, das zwar immer noch den Status eines eigenständigen Dorfes besitzt, praktisch aber als Vorort von Cadaqués gilt, verbrachte der Maler Salvador Dalí (▶ Berühmte Persönlichkeiten) einen großen Teil seines Lebens. Sein einstiges, direkt am Wasser gelegenes Landhaus ist ein höchst eigenwilliger Gebäudekomplex, der in den 1960er-Jahren aus einer Ansammlung kleiner Fischerhäuser entstand und vom

In diesem Haus in Port Lligat wohnte Salvador Dalí viele Jahre.

Casa-Museu Salvador Dalí (Fortsetzung)

Meister selbst in surrealistischer Manier völlig umgestaltet wurde. Schon von weitem erblickt man Dalís Markenzeichen, überdimensionale weiße Betoneier, auf den Dächern. Das Domizil, zu dem auch ein Garten mit Swimmingpool in Phallusform gehört, ist weitgehend in dem Zustand erhalten, wie Dalí es bei seinem Auszug nach dem Tod seiner Ehefrau Gala 1982 verließ. Ein Besuch des Casa-Museu Salvador Dalí muss im Museum angemeldet werden, da der Eintritt in Gruppen von max. acht Personen in fünfzehnminütigen Intervallen organisiert wird (☎ 972 25 10 15; Öffnungszeiten: 15. Juni – 15. Sept. tgl. 10^{30} – 21^{00} Uhr; 15. März – 14. Juni, 16. Sept. bis 6. Jan. tgl. 10^{30} – 18^{00} Uhr).

***Cap de Creus**

Das nordöstlich von Cadaqués gelegene Cap de Creus, die exponierte östlichste Spitze der Iberischen Halbinsel, ist auf einer 6 km langen Stichstraße oder von See her mit dem Boot zu erreichen. Der 80 m hohe, inmitten einer bizarren Felslandschaft emporragende Felssporn, das Kap Aphrodision der griechischen Antike, trägt einen Leuchtturm aus dem Jahr 1853. Von der Aussichtsterrasse eines benachbarten Restaurants genießt man einen herrlichen Blick auf die wild zerklüftete Küste mit den malerischen Buchten.

***Parc Natural Cap de Creus**

Seit 1998 ist fast die gesamte östlichste Halbinsel des spanischen Festlandes – bis auf die Ansiedlungen – als Naturpark geschützt. Der Parc Natural Cap de Creus umfasst knapp 14 000 ha Land und 3000 ha Wasserfläche. Früher standen hier dichte Wälder, die jedoch für den Schiffsbau und zur Gewinnung von Weideland abgeholzt wurden. Heute herrscht in den Tälern und auf den Hügeln eine von der Tramuntana bodennah gehaltene Vegetation vor. Stel-

Cadaqués (Fortsetzung)

lenweise, vor allem im Nordosten, existieren nur wenige oder gar keine Pflanzen; hier stößt der Wanderer auf eine bizarre Mondlandschaft. Doch sonst findet man in der einsamen Wildnis dieses Parks eine reiche Flora und Fauna vor. Wie sauber das Meerwasser ist, beweisen die zahlreichen, der Küste vorgelagerten Korallenriffe. Informationsbroschüren zum Naturpark und eine gute Wanderkarte erhält man in einer Infostelle der Parkverwaltung in Cadaqués und im Kloster ▶ Sant Pere de Rodes.

Calella

J 4–5

Provinz: Barcelona
Höhe: Meereshöhe
Einwohnerzahl: 12 000

Das deutsche Calella

Calella (nicht zu verwechseln mit Calella de Palafrugell bei ▶ Palafrugell), der Vorreiter des Massentourismus im Maresme, liegt nahe der Mündung des Riu Tordera und dem nördlichen Ende der Costa del Maresme, ungefähr 50 km nordöstlich von Barcelona. Das heutige Ortsbild wird von riesigen Hotel- und Apartmentanlagen geprägt, die sich vor allem in den frühen Phasen des Tourismus entlang dem breiten Sandstrand entwickelt haben. Vor allem wegen dieses breiten, kilometerlangen und sauberen Grobsandstrandes hat sich der einst beschauliche Ort zu einer ausgesprochenen Urlaubersiedlung mit sehr viel Betrieb entwickelt und Calella ist die wohl aufregendste Stadt an der nördlichen, gern von ausländischen Touristen besuchten Costa del Maresme. Die Infrastruktur bietet alles, was für Badeferien und sonstige Urlaubsamusements wünschenswert ist; am Strand (Platja de Garbi) kann jede Art von Wassersport ausgeübt werden. Nachts füllt quirliges Leben die Straßen und kleinen Gassen. Den weitaus größten Anteil an der Gesamtzahl der Touristen bilden die Gäste aus Deutschland, weshalb böse Zungen den Ort "Calella de los Alemanes" nennen. Doch auch Russen fühlen sich in dem Urlaubsort mittlerweile sehr wohl, ebenso wie Briten, was an etlichen englischen Pubs zu erkennen ist. Das "deutsche Calella" – u. a. an der Strandpromenade zu finden – hat natürlich auch sein Oktoberfest; dann kommen Blaskapellen und Tanzgruppen sowie Abordnungen deutscher Bierbrauereien in den Ort und sorgen dafür, dass man sich fast in München wähnt.

Sehenswertes in Calella de la Costal

Santa Maria

Der altertümliche Ortskern mit seinen überwiegend zwei- bis dreistöckigen Häusern und den schmalen, geradlinigen, teils sehr langen Straßen weist nur relativ wenig Sehenswertes auf. Die im klassizistischen Stil erbaute Kirche Santa Maria stammt in ihrer jetzigen Form aus dem Jahr 1756. An der Fassade sticht vor allem das barocke Portal hervor, das nach dem Einsturz der Kirche 1747 erhalten blieb; hier sind die vom Bildhauer Jean de Tours gearbeiteten Köpfe der zwölf Apostel zu bewundern.

Museu-Arxiu Municipal

Das in der Nähe des Rathauses gelegene und in einem Gebäude aus dem 17. Jh. untergebrachte Museum und zugleich Archiv von Cale-

Calella (Fortsetzung)

lla (Escoles Pias, 36) zeigt Objekte und Dokumente zur Stadtgeschichte, u. a. archäologische Funde, die bei den Ausgrabungen der römischen Stadt, der Vorgängerin von Calella, gemacht wurden, ferner Textilmaschinen und Muster der im Ort hergestellten Strickwaren sowie Zierkacheln aus dem 18. – 20. Jahrhundert. Auf dem nahe gelegenen Hauptplatz findet der Wochenmarkt statt.

Parc Municipal Dalmau

Westlich der Durchgangsstraße Carrer Sant Jaume liegt der Parc Municipal Dalmau mit dichtem, Schatten spendendem Baumbestand und bunten Blumenbeeten. Vom südlich des Ortes gelegenen

Les Torretes

Aussichtspunkt Les Torretes hat man einen wunderschönen Blick auf die Küste.

Umgebung von Calella

Pineda de Mar

Knapp 4 km nordöstlich von Calella de la Costa liegt der Küstenort Pineda, der durch die neu bebauten Gebiete fast mit Calella zusammengewachsen ist. Auch hier dominiert dank des breiten und langen Sandstrandes der Badeurlaub, aber insgesamt ist Pineda de Mar ruhiger als der Nachbarort. Im Ortskern stehen noch einige historische Gebäude, darunter die Kirche Santa Maria (16. Jh.) mit einem Renaissance-Portal und einem imposanten achteckigen Turm.

Sant Pol de Mar

Das 4 km südwestlich von Calella gelegene Städtchen Sant Pol de Mar (span. San Pol de Mar) gehört zwar zu den ältesten Urlaubszielen an der heutigen Costa del Maresme, ist aber dennoch ein ruhiger Ferienort geblieben. Die hübsche Altstadt mit ihren weiß gekalkten Häusern und engen, sehr winkligen Gassen zieht sich einen Hang hinauf. Die Promenade folgt der Anlage des Sandstrandes, der, vom Ort durch die Bahnlinie getrennt, sich im Nordosten und Südwesten verbreitert und zu den schönsten Stränden an der Costa del Maresme zählt. An der schmalen Uferstraße öffnet sich die kleine Plaça de la Vila. Hier befindet sich das Gemeindemuseum, an dessen Treppenaufgang ein großes Schlachtenbild aus blau bemalten Kacheln zu sehen ist und das eine gut sortierte Gemäldesammlung mit Werken von Casas, Pichot, Miró und von lokalen Künstlern besitzt. Nördlich über dem Ort, in der Nähe des Bahnhofs, steht die Kirche Sant Pau (11. Jh.), Teil des ehem. Benediktinerklosters Sant Pol de Maresme, das dem Städtchen den Namen gab. Über dem Ortskern erhebt sich die hoch gelegene Kirche Sant Jaume (16. Jh.), deren Glockenturm einst als Wehrturm diente.

Castelló d'Empúries — E 7

Provinz: Girona
Höhe: 18 m ü. d. M.
Einwohnerzahl: 2500

** Ehemalige Hauptstadt der Grafschaft Empúries

Ein reizvoller Kontrast zu den Badeorten an der Küste stellt Castelló d'Empúries (span. Castellón de Ampurias) dar, die alte, landeinwärts vom Golf de Roses in der Mündungsebene der Flüsse Muga und Fluviá gelegene Hauptstadt der Landschaft Empúries. Gegründet wurde die Ortschaft von Römern, bereits im 8. Jh. war sie Bischofssitz. Seine Glanzzeit hatte das Städtchen im Mittelalter, nachdem die Grafen von Empúries im 11. Jh. ihre Residenz dorthin verlegt und den Ort zur Hauptstadt der Grafschaft gemacht hatten. Aus dieser Epoche stammen noch viele Gebäude im historischen, von einer Stadtmauer umgebenen Ortskern, der von engen Kopfsteinpflastergassen mit mittelalterlichen Häusern, darunter prächtigen historischen Bügerhäusern mit monumentalen Portalen und schönen Arkadengängen, durchzogen ist. Zu den Sehenswürdigkeiten von Castelló d'Empúries zählen u. a. das ehemalige Kloster Sant Domènec (heute Rathaus), das ehemalige Gefängnis – interessant die Inschriften von Gefangenen an den Zellenwänden – (derzeit wegen archäologischer Grabungen vor dem Haus geschlossen) und die westlich der Altstadt gelegene siebenbogige Brücke aus dem 14. Jh. über den Riu Muga.

Ehemalige Hauptstadt der Grafschaft Empúries (Fortsetzung)

*Basilica Santa Maria

Die Kirche Santa Maria (13. – 15. Jh.) gilt nach der Kathedrale von Girona als zweitwichtigstes religiöses Denkmal der Provinz Girona. Das für den kleinen Ort überdimensionale dreischiffige Gotteshaus weist neben gotischen auch einige romanische Elemente auf. Ursprünglich hatte sich an dieser Stelle eine romanische Kirche aus dem 11. Jh. befunden, von der einige Reste, darunter das Fundament des 36 m hohen und aus fünf Stockwerken bestehenden arkadengeschmückten Glockenturms. Ausdrucksstarke Darstellungen

Die Basilica Santa Maria von Castelló d'Empúries ist das zweitwichtigste religiöse Denkmal der Provinz Girona.

Castelló d'Empúries (Fortsetzung)

der zwölf Apostel, darunter auch neuzeitliche Kopien alter Werke, zieren das Hauptportal. Die bedeutendsten Sehenswürdigkeiten im gotischen Innern der zuweilen auch Catedral de l'Empordà genannten Kirche sind der burgundisch beeinflusste gotische Altaraufsatz (1485) aus Alabaster mit einer Darstellung der Muttergottes, der Schutzheiligen des Ortes, sowie das doppelte romanische Taufbecken, das Barockretabel der Schmerzenskapelle, die Grabskulpturen und die Orgel von 1803. In der neuen Sakristei ist ein auf liturgische Goldschmiedekunst spezialisiertes Pfarrmuseum zu sehen.

Empúriabrava — E 7

Provinz: Girona
Höhe: Meereshöhe
Einwohnerzahl: 6000 Dauerresidenten

Lagunensiedlung aus der Retorte

Die im nördlichen Teil der Costa Brava, bei der Mündung des Riu Muga in den Golf von Roses gelegene Urbanisation Empúriabrava (span. Ampuriabrava) ist eine am Reißbrett gegründete, 1967 fertig gestellte Lagunensiedlung, bei deren Bau man sich ausschließlich an den Erfordernissen des modernen Tourismus orientiert hat. In der von den beiden Flüssen Muga und Salins begrenzten Siedlung überwiegen bei weitem die Einfamilien-Ferienhäuser und kleinen Apartmentblöcke, die architektonisch zum großen Teil recht geschmackvoll sind und selten mehr als zwei Stockwerke erreichen. Das Besondere der Anlage ist das weit verzweigte, insgesamt 30 km lange Netz künstlich angelegter Kanäle. Fast jedes Ferienhaus hat einen eigenen Bootssteg, von dem aus man auf dem Wasserweg direkt aufs Meer hinausfahren kann. Die Kanäle sind auch allesamt mit einem großen Sporthafen (5000 Liegeplätze) verbunden. An diesem befindet sich der Club Nàutic, ein etwas eigenwilliger, von einem Turm überragter Gebäudekomplex mit großem Schwimmbad. Die Siedlung mit ihrem riesigen gepflegten Sandstrand ist ein Eldorado für Wassersportler (Surfer, Taucher, Segler und Wasserskifreunde). Die Platja d'Empúriabrava weist hellen Sand auf, ist ca. 1,5 km lang und 90 m breit. Nördlich schließt sich die feinsandige Platja la Rovina an, die nach fast 2 km an der Stadtgrenze von ▶ Roses endet. Südlich des Hauptstrandes von Empúriabrava erstreckt sich die Platja de Can Comes, ein 4 km langer Sandstrand, der zum Naturpark Aiguamolls de l'Empordà (s. unten) gehört, aber nicht während der Vogelbrutzeit (zwischen dem 1. April und 15. Juni) besucht werden darf. Nicht nur Wassersportfreunde kommen in Empúriabrava auf ihre Kosten. Der Ort verfügt auch über einen kleinen Sportflugplatz, eine Schießanlage und den größten Fallschirmspringerclub Europas. Und selbstverständlich gibt es hier jede Menge Geschäfte, Super-

Baedeker TIPP Hoch in die Lüfte

Empúriabrava und die Umgebung mal von oben betrachten! Die Flugschule von Empúriabrava bietet viertel- bis einstündige Rundflüge in einem zweisitzigen Ultraleichtflugzeug an, das bis zu 1000 m aufsteigen kann: 15-Min.-Flug über den Naturpark Aiguamolls de l'Empordà, 30-Min.-Flug bis zu den Ruinen von Empúries, 60-Min.-Flug bis zu den Illes de Medes bei L'Estartit (ab 42 €).
Auskunft: Aeròdrom d'Empúriabrava, Hangar n° 1 – Apc. n° 342, E-17487 Empúriabrava
☎ + FAX 972 45 13 63, ☎ 608 43 24 85
www.porelaire.com,
www.usuarios.intercom.es/air.

Lagunensiedlung aus der Retorte (Fortsetzung)

märkte, Restaurants, Bars und Diskotheken. Wer im Urlaub vor allem Ruhe sucht, ist in der hauptsächlich deutsch geprägten Touristensiedlung, in der in der Hochsaison rund 70 000 Menschen, darunter 6000 Dauerresidenten, leben, fehl am Platz. Nicht beliebt ist die Retortenstadt an der Küste, die sich selbst gern als größte Marinasiedlung der Welt bezeichnet, bei Umweltschützern. Denn durch den Wasserbedarf der Ferienwohnungen droht der benachbarte Naturpark Aiguamolls de l'Empordà (s. nächste Seite) entwässert zu werden; darüber hinaus bringen die Abwässer von Empúriabrava das ökologische Gleichgewicht dieses bedeutenden Feuchtgebiets in Gefahr.

Umgebung von Empúriabrava

*Parc Natural Aiguamolls de l'Empordà

Zu beiden Seiten der Lagunensiedlung erstrecken sich Teilgebiete des von ▶ Roses bis zu den Ruinen von ▶ Empúries reichenden, 1983 errichteten Parc Natural Aiguamolls de l'Empordà. In dem großenteils flachen und sumpfigen, vom Riu Fluvia durchzogenen, insgesamt 4784 ha umfassenden Feuchtgebiet Aiguamolls ("seichte Wasser") hat sich eine große Artenvielfalt von Fauna und Flora erhalten. U. a. kann man von ausgeschilderten Wanderwegen und eigens errichteten Hochständen aus Greifvögel, Flamingos, Weißstörche, verschiedene Schwimm-, Zug- und Watvögel sowie Iltisse und Wasserschildkröten beobachten; im Süß-, Brack- und Meerwasser leben Plattfische, Karpfen, Aale und Amphibien in großer Zahl. Das Informationszentrum des nach dem Ebro-Delta zweitgrößten Sumpfgebietes von Katalonien befindet sich abseits der Landstraße von ▶ Castelló d'Empúries nach Sant Pere Pescador (Öffnungszeiten des Naturparks: tgl. 9^{00} Uhr bis zum Einbruch der Dunkelheit).

Empúries

F 7

Provinz: Girona
Höhe: Meereshöhe

*Größte griechisch-römische Siedlung in Spanien

Das Ausgrabungsgelände der antiken Stadt Emporion, heute Empúries (span. Ampurias), liegt nahe dem südlichen Ende des Golf de Roses in unmittelbarer Meeresnähe, ca. 12 km südlich von der Feriensiedlung ▶ Empúriabrava. Bei dieser Stätte handelt es sich um die größte griechisch-römische Siedlung, die je in Spanien gefun-

Erst griechisch, dann römisch: Empúries

Griechisch-römische Siedlung (Fortsetzung)

den wurde. Fundamente von Privathäusern, Tempeln, Geschäften und anderen öffentlichen Einrichtungen sowie Teile der Straßen, Wasserleitungen und Stadtmauer wurden seit 1908 freigelegt. Nach Meinung von Experten ist jedoch erst rund ein Viertel der Gesamtanlage ausgegraben.

Geschichte

Im 6. Jh. v. Chr. gründeten die Griechen auf einer Insel bei der damaligen Mündung des Riu Fluvià die Siedlung Kypsela, unter Archäologen Palaiopolis genannt. Die ständige Zuwanderung weiterer Kolonisatoren machte die Gründung einer neuen Siedlung auf dem Festland weiter südlich notwendig. Diese wurde Emporion (griech. Markt) bzw. Neapolis (neue Stadt) genannt. Zwischen beiden Siedlungen lag der inzwischen verlandete Hafen. 218 v. Chr., zu Beginn des Zweiten Punischen Krieges, betraten hier unter Führung von Scipio Africanus römische Truppen erstmals die Iberische Halbinsel; 195 v. Chr. war die Stadt Stützpunkt des älteren Cato bei der Unterwerfung der Iberer. Schließlich ließ Caesar eine Veteranensiedlung anlegen, die den Namen Municipium Emporiae erhielt und die vor allem im 1. und 2. Jh. n. Chr. ihre Blütezeit hatte. Das Eindringen fränkisch-alemannischer Heere leitete den Niedergang der Stadt ein, die in frühchristlicher Zeit aber immerhin noch Bischofssitz war. Normannische Piraten sorgten im 9. Jh. für die endgültige Verwüstung des Küstenortes.

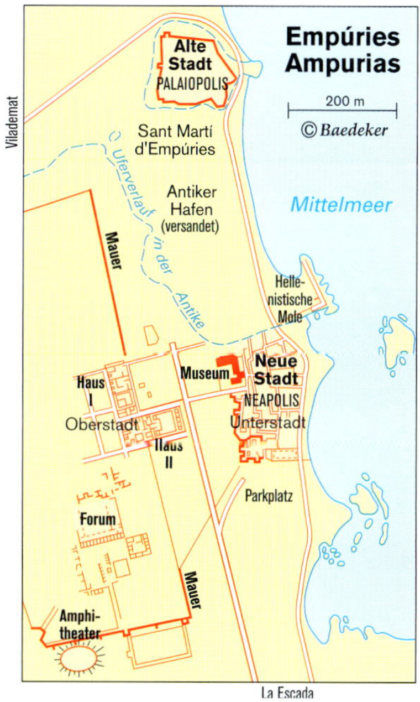

*Ruinenstätte

Unterstadt (griechische Stadt)

Die Ruinenstätte besteht aus der alten griechischen Stadt, von der heute nichts mehr zu sehen ist (auf ihren Überresten steht der kleine Ort Sant Martí d'Empúries), der neuen griechischen Stadt (Unterstadt) und der wesentlich größeren römischen Stadt (Oberstadt). Man betritt die Unterstadt – nach dem Kauf einer Eintrittskarte kann man auf den Parkplatz im Gelände der Ausgrabungen fahren – durch ein einst mächtiges Stadttor, gelangt auf einen kleinen Platz und links davon zu den Resten eines dem Heilgott Asklepios (Äskulap) geweihten Tempels mit der Nachbildung einer hier gefundenen Statue aus dem 3. Jh. v. Chr.; daneben sieht man Fundamente eines wohl Hygeia, der Gemahlin Asklepios', gewidmeten Tempels. Jenseits des Platzes stand ein großer Tempel für Zeus Serapis (Wesenseinheit von Zeus und Asklepios). Von hier führt die breite Hauptstraße zur Agora (Marktplatz) – nahebei eine frühchristliche Basilika – und weiter zu Resten einiger Mosaikfußböden mit geometrischer Ornamentik und Inschriften.

Museu Monogràfic

Der Weg endet beim Museum, das Sammlungen mit antiken Werkzeugen, Keramiken, Plastiken, Mosaikresten und Schmuckstücken enthält und anhand von Modellen das Leben in einer antiken griechischen und römischen Stadt zeigt.

Oberstadt (römische Stadt)

Hinter dem Museum geht es hinauf zur römischen Stadt mit dem großen Haus Nr. 1, von dem nur Reste von Fußbodenmosaiken erhalten sind, das aber als Modell im Museum zu sehen ist. Vom kleineren Haus Nr. 2 gelangt man zum quadratischen Forum mit Augustustempel und Kapitol, auf das von Süden die Hauptstraße, der Cardo Maximus, zuläuft. Dieser führt zum Stadttor, auf dessen steinerner Schwelle noch deutliche Wagenspuren zu erkennen sind. Unmittelbar außerhalb rechts des Tores lag das nicht sonderlich große Amphitheater, von dem nur einige Reste erhalten blieben (Öffnungszeiten der Ruinenstätte: Okt. – Mai tgl. 10^{00} – 18^{00}, Juni – Sept. bis 20^{00} Uhr).

Strände

Nach dem kulturellen Genuss kann man sich sofort Badefreuden hingeben, denn direkt vor der umzäunten Ausgrabungsstätte liegen drei geschwungene Strandbuchten mit feinem, hellem Sand. Auch vor dem winzigen, hübschen und mittelalterlich geprägten Ort Sant Martí d'Empúries, nördlich des Ruinengeländes, gibt es zwei schöne, feinsandige Dünenstrände, die zusammen ca. 1 km lang sind; der nördlich gelegene Strand wird wegen des häufig herrschenden Windes gern von Windsurfern aufgesucht. Noch einmal rund 4 km weiter nördlich von Empúries – auf der Höhe des etwa 3 km landeinwärts liegenden Ortes Sant Pere Pescador – befindet sich einer der schönsten Strände der Costa Brava, ein ca. 6,5 km

Das Anchovis-Fest von L'Escala findet Anfang Oktober statt.

langer, 100 m breiter Strand aus hellem, feinem Sand, der flach ins Wasser abfällt und sich auch bei Windsurfern großer Beliebtheit erfreut.

Empúries
(Fortsetzung)

Umgebung von Empúries

L'Escala

2 km südlich der Ausgrabungsstätte von Empúries liegt L'Escala (span. La Escala; ca. 6000 Einw.), der traditionsreiche, nach Roses zweitwichtigste Fischerhafen der Costa Brava und im Sommer ein sehr belebter Badeort. An architektonischen Sehenswürdigkeiten hat das lang gezogene Städtchen, das den südlichen Rand des Golf de Roses markiert, nichts Besonderes zu bieten, auch mangelt es L'Escala, um das sich zahlreiche Ferienwohnblocks gruppieren, an Ambiente, doch die Fischrestaurants können sich sehen lassen.

Baedeker TIPP **Leckere Sardellen**

Bekannt ist L'Escala für seine in Salz eingelegten Sardellen (Anxoves), die in ganz Spanien als Delikatesse gelten. Erhältlich sind die Sardellen in der Konservenfabrik Anxoves de L'Escala (de la Torre, 20) oder in jedem Supermarkt bzw. Lebensmittelladen.

Strände

Gute Bademöglichkeiten bestehen an der Platja, dem gepflegten, über 700 m langen, breiten und feinsandigen Hauptstrand, den Strandpromenade, Hotelbauten und Altstadt in weitem Halbkreis umgeben, sowie an der 2 km östlich vom Ort entfernten, von Felsen umschlossenen und ebenso feinsandigen Cala Montgó. Im Norden von L'Escala bieten sich die Strände von Empúries an (s. oben).

L'Estartit — F 8

Provinz: Girona
Höhe: Meereshöhe
Einwohnerzahl: 700

Kilometerlange Sandstrände und idyllische Inseln

Das einstige Fischerdörfchen L'Estartit (span. Estartit) gehört verwaltungstechnisch zum landeinwärts gelegenen Torroella de Montgrí (s. unten). Doch während in Torroella Politik gemacht wird, bestimmt Massentourismus das Leben in dem kleinen Küstenort unweit nördlich der Mündung des Riu Ter und ca. 20 km nördlich von ▶ Palafrugell. Das am Fuß eines hoch aufragenden Felsklotzes gelegene L'Estartit hat seinen Gästen auch einiges zu bieten: kilometerlange, breite Sandstrände und einzigartige Tauchreviere. Darüber hinaus eignet sich das Städtchen als Ausgangspunkt für Fahrrad- und Wandertouren ins Umland, u. a. nach Torroella de Montgrí.

Sehenswertes in L'Estartit

Ortsbild

Herausragende Sehenswürdigkeiten hat die Touristenhochburg L'Estartit, an deren Ortsrand sich vielstöckige Ferienwohnanlagen gruppieren, nicht vorzuweisen. Im Zentrum und am großen, gut ausgebauten Sporthafen gibt es einige enge Gassen, um die hübsche Plaça de l'Església reihen sich Straßencafés; die Einkaufszone

Baedeker TIPP

Ausflug zum Meeresgrund

Vom nördlich gelegenen Hafen von L'Estartit fahren mehrmals täglich Ausflugsboote zu den Illes Medes, u. a. Katamarane von "Nautilus" (Subaquàtic Vision). Von deren in den beiden Kufen unter dem Wasserspiegel gelegenen, mit Glassichtfenstern ausgestatteten Kabinen kann man einen prächtigen Blick auf den Meeresgrund, auf unterschiedliche Meerestiere und zahlreiche Fischschwärme genießen. Die rund einstündige Fahrt kostet für einen Erwachsenen 15 €. Vom Hafen werden auch Schiffstouren bis hinauf nach Cadaqués und hinunter nach Palamós angeboten (z. B. mit der Marina Princess).

Ortsbild (Fortsetzung)

des Ortes, hauptsächlich in der Straße Santa Anna, wo Fahrverbot für Kraftfahrzeuge besteht, zählt zu den wichtigsten Geschäftszentren der Costa Brava. Die Strandpromenade mit den vielen Hotels, Restaurants, Souvenirläden, Tauch- und Windsurfgeschäften lädt zum Flanieren ein. Jeden Donnerstag findet in der Straße Eivissa der Wochenmarkt statt.

Strände

Eine der beiden Haupattraktionen des Ortes ist die Platja Gran, ein sich vom Hafen bis zur Mündung des Riu Ter erstreckender, 50 bis 100 m breiter, 3 km langer und flach ins Wasser abfallender Strand mit hellem und feinem Sand. Je weiter man sich von L'Estartit Richtung Süden begibt, desto einsamer wird es; wo Dünen auftauchen, wird auch nackt gebadet. Das Feuchtgebiet an der Mündung des Ter steht als Reserva Natural de la Gola unter Naturschutz.

***Illes Medes**

Die zweite Hauptattraktion von L'Estartit sind die knapp 1 km vor der Küste liegenden und 1,5 km vom Hafen entfernten felsigen Illes des Medes (span. Islas Medas). Meda Gran, die größte der insgesamt sieben Inseln, war einst Schlupfwinkel von normannischen, algerischen und türkischen Piraten und später ein Militärstützpunkt. Seit 1890 sind die Illes de Medes unbewohnt. Nicht die Inselgruppe selbst ist das Ziel von Touristenströmen, sondern deren Unterwasserwelt, wo sich eine reichhaltige Flora und Fauna erhalten hat und die mit ihren zahlreichen Naturhöhlen als beliebtes Taucher- und Schnorchelrevier gilt. Hier stößt man nicht nur auf Riesenzackenbarsche, sondern in 35 m Tiefe auch auf das Wrack der 1992 gesunkenen "Reggio". Das Meer in diesem Bereich ist Naturschutzgebiet, d. h. verboten sind Wasserski und Angeln, und Sporttauchern ist es strikt untersagt, unter Wasser Tiere zu jagen und zu fischen. Man kann die Unterwasserwelt auch vom Trockenen aus bewundern: Zu den Inselgewässern verkehren von L'Estartit Motorboote mit großen Sichtfenstern unterhalb der Wasserlinie (▶ Tipp). Die Vegetation auf den Inseln ist recht spärlich, die Vogelwelt jedoch sehr artenreich: Rund 60 Vogelarten nisten auf der Inselgruppe. Außerhalb der Brutzeit (März – Juni) darf Meda Gran von Touristen betreten werden. Während die Ausflugsboote die Westseite der Meda Gran ansteuern, befinden sich die besten Tauch- und Schnorchelreviere auf der Ostseite der größten Insel.

◀ **Der Badeort L'Estartit bietet breite Sandstrände, einzigartige Tauchreviere und einen Jachthafen.**

Umgebung von L'Estartit

*Torroella de Montgrí

Rund 6 km landeinwärts liegt das von schmalen Gassen und historischen Gebäuden gesäumte, ruhige mittelalterliche Städtchen Torroella de Montgrí (5000 Einw.), das gemeinsam mit L'Estartit eine Gemeinde bildet. Im Mittelpunkt der Altstadt liegt die Plaça de la Vila mit dem mittelalterlichen Rathaus (Casa Consistorial), der kleinen Kirche Sant Antoni (13. Jh.) und schönen Arkadengängen. Südlich vom Hauptplatz steht an der Carrer Major Nr. 31 die Casa Pastors mit dem Museu del Montgri i del Baix Ter, dessen reiche regionalgeschichtliche Sammlungen über das ländliche Leben vergangener Zeiten berichten (das Museum wird 2003 in die Casa Quintana, Plaça d'Espanya / Carrer d'Ullà, umziehen). Geht man von hier weiter nach Norden, so gelangt man im Carrer de l'Església, 10, zunächst zum Palau Soltera, einem stattlichen Palais aus der Zeit der Renaissance, das heute Sitz des Museums für zeitgenössische Malerei ist (Öffnungszeiten: Sommer tgl. 17^{00} – 21^{30}, Winter Sa. 11^{00} bis 14^{00}, 16^{30} – 20^{30}, So. 11^{00} – 14^{00} Uhr). Am nördlichen Rand der Altstadt erreicht man die Kirche Sant Genís, einen gotischen Bau aus dem 15. Jh., der im 19. Jh. stark restauriert wurde; die einem Hinterhof zugewandte Hauptfassade wurde im Barock verändert und blieb unvollendet. Von dem kleinen Kirchenvorplatz blickt man zu dem hoch auf einem verkarsteten Bergstock gelegenen Castell de Montgrí (309 m ü. d. M.). Zu der mächtigen Anlage mit den Rundtürmen führt ein beschwerlicher Fußweg. Der Bau der quadratischen Festung wurde im 13. Jh. begonnen, aber nie vollendet, so dass nur die 13 m hohen Mauern und die gewaltigen Rundtürme entstanden; der Innenraum blieb leer. Auch wenn es hier also nicht viel zu sehen gibt, wird der etwa einstündige Fußmarsch auf den Montgrí (Grauer Berg) mit einer wunderbaren Aussicht auf das Umland, die Küste und das Meer belohnt.

Figueres

E 6

Provinz: Girona
Höhe: 30 m ü. d. M.
Einwohnerzahl: 35 000

**Stadt des Salvador Dalí

Das 35 km nördlich von ▶ Girona gelegene Figueres (span. Figueras), Hauptstadt des Baix Empordà sowie Wirtschafts- und Handelszentrum der gesamten Region, erlebt Jahr für Jahr einen Ansturm von mehreren hunderttausend Besuchern. Besuchermagnet ist das weltberühmte Teatre-Museu Salvador Dalí, das einen grandiosen Einblick in die Welt des hier in der Straße Carrer Narcís Monturiol geborenen Künstlers (1904 – 1989; ▶ Baedeker Special, S. 112) vermittelt. Doch der Ort hat auch noch weitere Sehenswürdigkeiten zu bieten, darunter zwei Museen und eine riesige Festungsanlage. Das Landstädtchen mit dem südfranzöischen Flair besitzt auch eine hübsche, von Platanen gesäumte Rambla mit vielen Straßencafés, auf der abends lebhaftes Treiben herrscht. Im alten Zentrum stehen stattliche großbürgerliche Häuser aus dem 17. – 19. Jh., doch sind etliche Gebäude in der Altstadt renovierungsbedürftig.

◀ **Deckengemälde im Museu Salvador Dalí in Figueres**

"Wer interessieren will, muss provozieren"

Salvador Dalí war eine der produktivsten, vielseitigsten und schillerndsten Künsterpersönlichkeiten des 20. Jh.s – und ein Meister der Selbstinszenierung.

Mit sechs Jahren wollte er Koch werden und mit sieben Napoleon, wie er einmal zum Besten gab. Doch Salvador Dalí wurde weder das eine noch das andere. Stattdessen machte der am 11. Mai 1904 in Figueres geborene Notarssohn schon während der Schulzeit durch sein künstlerisches Talent auf sich aufmerksam, weshalb er bereits ab 1916 privaten Malunterricht erhielt. In seinen frühen Bildern, geschaffen ab dem 12. Lebensjahr, verarbeitete er Einflüsse des Impressionismus und der spanischen Malerei des 19. Jh.s, ab 1920 auch solche des italienischen Futurismus.

Surrealismus

Die für sein späteres Werk so charakteristische glatte Lasurtechnik lernte Dalí an der Akademie von San Fernando in Madrid, wo er seit 1920 studierte. Einen akademischen Abschluss machte er hier jedoch nicht, denn 1926 musste er wegen Aufwiegelung der Studenten und ungebührlichen Verhaltens die Akademie verlassen. Für den jungen Künstler war dies kein Problem: "Da keiner der Professoren der Akademie San Fernando kompetent ist, mich zu prüfen, gehe ich wieder." 1928 begab er sich nach Paris, wo er sich zwischen 1929 und 1935 der Gruppe der Surrealisten um André Breton anschloss. In dieser Zeit drehte er mit Luís Buñuel die beiden Filme "Ein andalusischer Hund" (1929) und "Das goldene Zeitalter" (1931), die zwei cineastische Höhepunkte des Surrealismus werden sollten, deren Uraufführung in der französischen Hauptstadt jedoch einen Skandal auslöste. In Dalís Werken jener frühen Jahre schien Sigmund Freuds Theorie der Traumdeutung und des Unbewussten eine künstlerische Entsprechung zu finden, der Künstler selbst sprach von "Kritischer Methode der Paranoia". Ab Ende der 1920er-Jahre entstanden einige seiner bekanntesten Bilder, darunter "Der große Masturbator", "Das Gespenst des Sex-Appeal" und "Die weichen Uhren".

Salvador Dalí

Apokalyptische Visionen vom Faschismus / Nationalsozialismus in Europa verarbeitete er in Bildern wie "Weiche Konstruktion mit gekochten Bohnen". Von 1934 bis 1936 lebte Dalí in den USA, wo er seine Werke immer stärker auf den kommerziellen Erfolg ausrichtete, was André Breton veranlasste, aus Salvador Dalís Namen das Anagramm "Avida Dollars" zu bilden. Im Jahr 1937 wurde Dalí wegen Meinungsverschiedenheiten aus der Gruppe der Surrealisten ausgeschlossen.

Dalís Muse

Bereits 1929 hatte Dalí in Cadaqués die Ehefrau des Künstlerkollegen Paul Éluard, die gebürtige Russin Elena Diakanoff, genannt Gala, kennen gelernt. Er verliebte sich sofort in sie; auch sie fühlte sich von ihm angezogen und trennte sich von ihrem Mann. Noch im selben Jahr fand die Hochzeit statt. Die fast ein Jahrzehnt ältere Gala wurde der ruhende Pol in Dalís unruhigem Künstlerleben, seine Muse, die er von nun an immer wieder malte. "Gala erhöhte mich, sie adoptierte mich, ich war ihr Letztgeborener, ihr Kind, ihr Sohn, ihr Liebhaber." Die Beziehung zwischen beiden hielt trotz zahlreicher Liebesaffären der exzentrischen Gattin über 50 Jahre lang bis zu Galas Tod im Jahr 1982.

Selbstinszenierung und Schöpfungskraft

Beim Einmarsch Hitlers in Frankreich 1940 verließen Dalí und Gala Paris und zogen in die USA. Seine Neigung zur Selbstinszenierung, den Geniekult, den er um die eigene Person trieb ("Wer interessieren will, muss provozieren"), setzte Dalí nun häufiger zur Imagepflege und vor allem zur Kommerzialisierung und Popularisierung seiner Kunst ein. Auch in den Vereinigten Staaten wurden die von seinen Bildern ausgelösten Skandale eine Art Markenartikel. 1948 kehrte das Ehepaar nach Katalonien zurück und ließ sich in dem kleinen Küstenort Port Lligat nördlich von ► Cadaqués nieder, wo Dalí weiterhin den Starkult um seine Person genoss und auch selbst inszenierte. Mit dem Aufbau des Teatre-Museu Dalí in seiner Geburtsstadt Figueres,

Dalí-Museum in Figueres – Dalís letzte Ruhestätte

das 1974 eröffnet wurde, setzte er sich ein Denkmal; auch verfasste er zwei Autobiografien: "Das geheime Leben des Salvador Dalí" (1948) und "Die unaussprechlichen Bekenntnisse des Salvador Dalí" (1976). Seine schöpferische Kraft aber blieb ungebrochen. Er schuf Gemälde, Grafiken, Skulpturen, Materialbilder und Ensembles von überraschendem Einfallsreichtum, die sich keinem einzigen Stil zuordnen lassen und sich durch eine virtuose Beherrschung der unterschiedlichsten Techniken und durch einen respektlosen Umgang mit Themen und Motiven auszeichnen. Die Gemälde, formal meist akribisch in der Darstellung der Details, zeigen Kompositionen, die einer oft beklemmenden Welt aus Träumen und Halluzinationen zu entstammen scheinen, und weisen häufig religiös und sexuell gefärbte Visionen von den Abgründen der menschlichen Psyche und den Gefährdungen in der modernen Zeit auf. Vor allem ab Ende der 1940er-Jahre offenbarte Dalí in seiner Malerei eine mystisch-religiöse Haltung. An der "Madonna von Port Lligat" (1948) fand sogar der Papst Gefallen.

Rückzug

Nach einer Virusinfektion 1980, von der er sich nie wieder vollständig erholte, zog sich "der größte Maler der Welt" (Eigenurteil) aus dem öffentlichen Leben zurück. Nach dem Tod Galas (1982), der ihn zutiefst erschütterte, wählte Dalí Schloss Púbol in der Nähe von ► Ullastret als neues Domizil und ließ hier seine große Liebe begraben. Im selben Jahr wurde er von König Juan Carlos zum Marqués ernannt. Ein Schlossbrand 1984, bei dem er schwere Verletztungen erlitt, zwang ihn schließlich, in seine Geburtsstadt Figueres umzusiedeln, wo er sich, krank und einsam, in der Torre Galatea neben seinem eigenen Museum einschloss. Am 23. Januar 1989 starb er im Krankenhaus von Figueres.

Ruhestätte

Seine Grabstätte wünschte sich Dalí neben seiner geliebten Gala in Schloss Púbol, doch setzte man sich über seinen letzten Willen hinweg und beerdigte ihn unter der Kuppel seines Museums in Figueres.

Sehenswertes in Figueres

**Teatre-Museu Salvador Dalí

Schon von weitem sieht man die Plexiglaskuppel und die Rieseneier auf dem in Ochsenblutrot gestrichenen einstigen Stadttheater von Figueres (1850), in dem heute das Museu Salvador Dalí untergebracht ist (Plaça Gala i Salvador Dalí, 5). Hier hatte der junge Dalí 1918 seine erste Ausstellung.

Das Dalí-Museum ist nicht nur die Hauptattraktion von Figueres, sondern auch eine der bedeutendsten Sehenswürdigkeiten in ganz Katalonien. Nirgends sonst tritt einem das Werk des großen Surrealisten in so konzentrierter Form entgegen wie hier. Wohl niemand wird sich der Faszination entziehen können, die von den Exponaten ausgeht. Man darf zwar keine großartige Gemäldesammlung erwarten, doch gibt es keine Kunstrichtung, die nicht verfremdet und parodiert, keine Technik, die nicht virtuos gehandhabt, kein Material, das nicht in unerwarteter Weise verwendet ist. So fasziniert ein großes, an barocken Mustern orientiertes Deckengemälde, das die perspektivische Wirkung seiner Vorbilder ins Groteske steigert. Von zwei schwebenden Gestalten, die von unten betrachtet dargestellt sind, sieht man fast nur die übergroßen Fußsohlen, während sich die Körper in der Tiefe des Raumes verlieren. In einem der oberen Geschosse befinden sich in einem abgedunkelten Raum, durch Scheinwerfer angestrahlt, zwei leere Bilderrahmen, drei Kunststoffobjekte sowie aufgehängte Woll- und Wergstränge. Von einer Empore aus kann man das Ensemble durch eine stark verkleinernde Linse überschauen, und hier sieht man, wie sich alles sinnreich zusammenfügt: Man erblickt das Porträt der Filmschauspielerin Mae West (1892 – 1980). Im einstigen Zuschauerraum, heute Innenhof, erhebt sich eine aus alten Autoreifen aufgetürmte Säule, die von einem bunt bemalten Boot mit riesigen, stilisierten blauen Tropfen gekrönt ist. Am Fuß der Säule steht das “Regen-Taxi”, ein von Dalí zu Lebzeiten selbst chauffierter Cadillac mit einer “Esther”-Statue des Wiener Künstlers Ernst Fuchs auf der Kühlerhaube. Wirft man am Oldtimer eine Münze ein, beginnt es im Auto zu regnen. Die einstige Bühne ist durch eine raumhohe Glaswand abgeschlossen, hinter dem sich in einem geradezu kultisch anmutenden Raum ein monumentales Gemälde befindet. Der am 25. Januar 1989 verstorbene Künstler hat seine letzte Ruhe unter der Kuppel gefunden; nahe dem Eingang bezeichnet eine schmucklose Bodenplatte ohne Inschrift die Stelle, an der Dalí beigesetzt wurde (Öffnungszeiten: Juli – Sept. tgl. 9⁰⁰ – 19⁴⁵; Jan. – Juni, Okt. – Dez. tgl. 10³⁰ – 17⁴⁵ Uhr).

> **Baedeker TIPP — Surrealistische Souvenirs**
>
> Nach einem Besuch des Teatre-Museu Salvador Dalí kann man sich in der Llibreria Surrealista, am Platz vor dem Haupteingang des Museums, mit surrealistischen Souvenirs eindecken: Man findet hier Bücher, Poster und kleine Kunstwerke.

Dalí-Joies

In einem Nebengebäude zeigt ein weiteres Museum, das Dalí-Joies, 39 Goldschmiedearbeiten des Künstlers. Ausgestellt sind hier ferner die Entwurfszeichnungen für jedes Schmuckstück.

Im angrenzenden Torre de Galatea mit den riesigen Eiern auf dem Dach verbrachte Dalí die letzten Lebensjahre nach dem Tod seiner Lebensgefährtin Gala. Heute residiert hier die Fundació Gala Dalí, die den künstlerischen Nachlass des großen Surrealisten verwaltet.

Straßencafés an der Rambla in der Altstadt von Figueres

Museu del Joguet

Im Haus Ramblat Nr. 10 ist im Hotel Paris das Museu del Joguet de Catalunya (Spielzeugmuseum) mit rund 4000 unterschiedlichsten Exponaten zu finden, darunter Puppentheater, Puppenküchen, Zauberzubehör, Kostüme, Drehorgeln, Plüschbären, Dreiräder und Rollschuhe. Etliche der Spielsachen gehörten früher Persönlichkeiten wie dem Dichter Salavador Dalí, Federico García Lorca oder dem Maler Joan Miró. Das Museum besitzt ein Zentrum für Dokumentation und Erforschung von Spielen und Spielzeug sowie auf der Dachterrasse einen Platz für Aktivitäten im Freien (Öffnungszeiten: Di. – Sa. 10[00] – 13[00], 16[00] – 19[00], So. 11[00] – 13[30]; Juni – Sept. So. zusätzlich 17[00] – 19[00] Uhr).

Denkmal des Narcís Monturiol

Auf dem Hauptplatz an der Rambla steht ein Denkmal für Narcís Monturiol (1819 – 1885, ▶ Berühmte Persönlichkeiten), der als Erfinder des ersten brauchbaren Unterseebootes angesehen wird. 1861 lief sein hölzernes U-Boot, die "Ictíneo", in den Hafen von Barcelona ein. Ein Nachbau der Ictíneo steht heute vor dem Aquarium im Hafengebiet von ▶ Barcelona.

Baedeker TIPP Dalí-Dreieck

Zum so genannten Dalí-Dreieck zählen neben Figueres auch Port Lligat bei ▶ Cadaqués, wo ehemals Dalís Wohnhaus stand, und Schloss Púbol (▶ Ullastret), das der großartige Künstler seiner Muse Gala widmete.

Museu de l'Empordà

Die Rambles etwas weiter hinab kommt man zum Museu de l'Empordà, das sich mit der Geschichte der katalanischen Landschaft Empordà beschäftigt, die sich südlich der Stadt ausbreitet. Gezeigt werden Werke zeitgenössischer Maler der Region sowie antike Gläser, Bronzeschmuck und -gerät, Amphoren, Terrakotten u. a. Die frühen Funde stammen zu einem großen Teil von

Spritziges Vergnügen

Cava ist das spritzige Lieblingsgetränk der Katalanen. Als Cava darf nur derjenige Schaumwein gekennzeichnet werden, der nach dem in der französischen Champagne üblichen Verfahren der Flaschengärung hergestellt wurde. Der katalanische Sekt – es gibt sechs Sorten davon – ist ein ideales Getränk zum Essen.

Die Geburtsstunde des Cava schlug 1872, als der Winzer Josep Raventós, dessen Familie auch heute noch das seit 1551 nachgewiesene Weinhaus Codorníu gehört, den ersten – nach der, wie es heißt, vom blinden Benediktiner-Mönch Dom Pierre Pérignon um die Wende zum 18. Jh. entwickelten "Méthode champenoise" – zweimal vergorenen Schaumwein auf den Markt brachte. Andere Weinhäuser folgten diesem Beispiel, vor allem das 1914 gegründete Unternehmen Freixenet, das inzwischen Codorníu als größten Erzeuger überholt hat.

Vom Xampán zum Cava

Früher wurde mit Cava ein Weinkeller oder ein Schaumweine produzierender Betrieb bezeichnet, die Schaumweine selbst hießen in Anlehnung an das französische Vorbild spanisch Champán und katalanisch Xampán de Cava. Seit dem EG-Beitritt Spaniens im Jahr 1986 sind diese Bezeichnungen nicht mehr zulässig, seither tragen die nach der Methode der Flaschengärung erzeugten Schaumweine in Spanien den Namen Cava.

Schaumweinland Katalonien

Rund 95 % des Cava kommen aus Katalonien und davon etwa 90 % aus der Weinregion Penedés südwestlich von Barcelona und hier in erster Linie aus der Gegend rund um das Städtchen Sant Sadurní d'Ánoia. Insgesamt entstehen Jahr für Jahr rund 1 Million Hektoliter Cava – die besten und teuersten Cavas zählen zu den edelsten Schaumweinen der Welt. Beherrscht wird der Cava-Markt von den beiden in Sant Sadurní d'Ánoia ansässigen Weingiganten Freixenet und Codorníu; in dem im vorliegenden Band beschriebenen Gebiet spielt bei der Cava-Produktion das alte Städtchen Peralada nordöstlich von Figueres die bedeutendste Rolle.

Zweimal vergoren und gerüttelt

Anfangs produzierte man in Katalonien Cava ausschließlich aus Xarel.lo, einer kräftigen und alkoholreichen Traube. Dann mischte man die fruchtige Macabeo und die gern mit dem Riesling verglichene Perellada bei. Weitere Traubensorten sind Chardonnay und Subirat für weißen Cava sowie Garnatxa negre und Monastrell Pinot Noir für roten. Wie in der Champagne wird Cava mittels Flaschengärung hergestellt. Abgefüllt in dickwandige Flaschen, von der jede eine genauestens abgemessene Dosis an Zucker und Hefe erhält, wird der bereits vergorene Wein mit Kronenkorken (und dem vierzackigen Cava-Stern) verschlossen und in kühlen Kellergewölben (katalan. caves) gelagert. Dort tritt dann die zweite Gärung ein, die erst den Schaumwein erzeugt; dabei entsteht durch die Verbindung von Hefe und Zucker Kohlensäure, die den Cava später im Glas und auf der

Sektkellerei in Peralada, der Hochburg der Cava-Produktion an der Costa Brava

Zunge schäumen lässt. Bei der Gärung baut sich in den Flaschen ein Druck von vier Atü auf, was dazu führt, dass von ca. 240 000 etwa Flaschen 1000 explodieren, deren Glas Fabrikationsfehler aufweist; am Ende des Bearbeitungsprozesses verringert sich der Druck in den Gefäßen auf drei Atü. Die Weine müssen mindestens neun Monate in den Flaschen auf der Hefe reifen – die besten Cuvées sogar fünf Jahre (in Peralada in der Regel drei Jahre) und einen Alkoholgehalt zwischen 11 und 13 Volumenprozent erreichen, bevor sie degorgiert werden dürfen. Dann beginnt das Procedere des Rüttelns und Drehens. Bei Spitzenprodukten erfolgt das noch von Hand, sonst werden Rüttelpaletten benutzt, die übrigens von Manuel Raventós von Codorníu erfunden wurden. Zunächst lagert man die Flaschen mit dem Hals schräg nach unten und bewegt sie nun sechs Wochen lang, d.h. die Flaschen werden täglich um exakt 45 Grad um die eigene Hochachse gedreht. Wenn sich nach eineinhalb Monaten alle Heferückstände im Flaschenhals gesammelt haben, gefriert man diese und entfernt sie mit dem Öffnen des Kronenkorkens, wobei die vereisten Resthefepartikel aus den Cava-Flaschen durch den eigenen Druck herausgeschleudert werden. Danach fügt man Likör und Grundweine bei, wodurch die Süße oder Trockenheit des Cava bestimmt wird. Als letzte Schritte folgen die endgültige Verkorkung (verdrahteter Korken mit Metallkapsel) und die Etikettierung. Die spanischen Weingesetze und Etikettierungsvorschriften sind ausgesprochen rigide. So dürfen die in Tanks vergorenen Schaumweine “Granvas” und durch Hineinpressen von Kohlensäure erzeugten Perlweine, die “Gaseosos”, nicht unter der kontrollierten Herkunftsbezeichnung “Denominació de Origen Cava” gehandelt werden.

Cava-Klassifizierung

Man unterscheidet je nach Restzuckermenge (in Gramm pro Liter) sechs Typen:
Extra Brut (bis 6 g/l)
Brut (bis 15 g/l)
Extra Sec (12 – 20 g/l)
Sec (17 – 35 g/l)
Semisec (33 – 50 g/l)
Dolç (mehr als 50 g/l)
Brut Nature (0 – 3 g/l; alte, inoffizielle, aber immer noch gebräuchliche Bezeichnung für einen Cava, dem kein Zucker zugeführt wurde, der Zuckergehalt bildet sich bei der Produktion)
Die Bezeichnung “Reserva” auf dem Etikett bedeutet, dass der Cava eine Reife von 30 bis 48 Monaten hat, “Gran Reserva” weist auf eine Reifezeit von vier bis fünf Jahren hin.

Ideal zum Essen

Cava wird in Katalonien übrigens nicht nur als Aperitif genossen, sondern auch gern zu einem ganzen Essen getrunken, etwa zu Fisch und Meeresfrüchten, aber auch zu Wildgerichten und zum katalanischen Nachtisch Crema Catalana.

Museu de l'Empordà (Fortsetzung)

den Ausgrabungen der Iberersiedlung in ▶ Ullastret und aus ▶ Empúries. Ferner sind romanische und gotische Kunst, Barockgewänder und Schiffsmodelle zu bewundern. Im zweiten Stock ist eine Anzahl von Tafelbildern, vor allem aus der Renaissance und dem Barock, aber auch aus dem 19. Jh. ausgestellt, die jedoch alle eher von regionaler Bedeutung sind (Öffnungszeiten: Di. – Sa. 11^00^ – 19^00^, So. 11^00^ – 14^00^ Uhr).

***Castell de Sant Fernan**

Im Nordwesten der Innenstadt steht das als Bollwerk gegen das benachbarte Frankreich erbaute, sternförmige Fort Sant Ferran (1753 – 1766), das mit seiner 5 km langen Umfassungsmauer und einer Fläche von 32 ha zwar einmal die zweitgrößte Festung Europas war, aber militärisch letztendlich keine große Rolle spielte. Zweimal (1793 und 1808) ergab sich das Fort französischen Truppen, ohne einen Schuss abgegeben zu haben. Während des Spanischen Bürgerkrieges (1936 – 1939) fand am 1. Februar 1939 in der Festung die letzte Sitzung des republikanischen Parlaments statt; damit war Figueres für einen Tag die Hauptstadt des demokratischen Spanien, das am 1. April 1939 mit dem Sieg von Francos Truppen zu Ende ging. Hauptattraktion der Festungsanlage sind die Gewölbekeller, die einst als Pferdeställe dienten (Öffnungszeiten: Sommer tgl. 10^30^ – 19^00^; Winter 10^30^ – 14^00^ Uhr).

Umgebung von Figueres

Vilabertran

Die einstige, der hl. Maria geweihte Klosterkirche von Vilabertran – 2 km nördlich von Figueres – ist ein schöner dreischiffiger romanischer Bau aus dem 11. Jh. Auch der Kreuzgang stammt größtenteils aus der Romanik. An die Kirche ist eine klassizistische Seitenkapelle mit einem höchst bemerkenswerten gotischen Kruzifix aus dem 15. Jh. angefügt. Im ehemaligen Konvent wird eine Sammlung zeitgenössischer Kunst gezeigt.

***Peralada**

Das für sein elegantes Spielkasino bekannte mittelalterliche Städtchen Peralada (span. Perelada; 1300 Einw.) liegt in der Ebene des Riu Llobregat, ungefähr 6 km nordöstlich von Figueres, inmitten der Weinbauregion L'Albera. Nahe der Ortsmitte steht das Castell, das einstige Schloss der Familie Rocaberti, der Grafen von Peralada. Das Wasserschloss mit den beiden Rundtürmen entstand im 14. bis 17. Jh. und zeigt die Formen der Gotik und Renaissance; im 19. Jh. wurde es allerdings stark restauriert, was die Originalität der Stilelemente beeinträchtigte. Im Schloss, zu dem auch schöne Gärten mit uralten Bäumen gehören, ist die oben erwähnte Spielbank untergebracht, die zu den schönsten des Landes zählt. Westlich vom Castell gelangt man zum Convent del Carme, dessen Inneres ein Museum der Glaskunst (Museu del Vidre), ein Weinmuseum (Museu del Vi), das über die regionalen Weine und ihre Herstellung berichtet, sowie eine Bibliothek mit ca. 80 000 Bänden, darunter über 1000 Ausgaben von Cervantes' "Don Quijote", beherbergt. Allerdings sind nur ge-

Baedeker TIPP Cava-Kellerei

Eine der großen Sektkellereien findet man in Peralada im Gewölbe des westlich vom Castell gelegenen Convent del Carme, wo Karmelitermönche schon im 15. Jh. Wein produzierten. Zehntausende Flaschen liegen hier in den Regalen. Führungen nur nach telefonischer Anmeldung (☎ 972 53 81 25).

führte Touren möglich (während der Hochsaison tgl. 10^{00}, 11^{00}, 12^{00}, 16^{00}, 17^{00}, 18^{80}, 19^{00}, 20^{00}; sonst Di. bis Sa. 10^{00}, 11^{00}, 12^{00}, 16^{30}, 17^{30}, 18^{30} Uhr; So. nur vormittags). Bekannt ist Peralada nicht nur für sein Spielkasino, sondern auch für seinen Cava, den katalanischen Sekt (Baedeker Special, S. 116).

Girona

G 5–6

Provinz: Girona
Höhe: 68 m ü. d. M.
Einwohnerzahl: 75 000

**Mittelalter pur

Girona (span. Gerona) liegt etwa 35 km landeinwärts von der Costa Brava am Riu Ter, der hier den Onyar, den Güell und den Galligants aufnimmt. Die Universitätsstadt, Hauptstadt der Provinz Girona und damit Hauptstadt der gesamten Costa Brava gilt als eine der "katalanischsten" Städte – dank ihrer herrlich verwinkelten, mittelalterlichen, zwischen der Eisenbahnbrücke im Norden und der das Flussbett überbrückenden Plaça Catalunya gelegenen Altstadt (Barri Vell), in der die arabische, die jüdische und die christliche Kul-

Baedeker TIPP **Herrliche Ausblicke**

Von der Torre Gironella und von der Stadtmauer, auf der ein schöner Fußweg angelegt wurde, genießt man einen herrlichen Blick auf die Altstadt von Girona und aufs Umland.

tur ihre Spuren hinterlassen haben. Die Altstadt reiht sich als bunte Front alter Häuser am rechten Ufer des Riu Onyar auf, überragt von San Feliu und der Kathedrale. Die wichtigsten Sehenswürdigkeiten kann man auf dem Passeig Arqueològic abwandern. Parallel zum Ufer verläuft die Rambla de la Llibertat

Mittelalter pur (Fortsetzung)

(Fußgängerzone), der Hauptstraßenzug der Altstadt, mit Arkadengängen, eleganten Geschäften und schönen Straßencafés. Nachtschwärmer treffen sich bevorzugt in den Bars und Terrassencafés der Rambla de la Llibertat sowie – in der Neustadt am Ufer des Riu Onyar, direkt gegenüber der Altstadt – auf der Plaça de la Independència und in deren Nebenstraßen. Zentral gelegene und kostenfreie Parkplätze findet man im Nordwesten der Stadt westlich des Riu Onyar bzw. westlich der nördlichen Altstadt.

Geschichte

Girona wurde vermutlich bereits zur Zeit der ersten griechischen Kolonisation noch von den Iberern gegründet. Noch heute sind Reste der iberischen Ummauerung erhalten. In römischer Zeit hieß die Stadt Gerunda und unter den Arabern, die 785 Karl dem Großen weichen mussten, Djerunda. Die strategische Lage an der wichtigsten die Pyrenäen überquerenden Straße brachte es mit sich, dass Girona oft umkämpft war und sich "Stadt der tausend Belagerungen" nannte. Ab dem späten 10. Jh. war der Ort unabhängige Grafschaft und unterstand dann den Grafen von Barcelona. Vom 10.

In Girona haben die moslemische, jüdische und christliche Kultur ihre Spuren hinterlassen.

bis zum 15. Jh. besaß Girona mit dem “Call” ein bedeutendes Judenviertel; hier wurde der jüdische Philosoph Moses ben Nachman (Nachmanides, 1194 – 1270) geboren. 1809 widerstand die Stadt sieben Monate lang einer französischen Übermacht, ehe sie kapitulieren musste. Die französische Besatzung dauerte bis 1814.

Geschichte (Fortsetzung)

Sehenswertes in Girona

Sant Feliu

Die einstige Kollegiatskirche Sant Feliu (11. – 18. Jh.) im Norden der Altstadt zeigt sich als dreischiffiger gotischer Bau mit sehr niedrig gehaltenen Seitenschiffen. An ihrer linken Langhauswand ist eine überwölbte barocke Kapelle angefügt, die dem hl. Narcissus geweiht ist, dem Bischof von Girona in der Zeit des Diokletian. Im 1318 abgeschlossenen Chor befindet sich ein gotischer Schnitzaltar, daneben acht Sarkophage aus dem 2. bis 6. nachchristlichen Jahrhundert. Der hohe, einst gotische Glockenturm wurde 1581 durch Blitzschlag erheblich beschädigt und besitzt wegen der anschließenden Erneuerung nicht mehr seine ursprüngliche Form.

**Catedral

An der rechten Langhauswand von Sant Feliu entlang gelangt man zum Portal de Sobreportes, einem von zwei Türmen flankierten wuchtigen Stadttor. Dahinter liegt die kleine Plaça de la Catedral, die zum größten Teil von der mächtigen barocken, 90-stufigen Freitreppe (1690) eingenommen wird, die zur statuengeschmückten Fassade der Kathedrale hinaufführt. Diese wurde 1312 begonnen und Ende des 16. Jh.s vollendet. Das Langhaus ist mit 50 m Länge, 23 m Breite und 34 m Höhe einer der größten überwölbten Räume der Gotik. Unter einem Baldachin steht in der Apsis der Hauptaltar, dessen vergoldeter Aufsatz eine bemerkenswerte Silberschmiedearbeit aus dem 14. Jh. darstellt; dahinter erhebt sich der mit Rankenfriesen gezierte steinerne Bischofssitz, gemeinhin als Thronsessel Karls des Großen angesehen.

Museu Capitular de la Catedral

In der linken Langhauswand öffnet sich der Zugang zum Museum mit dem Kirchenschatz. Bemerkenswerte Stücke in den ersten drei Räumen sind u. a. eine romanische Madonna (11. / 12. Jh.), die sehr stark dem Gnadenbild vom ▶ Montserrat ähnelt, eine einmalige Beatus-Handschrift (975), ein spätgotisches Kreuz (1503 – 1507) mit Perlen und Emaileinlagen sowie ein zweites aus dem 14. Jh. mit Grubenschmelzarbeit, ein silberner Buchdeckel und eine bemerkenswerte Sammlung von Skulpturen aus dem 15. Jh., ferner die Bibel Kaiser Karls V., eine italienische Arbeit (14. Jh.). Der vierte Raum ist dem weitaus schönsten Stück des Museums vorbehalten: dem großartigen farbigen, 4,15 m × 3,65 m großen Bildteppich, der die Schöpfungsgeschichte zeigt. Die Seidenstickerei wurde im 11. Jh. angefertigt und lehnt sich an frühchristliche Vorbilder an, was u. a. in der Darstellung des bartlosen Christus als Weltschöpfer in der Mitte, umgeben von den lateinischen Bibelworten “Und Gott sprach ‘Es werde Licht’, und es ward Licht”, deutlich wird (Öffnungszeiten: Sommer Di. – Sa. 10^{00} – 14^{00} und 16^{00} – 19^{00}, So. 10^{00} bis 14^{00}; Winter Di. – Sa. 10^{00} – 14^{00} und 16^{00} – 18^{00}, So. 10^{00} – 14^{00} Uhr).

**Tapís de la Creació

Kreuzgang

Der romanische Kreuzgang ist ein Werk aus dem 12. Jh.; über ihm ragt ein romanischer Turmstumpf auf, der sog. “Turm Karls des Großen”. Obwohl beschädigt, beeindrucken die Figurenkapitelle der Säulenarkaden durch die Vielfalt der Darstellungen, die bibli-

Schöpfungsteppich in der Kathedrale von Girona

Catedral (Fortsetzung)

sche Szenen ebenso umfassen wie Details aus dem Volksleben. Im Obergeschoss des Kreuzgangs findet man eine stattliche Sammlung reich bestickter Messgewänder.

Museu d'Art

Rechts neben der Kathedrale ist im einstigen Bischofspalais das Kunstmuseum eingerichtet. Es enthält Exponate von der Vorromanik bis zum Beginn des 20. Jh.s, unter denen der romanische Altar von Sant Pere de Rodes und die gotischen Retablos aus Sant Miquel de Cruïlles von Borrassà bzw. aus Púbol von Martorell herausragen (Öffnungszeiten: Sommer Di. – Sa. 10^{00} – 19^{00}, So. 10^{00} – 14^{00}; Winter Di. – Sa. 10^{00} – 18^{00}, So. 10^{00} – 14^{00} Uhr).

Call

An der Freitreppe beginnt der Carrer de la Força. Zu seinen beiden Seiten lag das ehemalige Judenviertel, genannt "Call". Sechshundert Jahre lang besaß Girona eine bedeutende jüdische Gemeinde, während der landesweiten Judenvertreibung 1492 mussten sie die Stadt verlassen (Baedeker Special, S. 124). An manchen Türrahmen bemerkt man einen Hohlraum: Hier lag die Mesusa, eine kleine Schriftrolle mit Lobpreisungen Gottes in einer Kapsel, die man beim Betreten kurz berührte.

Museu d'História de la Ciutat

Am Carrer de la Força, 29, befindet sich im Gebäude eines einstigen Kapuzinerklosters das stadtgeschichtliche Museum. Hauptthemen sind die Vorgeschichte der Region und die Zeit der Industrialisierung (Öffnungszeiten: Di. – Sa. 10^{00} – 14^{00}, 17^{00} – 19^{00}; So. 10^{00} – 14^{00} Uhr).

Centre Bonastruc ça Porta (Museu dels Jueus)

Im Centre Bonastruc ça Porta (Sant Llorenç) informiert das Museu dels Jueus über die Geschichte der Juden Gironas (Öffnungszeiten: Sommer Mo. – Sa. 10^{00} – 20^{00}, So. 10^{00} – 15^{00}; Winter Mo. – Sa. 10^{00} – 18^{00}, So. 10^{00} – 15^{00} Uhr). Außerdem bietet das Museum Fachliteratur, Informationen,

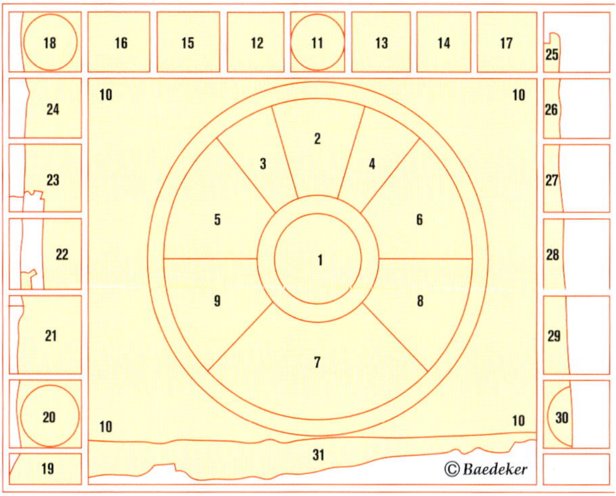

Girona • Schöpfungsteppich

1 Christus als Pantokrator (Allherrscher)
2 Der Geist Gottes schwebt über den Wassern
3 Engel der Finsternis
4 Engel des Lichtes
5 Erschaffung des Firmamentes
6 Gott scheidet die Wasser voneinander
7 Erschaffung der Vögel und der Fische
8 Adam gibt den Tieren ihre Namen
9 Erschaffung Evas aus der Rippe Adams
10 Die vier Winde
11 Allegorie des Jahres mit dem Rad der Zeit
12 Herbst: Mann bei der Weinlese
13 Winter: Frau am Herdfeuer
14 Frühling: Das Feld umgrabender Mann
15 Sommer: Mann mit Dreschflegel
16 Samson mit dem Eselskinnbacken
17 Abel weiht das Opferlamm
18 Allegorie des Paradiesflusses Geon
19 Februar: Jagd- und Fischfanggerät
20 Tag der Sonne
21 März: Frosch, Schlange, Storch
22 April: Blumen, Bäume und pflügender Bauer
23 Mai: Baumblüte und Pferd
24 Juni: Angler
25 Ein zweiter Fluss des Paradieses (Fragment)
26 Juli: Mähender Bauer (Fragment)
27 August:Kornfeld (Fragment)
28 September: Korndreschen (Fragment)
29 Oktober: Weinlese (Fragment)
30 Tag des Mondes (Fragment)
31 Legende von der Kreuzauffindung in Jerusalem durch die hl. Helena (Fragment)

Call (Fortsetzung)

kulturelle Aktivitäten und eine audiovisuelle Vorführung über die Juden in Katalonien an.

Banys Àrabs

Wenige Schritte vom Portal de Sobreportes gelangt man im Carrer del Rei Ferran el Catòlic zu den aus fünf Räumen bestehenden sog. Arabischen Bädern (Banys Àrabs). Sie wurden 1194, also lange nach der maurischen Herrschaft, wohl aus einer jüdischen Mikwe (rituelles Tauchbad) umgebaut und zeigen maurische und romanische Stilelemente (Öffnungszeiten: April – Sept. Di. – Sa. 10^{00} – 19^{00}, So. 10^{00} – 14^{00}; Okt. – März Di. – So. 10^{00} – 14^{00} Uhr).

Sant Pere de Galligants

Ein Brückchen führt über den kleinen Galligants zur romanischen Kirche Sant Pere de Galligants. Der wehrhafte Bau aus dem 12. Jh. war einst Teil eines Benediktinerklosters; bemerkenswert sind die Schmuckrosetten und das Bänderwerk im Rundbogenportal. Heute stellt hier das Museu Arqueològic die Geschichte der Stadt und der Region vor und zeigt dazu u.a. jüdische Grabsteine (Öffnungszeiten: Juni – Sept. Di. – Sa. 10^{30} – 13^{30}, 16^{00} – 19^{00}, So. 10^{00} – 14^{00}; Okt. bis Mai Di. – Sa. 10^{00} – 14^{00}, 16^{00} – 18^{00}, So. 10^{00} – 14^{00} Uhr).

Museu Arqueològic

Die Juden von Girona

In Girona war die nach Barcelona wichtigste jüdische Gemeinde in Katalonien beheimatet. Die Juden von Girona lebten in einem eigenem Viertel, dem "Call", und beeinflussten das wirtschaftliche und kulturelle Leben der Stadt. Besondere Achtung auch unter den Christen erwarb sich der Philosoph und Arzt Nachmanides. 1492 wurden die Juden vertrieben – erst 1992 rang sich Spanien zu einer offiziellen Entschuldigung durch.

Von einer jüdischen Gemeinde in Girona ist zum ersten Mal Ende des 9. Jh.s die Rede. In einem Dokument heißt es, im Jahr 888 hätten sich in der Stadt am Riu Ter "fünfundzwanzig jüdische Familien" niedergelassen. Die ersten Juden wohnten in Häusern von Geistlichen, die die Kirche verkauft hatte. Dieses Viertel mit seinen engen Gassen rund um die Kathedrale und der Carrer de la Força als Mittelpunkt wurde im Katalanischen "Call" genannt – nach dem hebräischen "Kahal" (Gemeinschaft).

Der "Call"

Die jüdische Gemeinde innerhalb des Call wuchs schnell. Im Jahr 1160 lebten ca. 300 Menschen in diesem Stadtviertel, etwa 7 % der Gesamtbevölkerung von Girona. Die Juden standen unter dem Schutz des Magistrats von Girona, auch genossen sie den Schutz des Königs, der hierfür allerdings Tributzahlungen forderte. Der Call von Girona verfügte über eine komplexe zivile, soziale, kulturelle und religiöse Organisation. Es gab eine Reihe von öffentlichen Einrichtungen, u. a. ein Krankenhaus, ein Waisenhaus, ein Armenhaus und drei Synagogen; den Mittelpunkt bildete die Carrer de la Força, an deren Ende sich der mittelalterliche jüdische Markt befand. Den Juden war per königliches Dekret sogar erlaubt, einen eigenen Bürgermeister zu stellen, der sich nur vor dem König von Katalonien zu verantworten hatte. Bis in die zweite Hälfte des 13. Jh.s lebten Christen und Juden friedlich nebeneinander; die jüdische Gemeinde beeinflusste in nicht geringem Maße das wirtschaftliche und kulturelle Leben in der Stadt. Viele Juden waren als Handwerker tätig, die meisten aber verdienten sich als Geschäftsreisende und Händler, Geld- und Pfandleiher, königliche Steuer- und Mieteintreiber sowie Immobilienhändler den Lebensunterhalt; Schriftstücke zeigen, dass die Juden ab dem 11. Jh. damit begannen, Christen Haus und Land abzukaufen oder sich als Kreditgeber die Häuser anzueigneten, wenn die Schuldner den Kredit nicht zurückzahlen konnten. Vor allem in kultureller Hinsicht machten die Juden von Girona von sich reden, denn durch sie wurde die Stadt am Riu Ter zu einem religiösen Zentrum von internationalem Ansehen. Jüdische Mystiker entwickelten hier die Kabbala weiter, die sich u. a. mit dem vermeintlichen geheimen, mystischen Sinn des Alten Testaments und mit Begriffs- und Zahlendeutung beschäftigte. Girona, wo sich die erste Gruppe von Kabbalisten auf der Iberischen Halbinsel Anfang des 13. Jh.s bildete, hat so einen Beitrag zur Entwicklung des kabbalistischen Denkens geleistet.

Nachmanides

Der bekannteste Kabbalist von Girona war

Moses ben Nahman, auch bekannt als Nachmanides oder Bonastruc ça Porta. Der 1194 in Girona geborene Philosoph, Bibelexeget, Dichter und Arzt, der mit seinen didaktischen Traktaten die Lehre des Judentums bereicherte und schließlich zum Großrabbiner von Katalonien aufstieg, stand auch bei den christlichen Fürsten als Gelehrter in hohem Ansehen. Sogar König Jaume I. von Aragón (1213 – 1276) konsultierte ihn und hörte auf seine Meinung. 1263 zwang ihn der Monarch jedoch zu einer öffentlichen Diskussion, der berühmten "Barcelonensischen Disputation", mit dem zum Christentum konvertierten Juden Pablo Christiani, einem dominikanischen Mönch. In Gegenwart des Königs sowie führender Dominikaner und Franziskaner verteidigte Nachmanides den jüdischen Standpunkt so eloquent, dass ihn Jaume zum Sieger erklärte und reich beschenkte. Vom Bischof von Girona wurde der Großrabbiner daraufhin gebeten, seine Ansichten in einem Buch zusammenzufassen. Die Dominikaner jedoch versuchten Nachmanides wegen "Beleidigung des christlichen Glaubens" anzuklagen. Der König stellte sich zuerst mutig vor den Gelehrten, dem er Redefreiheit zugesichert hatte. Doch als Papst Clemens IV. auf Betreiben der Dominikaner den Herrscher in einem Brief aufforderte, den Rabbiner zu bestrafen, floh dieser 1267 aus Katalonien und begab sich nach Palästina, wo er drei Jahre später starb.

Im Call, dem alten Judenviertel von Girona

Vertreibung

Schon ab dem 11. Jh. gab es in Girona hin und wieder Angriffe der christlichen Bevölkerung auf Juden. Viele Christen fühlten sich von den jüdischen Kreditgebern geprellt; Ursachen für den aufgestauten Hass waren aber auch Neid – viele Juden gelangten aufgrund ihrer wirtschaftlichen Potenz zu Macht und unterhielten Beziehungen zu den mächtigen christlichen Familien der Stadt – und christlicher Fanatismus. Das schlimmste Pogrom ereignete sich 1391, als der Mob den Call plünderte und dabei 40 Juden ermordete. Um die jüdische Bevölkerung zu schützen, ließ der Stadtrat damals die Juden in der Torre Gironella, einem römischen Festungsturm auf dem höchsten Punkt der Stadt, für einige Tage internieren. Trotz königlichen Schutzes wurden die Juden von Girona in der Folgezeit zunehmend drangsaliert. Nur noch ein Tor blieb als einziger Zugang zum Call offen, und dessen Bewohner durften, angeblich zu ihrem eigenen Schutz, keine Fenster und Türen haben, die sich zur Carrer de la Força öffneten. 1445 wurde ihnen verboten, das Ghetto zu verlassen, ohne besonders gekennzeichnete Kleidung zu tragen, so dass sie jederzeit als Juden identifiziert werden konnten. Das Ende für die jüdische Gemeinde von Girona kam dann 1492, als die Katholischen Könige, Fernando von Aragón und Isabel von Kastilien, in einem Verdikt alle Juden, die nicht bereit waren, sich zum Christentum zu bekennen, des Landes verwiesen. Am 31. Juli 1492 verließen die letzten jüdischen Einwohner den Call; diejenigen, die zum Christentum konvertiert waren, um der Vertreibung zu entgehen, sahen sich bald schon dem Terror der Inquisition ausgesetzt.

Aufarbeitung

Im Jahr 1992, genau ein halbes Jahrtausend nach dem Exodus, bat der spanische König Juan Carlos I. das jüdische Volk offiziell um Vergebung für die Vertreibung der Juden aus Spanien.

Die mächtige, 90-stufige Freitreppe der Kathedrale von Girona am Abend – tagsüber tummeln sich hier Menschenmassen.

Sant Domenèc Südöstlich der Kathedrale steht etwas erhöht an der Plaça de Sant Domènec das gleichnamige gotische Kloster. Es wurde im 13. Jh. erbaut und in späteren Jahrhunderten umgestaltet. Kirche und Kloster sind im Stil der Gotik gestaltet. Am selben Platz ist die Hauptfassade der ehemaligen Universität zu sehen, deren Studium Generale (Theologie, Recht, Medizin) im 16. und 17. Jh. für das Bildungswesen des Landes von erheblicher Bedeutung war.

Ehem. Universität

Palau Agullana Südwestlich von Sant Domènec stößt man im Gewirr der Gassen auf das einstige Stadtpalais der Familie Agullana (14.–17. Jh.), das mit einem überdachten Bogengang eine Treppengasse überspannt und zu den meistfotografierten Gebäuden der Stadt zählt.

Sant Josep Noch weiter südlich, an der Plaça Sant Josep, steht das ehemalige Kloster gleichen Namens, das im 16. Jh. erbaut wurde und den Barfüßigen Karmeliterinnen gehörte.

Neustadt Auf dem linken Ufer des Riu Onyar liegt die Neustadt. Auf der von Arkaden umzogenen Plaça de la Independència, unweit vom Fluss, erinnert ein Denkmal an den heroischen Widerstand der Bevölkerung gegen die Truppen Napoleons. Weiter nördlich erstreckt sich bis zum Riu Ter der Parc Municipal de la Devesa (40 ha) mit dichtem Platanenbestand und einigen Sportanlagen.

Baedeker TIPP **Kaffee vom Feinsten**

Im "Il Caffe di Roma", einer behaglichen Bar mit Mauerbögen, kommen Kaffeeliebhaber auf ihre Kosten: Kaffee aus Äthiopien, Kolumbien, Brasilien, Jamaika und Guatemala, Café Irlandés, Russian Coffee, Café de Paris, aber auch die sonst in Spanien üblichen Kaffees sowie unterschiedliche Teesorten und andere gängige Getränke (Av. Sant Francesc, 4, direkt neben dem Hotel Peninsular ► Baedeker Special, S. 192).

***Museu del Cinema**

In der Neustadt (Carrer Sèquia 1) präsentiert das Museu del Cinema die aus 7500 Gerätschaften bestehende Privatsammlung des Cineasten Tomás Mallol, die die vielfältigen Versuche der Menschen aufzeigt, sich bewegte Bilder zu schaffen. Der Besuch beginnt mit einem kurzen Videofilm in einem kleinen Raum, dann fährt man mit dem Aufzug in den dritten Stock und begibt sich durch die Ausstellungsräume von Stockwerk zu Stockwerk wieder nach unten. Etliche Erfindungen dürfen von den Besuchern selbst in Gang gesetzt werden. Einziges Manko: Die einzelnen Gerätschaften sind nur auf Katalanisch, Spanisch und Französisch erklärt (Öffnungszeiten: Di. – So. 10^{00} – 20^{00} Uhr; im Winter nur bis 18^{00} Uhr).

Umgebung von Girona

Vall de Sant Daniel

Nordöstlich von Girona erstreckt sich das vom Riu Galligants durchflossene idyllische waldreiche Vall de Sant Daniel, von dessen romantischen Brunnen und schattigen Plätzchen sich immer wieder Maler und Dichter inspirieren ließen. Im Tal befindet sich auch die romanische Klosteranlage Sant Daniel, die im 11. Jh. begonnen und und 13. Jh. vollendet wurde.

Banyoles

Die im Ortskern enge, aber reizvolle Kleinstadt Banyoles (span. Bañolas; 13 000 Einw.), ca. 20 km nördlich von Girona, ist dank ihres Sees ein beliebtes Ausflugsziel. Nahe der von Platanen beschatteten und von alten Häusern mit Laubengängen gesäumten Plaça Major, auf der jeden Mittwoch ein traditioneller Markt abgehalten wird, liegt das archäologische Museum. Hier kann man die Kopie eines in der Nähe des Sees gefundenen, ca. 80 000 Jahre alten Kiefers einer Vor-Neandertalerfrau bestaunen (Öffnungszeiten: Di. – Sa. 11^{00} – 13^{30}, 16^{00} – 20^{00}, So. 10^{30} – 14^{00}; im Winter werktags bis 18^{30} Uhr). Östlich außerhalb bewahrt die im 9. Jh. erbaute, durch französische Truppen 1655 zerstörte und danach klassizistisch wiederaufgebaute Kirche Sant Esteve ein sehr schönes gotisches Altarblatt, geschaffen zwischen den Jahren 1437 und 1439 von Meister Joan Antigo, das zwölf Einzelszenen umfasst, die sich um eine Marienstatue gruppieren. Westlich der Stadt breitet sich der aus unterirdischen Quellen gespeiste Estany de Banyoles aus, mit 2 km Länge und 700 m Breite der größte natürliche Binnensee Kataloniens. Hier wurden 1992 die olympischen Ruderwettkämpfe abgehalten. Die Uferregionen des Sees sind von lichten Pappel-, Weiden- und Eichengehölzen bedeckt; es gibt aber auch einige Strandbäder für eine Bad in dem recht warmen Wasser, Surfen und Wasserski sind

Der Estany de Banyoles ist der größte natürliche Binnensee Kataloniens.

Girona (Fortsetzung)

jedoch aus Naturschutzgründen verboten. Man kann den See auch umwandern, u.a. bis nach Porqueres, das eine hübsche kleine romanische Kirche aus dem 13. Jh. besitzt.

Llançà

D 7

Provinz: Girona
Höhe: 6 m ü. d. M.
Einwohnerzahl: 3500

Nördlichste Touristenhochburg

Llançà (span. Llansá), etwa 10 km von der spanisch-französischen Grenze entfernt, ist die nördlichste Touristenhochburg der Costa Brava. Vor allem Franzosen und Einwohner aus Figueres suchen den Ort im Sommer gern auf. Doch geht es hier in der Hochsaison wesentlich ruhiger als andwerswo an der Costa Brava zu, denn beim Bau der Urbanisationen achteten die Stadtväter darauf, die Gegend nicht zu sehr zu verunstalten. Llançà besteht aus zwei Teilen: Llançà-Vilas, der alte ummauerte Ortskern mit verwinkelten Gassen, liegt mehr als 1 km von der Bucht entfernt; der touristisch bedeutendere Ortsteil ist der weitläufige Hafen Port de Llançà.

Sehenswertes in Llançà

Llançà-Vila

Aus Furcht vor Piratenüberfällen wurde das 974 als Villa Lancio erstmals urkundlich erwähnte Fischerdorf etwas landeinwärts erbaut. Zu den Sehenswürdigkeiten von Llançà-Vila, das durch den

Im September verläuft das Leben an den Stränden der Touristenhochburg Llançà relativ ruhig.

Llançà-Vila (Fortsetzung)

Export von Wein und Olivenöl einen gewissen Wohlstand erreichte, zählen die barocke Kirche Sant Vincenç aus dem 18. Jh. und die Torre Romànica, ein stattlicher Wehrturm, an der Plaça Major.

Port de Llançà

Das touristische Leben pulsiert im Hafenviertel. Hier findet man eine gepflegte Strandpromenade, weiß getünchte Häuser mit zahlreichen Restaurants und Souvenirläden, Ferienwohnungen sowie einen Fischerei- und Bootshafen vor. Überragt wird der Hafen von dem kleinen Hügel El Castellar, von dem man die stark gegliederte Küste vor allem in südlicher Richtung überblickt.

Strände

Als Hauptstrand des Ortes gilt die feinkiesige bis feinsandige, ausgedehnte Platja del Port unmittelbar neben dem Hafen bzw. direkt vor der Flanierpromenade. Weiter nordöstlich liegt die etwas kleinere Platja de Grifeu, die, angesichts des baulichen Hintergrundes nicht so attraktiv wie die Platja del Port, aber wegen ihres feinen Sandes der beliebteste Strand von Llançà ist und in der Hochsaison stark besucht wird. Noch weiter östlich breitet sich die relativ große, aber wegen ihres grauen Sandes und der Kieselsteine wenig einladende Platja de Canyelles vor der gleichnamigen Feriensiedlung aus; an diesem nicht so frequentierten Strandabschnitt fühlen sich FKK-Anhänger recht wohl . Ein gutes Stück westlich vom Hafen und südlich von Llançà-Vila finden sich weitere Strandabschnitte, wie die Platja de la Farella und, links daneben, die Platja de les Tonyines, die grauen Sand und Kies sowie sauberes Wasser aufweisen. Westlich davon liegt die Platja del Cau del Llop, ein Strand mit feinem graubraunen Sand.

Provinz: Girona
Höhe: Meereshöhe
Einwohnerzahl: 15 000

Inbegriff des Massentourismus

Was El Arenal für Mallorca darstellt, ist Lloret de Mar für die Costa Brava: Diskos, Lärm, Bars, Alkohol, englische Pubs und deutsches Schnitzel für massenhaft junges Publikum – vor allem Briten, Deutsche und Holländer –, das die Hotelbetten nur am Vormittag für eine kurze Erholungspause vor der nächsten Fete aufsucht. Spanien findet man in den Betonschluchten Llorets nicht, aber das sucht hier auch keiner. Dass Lloret de Mar eine 2000-jährige Geschichte hat, merkt man auch kaum noch. Dafür beeindruckt Lloret – der vorletzte große Badeort vor der Grenze zwischen der Costa Brava und der Costa del Maresme bzw. zwischen den Provinzen Girona und Barcelona – mit einer zwar nicht schönen, aber gewaltigen Hotel-Skyline am Strand, denn schließlich hat der Ort nach Madrid die zweitgrößte Hoteldichte Spaniens. In der Hochsaison wohnen im größten Ferienkomplex der Costa Brava bis zu 150 000 Menschen. Lloret gilt heute denn auch als Beispiel für touristische Fehlentwicklung. Eine Änderung aber scheint in Sicht: Die Stadtverwaltung hat den Bau neuer Feriensiedlungen längst verboten.

Sehenswertes in Lloret de Mar

Museu de Lloret de Mar

Im Ortsmuseum (Carrer de Sant Carles, 16) sind die Funde aus der nahe gelegenen Iberersiedlung Puig Castellet (5. – 4. Jh. v. Chr.) und die Geschichte des einstigen Fischerstädtchens dokumentiert (wegen Restaurierungsarbeiten längerfristig geschlossen).

Centro Cultural Verdaguer

In einer prächtigen Villa mit Mosaikfußböden und schönen Möbeln am Passeig Cinto Verdaguer, direkt an der Strandpromenade, sind verschiedene Exponate zur Geschichte der Stadt ausgestellt. Auch finden hier wechselnde Kunstausstellungen statt. Der Eintritt ist frei, aber der Besucherandrang hält sich in Grenzen (Öffnungszeiten: Di. – So. 10^{00} – 13^{00}, 16^{00} – 19^{00} Uhr).

Església Parroquial Sant Romà

Ein Zeugnis früher Baukunst ist die zwischen 1509 und 1522 errichtete Pfarrkirche Sant Romà mitten in der Altstadt, an der sich der Übergang von der Gotik zur Renaissance erkennen lässt.

Parc Aquàtic Waterworld

Westlich etwas außerhalb, an der Straße nach Vidreres / Girona befindet sich das Freizeitzentrum "Waterworld", eine Spaßbadanlage mit Wellenschwimmbad, gigantischen Wasserrutschbahnen, Achterbahnen, Minigolf, Kinderspielplatz, Restaurants u. a. Vom Busbahnhof in Lloret gibt es einen kostenlosen Zubringerdienst (Öffnungszeiten: im Sommer tgl. 10^{00} – 19^{30} Uhr).

Strände

An dem grobsandigen, 1 km langen und ziemlich breiten Strand, wo in der Hochsaison ein äußerst lebhafter Betrieb herrscht, zieht sich eine von Palmen beschattete Promenade entlang. Auf dem felsigen Kap, das den Strand im Südwesten begrenzt, steht die Bronzeskulptur einer Fischersfrau, die seewärts Ausschau hält. Mehr Be-

Palmengesäumte Strandpromenade von Lloret de Mar

schaulichkeit als am meist überfüllten Hauptstrand von Lloret findet man in den benachbarten Buchten: in den nördlichen Buchten Canyelles, Morisca und Tortuga, die mit dem Auto, zu Fuß oder mit dem Schiff erreichbar sind; in den südlich gelegenen Calas Fenals, Boadella und Santa Cristina. Auch zur idyllischen Bucht von Boadella verkehren kleine Schiffe.

Lloret de Mar (Fortsetzung)

Malgrat de Mar

J 5

Provinz: Barcelona
Höhe: Meereshöhe
Einwohnerzahl: 13 500

Malgrat de Mar, der nördlichste Badeort an der Costa del Maresme, war ursprünglich eine kleine Industriestadt und lebt heute größtenteils vom Tourismus. Zahlreiche Hotels, Ferienwohnungen und Campingplätze sowie Restaurants, Diskotheken, Geschäfte und Freizeitangebote jeglicher Art stehen den Touristen zur Verfügung. Die Hotels im Süden ziehen sich in einer einzigen Zeile parallel zum Sandstrand, der sich bis zur Mündung des Riu Tordera erstreckt, und zur Bahnlinie hin.

Nördlichste Bettenburg der Costa del Maresme

Sehenswertes in Malgrat de Mar

Die nördlich gelegene, enge, etwas verwinkelte Altstadt mit ihren zwei- bis dreistöckigen Häusern wird von der Kirche Sant Nicolau

Altstadt

Malgrat de Mar (Fortsetzung)

de Bari überragt, die wegen ihrer Ausmaße auch "Catedral de la Costa" heißt. Sie wurde im 16. Jh. erbaut, besitzt jedoch eine spätbarocke Fassade und einen Glockenturm aus dem 17. Jahrhundert. Oberhalb des Städtchens erhebt sich auf einem Hügel ein alter Wachtturm.

Marineland

Die Zufahrt zum Freizeitzentrum Marineland ist über Palafolls ausgeschildert und nicht leicht zu finden. Es empfiehlt sich eher, zunächst der küstennahen Straße in Richtung Blanes zu folgen – das Marineland befindet sich kurz nach der Abzweigung von dieser Küstenstraße in Richtung Palafolls auf der rechten Seite. Die Hauptattraktion des Freizeitparks ist die mehrmals täglich stattfindende Seelöwen- und Delfinschau. Auch Pagageien wurden zur Unterhaltung der Zuschauer kleine Kunststücke beigebracht; u. a. haben sie es gelernt, mit Rollschuhen zu fahren. Für die Unterhaltung der Besucher gibt es noch einen kleinen Zoo, einen Teich mit Ruderbooten, dazu ein Restaurant, einen Picknick- und einen Kinderspielplatz sowie einen 40 000 m^2 großen Wasserpark mit mehreren Wasserrutschbahnen und Schwimmbecken (Öffnungszeiten: Apr. – Okt. tgl. 10^{00} – 19^{00} Uhr; Eintrit: Erwachsene 15 €, Kinder 10,50 €).

Mataró — J 3

Provinz: Barcelona
Höhe: 26 m ü. d. M.
Einwohnerzahl: 102 000

Hauptstadt der Landschaft Maresme

Mataró, eine eher nüchterne Handels-, Gewerbe- und Industriestadt und die Hauptstadt der Landschaft Maresme, liegt an der Costa del Maresme, rund 30 km nordöstlich von Barcelona. Die Stadt erstreckt sich zwischen der ausgedehnten Strandpromenade, die neben der Landstraße am Meer entlang führt und dem großen Parc Forestal im Norden. Der Jachthafen ist mit einer Kapazität von 1100 Liegeplätzen für Sportboote der größte im Maresme. Bei Mataró beginnt der Industriegürtel des Großraums Barcelona; im Jahr 1848 fuhr die erste spanische Eisenbahn von hier nach Barcelona.

Sehenswertes in Mataró

Stadtbild

Der höher gelegene Teil der Stadt, hervorgegangen aus der "Iluro" genannten antiken Siedlung, besteht schon seit der Römerzeit; die strandnahen Siedlungsteile sind wesentlich jüngeren Ursprungs. Beachtung verdienen die aus dem 17. Jh. stammende, mitten im historischen Zentrum stehende Kirche Santa Maria mit barockem Interieur (einem Barockaltar von 1691 und der Kapelle "Mare de Déu dels Dolors") sowie mit Gemälden von Sert und Antoni Viladomat, ferner die Casa Coll i Regàs im Carrer d'Argentona, 55, ein Werk des in Mataró geborenen Jugendstil-Architekten Josep Puig i Cadafalch (1867 – 1957; ▶ Baedeker Special, S. 42). Das Zentrum der Stadt bilden die Riera und die Rambla, die über die Plaça de Santa Anna verbunden sind; in diesen belebten Straßen, dem Einkaufszentrum der Stadt, sind zahlreiche alteingesessene und moderne Geschäfte angesiedelt.

Unweit vom Rathaus steht das einzige Renaissancegebäude der Stadt. Hier ist das Museu Comercal del Maresme eingerichtet, das in erster Linie über die Geschichte der Region informiert. In der Abteilung für bildende Kunst werden Radierungen der "Desastres de la Guerra" von Francisco de la Goya gezeigt; weitere Sammlungen umfassen Glaskunst, Münzen und Medaillen sowie Mobiliar und Waffen.

Museu Comercal del Maresme

Am südöstlichen Stadtrand (Torre Llauder) wurden die Reste einer römischen Villa freigelegt, die aus der Zeit des Augustus (1. Jh. v. Chr.) stammt und schöne Mosaikfußböden besitzt.

Torre Llauder

Umgebung von Mataró

Auch die Kleinstadt Vilassar de Mar, 6 km südwestlich von Mataró, ist ein Seebad. Die elegante Strandpromenade säumen Palmen und Grünanlagen, der Strand besteht aus grobkörnigem Sand. In der Oberstadt stehen einige Wachttürme aus dem Mittelalter. 1923 begann der Ort als erster der Region mit dem Anbau von Nelken. Heute ist Vilassar de Mar innerhalb Spaniens führend in der Produktion von Blumen und Zierpflanzen und besitzt mit dem Mercat de Flor i Planta Ornamental de Catalunya den größten Blumenmarkt in Katalonien.

Vilassar de Mar

Westlich von Vilassar de Mar befindet sich an der Carretera de Cabrils der Vogelpark "El Parc de les Aus". Auf einem 40 000 m² großen Parkgelände können 300 verschiedene einheimische und exoti-

Vogelpark

Südlich von Mataró finden sich einige schroffe Küstenabschnitte an der sonst flachen Costa del Maresme.

Mataró (Fortsetzung)

sche Vogelarten beobachtet werden. Weitere Angebote sind: Kinderbereich, Pony-Reiten, Streichelzoo, Minizug, Schlauchbootfahren, Trampolin, Bar-Restaurant, Selbstbedienungsladen (Öffnungszeiten: Di. – So. 10^{00} Uhr bis zum Einbruch der Dunkelheit.

Montserrat

J o

Provinz: Barcelona
Höhe: bis 1241 m ü. d. M.

****Heiligtum der Katalanen**

Das Felsmassiv des Montserrat (gesägter Berg), als Montsagrat "heiliger Berg" der Katalanen, erhebt sich rund 50 km nordwestlich von ▶ Barcelona. Er ist sowohl landschaftlich als auch wegen seines berühmten Klosters eine der bedeutendsten Sehenswürdigkeiten Spaniens. Der mächtige Bergstock von 10 km Länge und 5 km Breite, den Alexander von Humboldt als "unmöglich zu beschreiben, nur zu erleben" empfand, steigt über dem rechten Ufer des Riu Llobregat fast isoliert und nach allen Seiten steil abfallend aus der katalanischen Hügelebene auf und erscheint mit seinen durch Auswaschungen entstandenen phantastischen Felsbildungen von fern wie eine ungeheuere Burg. Der höchste Gipfel des Massivs ist der 1241 m hohe Sant Jeroni. Von Südosten her durchschneidet ein gewaltiger Spalt, genannt Vall Malalt (böses Tal) den Berg. Am Beginn dieses Spalts liegt auf einem Felsvorsprung in einer Höhe von 725 m ü. d. M. das Kloster. Den Nordostabhang bedecken Pinienwälder, die Flanken und die Höhe immergrüne Büsche.
Man erreicht den Montserrat von Barcelona über die A-2 bis Martorell und von dort auf der C 1411 bis kurz hinter Olesa, wo eine Brücke über das Tal zur Schwebebahn (Aeri) führt. Von Monistrol führt auch eine kurvenreiche, aber landschaftlich reizvolle Straße hinauf. Von Barcelona zur Schwebebahn gibt es auch eine direkte Bahnverbindung von der Plaça de Espanya.

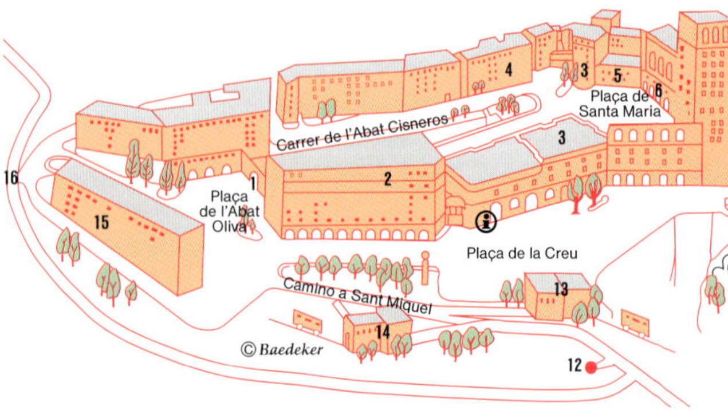

1 Hauptzugang zum Klosterbezirk
2 Audiovisuelle Informationsschau
3 Museum (in zwei Gebäuden)
4 Hotel
5 Gotischer Kreuzgang
6 Torbau
7 Basilika
8 Gesangsschule (Escolania)

Geschichte

Der Montserrat wurde lange Zeit fälschlicherweise für den Monsalvatsch der Gralssage gehalten (dieser ist mit größerer Wahrscheinlichkeit bei dem kleinen Wallfahrtsort Salvatierra an der Pyrenäensüdflanke zu suchen). Nach der Legende wurde das Kloster im Jahr 880 zu Ehren eines wundertätigen Marienbildes gegründet; die erste urkundliche Erwähnung stammt von 888. Im Jahr 976 übernahm der Benediktinerorden das Kloster, das Mönche aus ▶ Ripoll und ▶ Vic 1025 erheblich erweiterten. Papst Benedikt XIII. erhob es 1409 zur unabhängigen Abtei. 1522 weilte Ignatius von Loyola, der spätere Gründer des Jesuitenordens, im Kloster. Während der Befreiungskriege gegen Napoleon gingen die ungeheuren Reichtümer des Klosters verloren, und der Konvent wurde 1811 von den Franzosen zerstört. Weitere empfindliche Einbußen brachte die Schließung während der Karlistenkriege (1835 – 1860). Noch heute besteht die dem Kloster angeschlossene Schule (Escolanía) für geistliche Musik, die im 15. Jh. gegründet wurde und deren jugendliche Mitglieder zur Zeit des Ave Maria (13^{00} Uhr) das Salve sowie bei der Vesper (19^{15} Uhr) zu singen pflegen.

*Klosterareal und Ermitas

Das Kloster mit Basilika und Nebengebäuden bildet eine kleine, in sich geschlossene Stadt. 80 Benediktinermönche leben in der Anlage und verwalten die Bibliothek, das Museum sowie das Hotel und die restlichen touristischen Einrichtungen wie Schnellimbisse und Souvenirgeschäfte. Bei der großen Aussichtsterrasse an der Plaça des Apòstols erinnert ein Denkmal an den mallorquinischen Dichter und Mystiker Ramón Llull. Die acht Stufen des Monuments symbolisieren die Erkenntnisstufen Stein, Flamme, Pflanze, Tier, Mensch, Himmel, Engel, Gott.
Man erreicht das Innere des eigentlichen Klosterkomplexes bei der Plaça de la Creu und betritt die weite Plaça de Santa Maria.

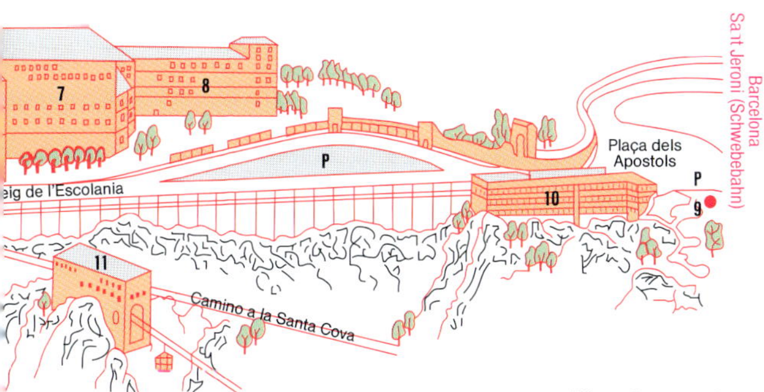

Montserrat

9 Denkmal für Raimundus Lullus
10 Restaurant
11 Bergstation der Seilbahn (Funicular)
12 Denkmal für Pau Casals
13 Standseilbahn zur Cova Santa
14 Standseilbahn nach Sant Joan
15 Gendarmerie (Guardia Civil)
16 Via Crucis (Kreuzweg)

Das Kloster von Montserrat, das Alexander von Humboldt als "unmöglich zu beschreiben, nur zu erleben" empfand.

Museu de Montserrat

Rechter Hand geht es hinab zu der unter dem Platz gelegenen modernen Abteilung des Museums mit Werken katalanischer Maler aus dem 19. und 20. Jh.; die alte Abteilung befindet sich schräg links vor der Hauptfassade des Kirchenbereichs und umfasst eine kleine ägyptologische Sammlung, Funde aus dem Neolithikum, römische und byzantinische Keramik sowie Schmuck, Münzen, antike Gläser und jüdische Kultgegenstände.

Basilika

Am Ende des Platzes grenzt ein Torbau aus den Jahren 1942 bis 1968 den Kirchenbezirk ab. Die Reliefs in den oberen drei Rundbogen stellen den hl. Benedikt, die Himmelfahrt Mariä und den hl. Georg, Schutzpatron von Katalonien, dar. Links der Fassade befinden sich Reste des einstigen gotischen Kreuzgangs (15. Jh.). Die Basilika geht auf das 16. Jh. zurück, wurde aber im 19. und 20. Jh. großenteils verändert und erneuert. Die Fassade zeigt Formen der Renaissance; die Figuren Christi und der Apostel wurden erst 1900 aufgestellt. In das Kircheninnere führen zwei Eingänge: Durch die Hauptportale gelangt man in das Kirchenschiff, während das rechte Seitenportal den direkten Zugang zum Madonnenbild eröffnet (Schrittverkehr nur in eine Richtung). Das 68 m lange, 21 m breite und 33 m hohe Kirchenschiff wird von zahlreichen Kerzen erhellt; die Innenausstattung ist neuzeitlich. Das Madonnenbild von Montserrat (katal. Santa Imatge, span. Santa Imagen) ist eines der bedeutendsten Wallfahrtsziele in ganz Spanien. Es steht erhöht hinter dem Hauptaltar und ist über silberbeschlagene Treppenaufgänge in den Querhausarmen zu erreichen. Die farbig gefasste hölzerne Skulptur, im 12. oder 13. Jh. entstanden, wird auch "La Moreneta"

**Madonnenstatue

genannt, da Gesicht und Hände wohl vom Kerzenruß schwärzlich geworden sind. Die Legende berichtet, sie sei ein Werk des Evangelisten Lukas. Der 1881 zur Schutzpatronin von Katalonien erklärten Madonna werden wundersame Kräfte zugeschrieben, und jeden Tag warten zahllose Pilger in langen Schlangen geduldig darauf, die Statue zu berühren.

Kerzenopfer im Kloster von Montserrat

Kreuzweg
An der Plaça de l'Abat Oliva beginnt die Via Crucis (Kreuzweg), deren vierzehn große Statuengruppen zwischen 1904 und 1919 entstanden sind und nach dem Bürgerkrieg erneuert wurden. Der Stationenweg endet an der Kapelle Virgen de la Soledad; bei der vierzehnten Station geht ein Weg zur Ermita Sant Miquel (19. Jh.), deren Vorgängerbau bereits im 10. Jh. bestanden hat.

Cova Santa

Von der Plaça de la Creu an der Bergstation der Seilbahn vorbei geht es zur Cova Santa (heilige Höhle) mit einer im 17. Jh. erbauten Kapelle. In der Grotte sollen Hirten das vor den Mauren hier verborgene Marienbild wiederentdeckt haben.

Sant Joan

Bei der Plaça de la Creu befindet sich auch die Talstation der nach Sant Joan führenden Standseilbahn; nahebei am Weg steht ein Denkmal für den katalanischen Cellisten Pau Casals. Sant Joan ist eine der einst dreizehn Einsiedeleien im Gebiet des Montserrat; von der Bergstation bietet sich ein schöner Blick auf das Kloster.

*Sant Jeroni

Lohnend ist der Waldweg zur Einsiedelei Sant Jeroni; es fährt aber auch eine 680 m lange Seilschwebebahn mit 535 m Höhenunterschied – die älteste dieser Art in Spanien – von der Straße nach Manresa hinauf zur Capilla de Sant Jeroni, von wo man in fünfminütigem Fußmarsch zum Gipfel des Sant Jeroni gelangt.

Palafrugell

G 7–8

Provinz: Girona
Höhe: 87 m ü. d. M.
Einwohnerzahl: 18 000

Landeinwärts gelegenes Zentrum dreier berühmter Badeorte

Palafrugell, auf der Höhe von ▶ Girona und südwestlich von ▶ Begur, bildet mit den Küstenorten Tamariu, Llafranc und Calella de Palafrugell ein Zentrum des gehobenen Tourismus. Dabei ist es im 4 km landeinwärts gelegenen Palafrugell, das seinen frühen wirtschaftlichen Aufschwung vor allem der industriellen Korkverarbeitung verdankt, eigentlich ruhig geblieben. Hauptsächlich Tagesgäste von der Küste statten der Altstadt, in der man immer wieder schöne Jugendstilhäuser entdecken kann und in der auch noch Reste der alten Stadtmauer existieren, einen Besuch ab. Voll ist es vor allem auf dem lebendigen Sonntagsmarkt auf der recht großen Plaça Nova in der Stadtmitte, bei dem Vi negre, ein schwerer und

Zentrum dreier Badeorte (Fortsetzung)

dunkler Rotwein, ausgeschenkt wird. Als Besucher sollte man aber vermeiden, zu weit in die Stadt hineinzufahren, denn die meisten Gassen der Altstadt sind enge Einbahnstraßen oder gar Fußgängerzonen; Parkmöglichkeiten am Ortsrand gibt es genug. Südöstlich des Ortes führen Straßen zu den Stränden; Calella de Palafrugell ist über eine autobahnähnliche Schnellstraße rasch zu erreichen.

Sehenswertes in Palafrugell

Església Sant Martí

Wichtigstes altes Bauwerk ist die gotische Kirche Sant Martí, deren Fassade im Barock angefügt wurde. Auch der nicht vollendete Glockenturm entstand im Barock. Die reichen Wandgemälde im Innern des Gotteshauses stammen aus dem 20. Jahrhundert.

Fundació Josep Pla

Palafrugell ist die Geburtsstadt des Schriftstellers Josep Pla (1897 bis 1981), der in seinen Werken die Landschaft, die Menschen und das Brauchtum der Region beschrieb. Im Carrer Nou, 51, gleich neben seinem Geburtshaus, ist die Stiftung Josep Pla untergebracht; hier befindet sich auch die Privatbibliothek des Schriftstellers mit ca. 5000 Büchern (Öffnungszeiten: Sommer Di. – Sa. 10^{00} – 13^{00}, 17^{00} – 20^{30}, So. 10^{00} – 13^{00}; Winter Di. – Fr. 17^{00} – 20^{00}, Sa. 9^{30} – 13^{00}, 17^{00} – 20^{00}, So. 10^{00} – 13^{00} Uhr).

Museu del Suro

Östlich vom Zentrum zeigt im Carrer Tarongeta, 31, das Museu del Suro die vielseitige Verwendung der in der Umgebung gewonnenen Korkrinde. Es ist das einzige Museum zu diesem Thema in ganz Spanien (Öffnungszeiten: Sommer tgl. 10^{00} – 14^{00}, 16^{00} – 21^{00}; Winter Di. – Sa. 17^{00} – 20^{00}, So. 10^{30} – 13^{30} Uhr).

Umgebung von Palafrugell

***Küste**

Die Küstenlandschaft um Palafrugell mit ihren zahlreichen kleinen Buchten ist außerordentlich reizvoll. Hier zeigt sich die ganze wilde Schönheit der Costa Brava, und das Wasser gilt an diesem Küstenabschnitt als sehr sauber. Calella de Palafrugell war schon um 1900 Sommersitz reicher Familien aus Palafrugell und Barcelona. Heute haben sich hinter Calella Feriensiedlungen landeinwärts bis nach Parafrugell ausgedehnt, doch ist die Küste glücklicherweise nicht durch Bettenburgen und Hochhäuser verunstaltet. Die Badeorte selbst, in denen kleine und familiäre Hotels als Unterkünfte dominieren, konnten sich bis heute einen gewissen Charme vergangener Zeiten bewahren.

Tamariu

Tamariu, 6 km östlich von Palafrugell, ist eine kleine und überschaubare, schon ältere Ferienkolonie, die in einer Senke zwischen pinienbedeckten Bergen liegt. Der Strand ist zwar sehr klein und grobkörnig, aber flach und kinderfeundlich; in der allseits geschützten Bucht liegen viele kleine Sportboote, rechts und links ragen rötliche Konglomeratfelsen ins Meer. Gerade in seiner nicht ganz modernen und nicht ganz perfektionierten Art macht der idyllische und stets gut besuchte Ort einen sympathischen Eindruck. Mit dem Boot kann man von hier aus in die Meeresgrotten Cova del Bisbe und Cova d'en Gisbert fahren.

Ermita de Sant Sebastià

Südlich von Tamariu, in unmittelbarer Nähe von Llafranc, steht an der Steilküste die Ermita de Sant Sebastià. Die Zufahrt – in Richtung Palafrugell und dann an einer Straßengabelung links – ist schmal und ziemlich kurvenreich, gewährt aber herrliche Ausblicke auf die buchtenreiche Küste. Am Rand der Steilküste und 165 m ü. d. M. erhebt sich die Ermita. Von der schattigen Terrasse des Restaurants, das zur einstigen Einsiedelei gehört, führt ein Fußweg an der Steilküste hinab und scharf links zu der kleinen Grottenkapelle Divina Pastora und endet dann nach wenigen Schritten an einem exponierten Aussichtspunkt mit prachtvollem Blick über die Steilküste. Von der Ermita zieht sich ein Fußweg hoch über dem Meer am Klippenrand hin nach Norden und bis Tamariu. Wenige Schritte südlich unterhalb der Ermita steht ein 1857 errichteter Leuchtturm; von seinem Vorplatz genießt man einen herrlichen Blick hinunter auf die Buchten von Llafranc und Calella.

Tamariu – idyllischer Ort in einer geschützten Bucht

Tamariu (Fortsetzung)

Llafranc

Südlich von Tamariu und 4 km südöstlich von Palafrugell liegt der ebenso wie Tamariu sehr beschauliche, aber etwas größere Badeort Llafranc, der sich um eine kleine, halbmondförmige Bucht gruppiert. Im Sommer ist der kleine Sporthafen von Llafranc immer voll besetzt; nicht nur Segler kommen gern hierher, sondern auch Taucher, deren beliebtestes Revier die Ullastres sind, die Unterwasserberge vor der Punta del Pinell westlich von Llafranc.

***Calella de Palafrugell**

Calella de Palafrugell, 4 km südöstlich von Palafrugell (nicht zu verwechseln mit ► Calella in der Provinz Barcelona), ist der südlichste der zu Palafrugell gehörenden Badeorte. Das Städtchen, zu dem vom unmittelbar benachbarten Llafranc aus die sehr malerische Avinguda del Mar hinführt, ist der hübscheste und auch belebteste Küstenort bei Palafrugell. Im Ortskern findet man schmale Gassen und weiße Häuser; der Hafenbereich, wo die Häuser bis ans Wasser reichen und wo es Bars, Restaurants und kleine Läden gibt, ist ein beliebtes Fotomotiv. Der Sandstrand ist grobkörnig, schmal und

Calella de Palafrugell (Fortsetzung)

nicht besonders lang, dazwischen liegen Felsriegel, die weit ins Wasser hinausreichen; mit über 200 m Länge ist die Platja de Canadell, der nördlichste und Llafranc am nächsten gelegene Strand, die größte Bucht. Südlich von Calella führt ein schöner Küstenweg zu einer idyllischen, im Sommer aber auch gut besuchten Badebucht.

Beliebtes Fotomotiv – Calella de Palafrugell

Jardí Botànic de Cap Roig

Südlich etwas außerhalb von Calella erhebt sich das Cap Roig aus dem Meer. Auf der Landspitze ist ein reizvoller botanischer Garten mit tropischen und subtropischen Pflanzen zu finden, der sich bis in Meeresnähe ausdehnt und dessen Eingang ein Kastell in historischem Stil bildet. Angelegt wurde dieser Garten 1927 von einem zaristischen Stabsoffizier und seiner englischen Frau.

Palamós — G 7

Provinz: Girona
Höhe: Meereshöhe
Einwohnerzahl: 14 000

Zentrum des Segelsports mit geschichtsträchtigem Hafen

Palamós – im südlichen Drittel der Costa Brava, etwa auf halber Strecke zwischen dem 7 km entfernten ▶ Palafrugell im Norden und ▶ Sant Feliu de Guíxols im Süden – besitzt an seiner langen, weit geschwungenen Bucht einen ziemlich feinsandigen Strand, bietet Wassersportlern hervorragende Einrichtungen und gilt als Zentrum des Segelsports an der Costa Brava. Dennoch spielt der Tourismus im Wirtschaftsleben der Stadt nur eine zweitrangige

Rolle. Wirtschaftsfaktor Nummer eins ist immer noch der Handel, wichtigstes ökonomisches Standbein der Stadt der Fischerhafen, in dem jeden Tag am Nachmittag Fischauktionen stattfinden (ab 16⁰⁰ Uhr) und, wenn auch nun in geringerem Ausmaß, die für die Ausfuhr bestimmten Produkte der regionalen Korkverarbeitungsindustrie auf Schiffe verladen werden. Der Hafen der 1277 gegründeten Stadt hatte in der Vergangenheit zweimal große Bedeutung. Im Jahr 1299 begann von Palamós aus die Eroberung Siziliens unter Pedro de Aragón, und 1571 rückte hier unter dem Oberbefehl von Juan d'Austria die spanisch-venezianisch-päpstliche Armada aus, die dann in der Seeschlacht von Lepanto die bis dahin als unbesiegbar geltende türkische Flotte vernichtend schlug.

Zentrum des Segelsports (Fortsetzung)

Sehenswertes in Palamós

Altstadt

Die Altstadt und das Hafengelände liegen am östlichen Ende der Bucht, an der Platja de Palamós, an der eine breite, von Palmen und Platanen beschattete Promenade und eine stark befahrene Straße entlangführen. Im westlichen Bereich der Promenade sind auch die wichtigsten Hotelblocks und Apartmenthochhäuser zu finden. Im Nordwesten der Altstadt, die östlich des Hafens etwas erhöht auf einer kleinen Landzunge liegt, steht die Pfarrkirche Santa Maria del Mar, ein einfaches gotisches Gotteshaus (14. – 18. Jh.).

Hafengelände

Der kommerzielle Teil des westlich der Landzunge gelegenen Hafens ist nicht allgemein zugänglich. Östlich des Kaps mit der Altstadt liegt direkt am Schutzdeich der Sporthafen mit dem Club Nàutic. Alljährlich im Dezember findet vor der Küste von Palamós das "Christmas Race" statt, eine Regatta der Segler, die sich für die Olympischen Spiele qualifiziert haben.

Strände

Die städtische Platja de Palamós ist ein kilometerlanger, feinsandiger Strand, hinter dem die nicht gerade schönen Hotelhochhäuser aufragen und der ohne Unterbrechung in den Strand des Nachbarortes Sant Antoni de Calonge (s. u.) übergeht. Schöne, teilweise sehr ruhige Badestrände befinden sich nördlich von Palamós: u. a. die mit öffentlichen Verkehrsmitteln bequem zu erreichende Platja de la Fosca, ein hübscher Sandstrand mit einer Feriensiedlung im Hintergrund, und die rund 500 m lange, nur von Felsen und Pinien eingerahmte Platja de Castell ca. 2 km nördlich von Palamós, die feinen Sand zu bieten hat und wegen des hohen Wellengangs gern von Surfern aufgesucht wird. Erreichbar ist die Platja de Castell über ein Sträßchen, das von der C 255 abzweigt, oder über einen wunderschönen Fußweg, der von der Platja de la Fosca aus an einer Burgruine (Castell de Sant Esteve), der Steilküste und schattigen Pinienwäldern vorbeiführt.

Umgebung von Palamós

Sant Antoni de Calonge

Der Küstenort Sant Antoni de Calonge ist zwar mittlerweile mit dem nördlichen Palamós zusammengewachsen, bildet jedoch mit dem landeinwärts gelegenen Calonge eine Verwaltungseinheit. Dank seines weiten Sandstrandes konnte der Ort schon früh vom

Palamós (Fortsetzung)

florierenden Tourismusgeschäft profitieren; mit seinen vielstöckigen Ferienbauten unterscheidet sich Sant Martí kaum von der Nachbarstadt Palamós. Eigentlich verfügt der Badeort über zwei Strände, die Platja de Sant Antoni und die Platja de Torre Valentina, beide kilometerlang und mit mittelfeinem Sand. An der Platja de Sant Antoni sorgen vorgelagerte Wellenbrecher für ruhiges Wasser. Südlich der Platja de Torre Valentina dominieren nicht mehr breite Sandstrände, sondern – bis 4 km südlich von Sant Martí – stellenweise sehr idyllische Sand- und Felsenbuchten, darunter die Platja de Can Cristos, die teilweise nur zu Fuß und – von einem Fußweg an der Küste entlang – nicht selten über Treppen zu erreichen sind.

Calonge

Das ca. 5 km westlich von Palamós gelegene, 881 erstmals erwähnte mittelalterliche Städtchen Calonge (5000 Einw.), ein ziemlich ruhiger Ort am Fuß der Serra de les Gavarres, wird von dem erhöht im Stadtzentrum gelegenen alten Castell de Calonge beherrscht. Der viertürmige Bau aus dem 12. und 15. Jh. ist nicht zugänglich. Direkt links am Eingang zum Schlosshof befindet sich das kleine archäologische Museum (Museu arqueològic). In der Nähe steht die Kirche Sant Martí mit ihrer schlichten Barockfassade, über deren Portal man die Reliefdarstellung des hl. Martin erkennt. Eine architektonische Besonderheit im Ort ist die Gasse Càcul in der Nähe der Kirche. Rund 30 m dieser 50 m langen Gasse verlaufen unter Häusern; in diesem Tunnel, der einst ein Gewölbe gewesen sein soll, befinden sich ganz normale Hauseingänge.

Cova d'en Daina

Ca. 10 km hinter Calonge findet man nördlich des hübschen kleinen Dorfes Romanyà de la Selva in einem Korkeichenwald eine der bedeutendsten Steinzeitgrabanlagen Kataloniens, eine rund 4000 Jahre alte Kultstätte mit Dolmen und megalithischem Steinkreis. Romanyà de la Selva selbst wird gern wegen seiner ansprechenden Restaurants besucht.

Pals — G 7

Provinz: Girona
Höhe: 56 m ü. d. M.
Einwohnerzahl: 1700

Sehenswertes in Pals und Umgebung

*Pals

Pals und Peratallada (s. unten) besitzen mit die schönsten mittelalterlichen Ortskerne der Region. Das im 9. Jh. erstmals urkundlich erwähnte Pals liegt rund 5 km von der Costa Brava, auf der Höhe von ► Girona. Die auf einem Hügel über dem neuzeitlichen Straßendorf Pals gelegene ummauerte Altstadt wurde gründlich restauriert und bietet so den Anblick eines noch weitgehend intakten mittelalterlichen Gemeinwesens. Allerdings wirkt der alte, nur für Fußgänger zugängliche Ortskern mit seinen unverputzten Häusern aus ockerfarbenem Naturstein fast schon zu museal; die meisten Häuser sind nicht mehr bewohnt, es fehlt das Leben der sonst farblosen modernen Unterstadt. Dennoch macht es Spaß, durch die schmalen Gassen der unter Denkmalschutz stehenden Altstadt zu schlendern. Die restaurierte Ummauerung stammt aus dem Mittelalter; am höchsten Punkt des Ortes, an einem von Robinien beschatteten Platz, erhebt sich die Pfarrkirche Sant Pere, die romanische, gotische und barocke Stilelemente aufweist. Der Ort wird von einem isoliert stehenden, 15 m hohen Rundturm (Torre de les Hores) überragt. Dieser "Stundenturm", der bereits im 15. Jh. eine Uhr trug, ist das Überbleibsel der einst stolzen mittelalterlichen Burg Monteáspero. An der Nordseite der Ummauerung tritt man hinaus auf den Mirador Josep Pla, der nach dem katalanischen Schriftsteller benannt wurde, der sich hier gerne aufhielt. Von hier genießt man einen reizvollen Panoramablick.

Pals (Fortsetzung)

Strände

Nordöstlich, jenseits des Ortsteils Masos de Pals, erstreckt sich die feinsandige, über 4 km lange und recht breite Platja de Pals, an der man zahlreiche Campingplätze, Apartmentblocks und Villen vorfindet. Wirklich störend sind hier die Sendemasten der Radiostation "Radió Liberty". An der südlich benachbarten, über Felsen erreichbaren Platja de L'Illa Roja mit ihrem leuchtend gelben, groben Sand ist auch FKK üblich. Für Kleinkinder ist dieser Strand, an dem das Wasser schnell tief wird, nicht empfehlenswert.

Sant Julià de Boada

Rund 3 km nordwestlich von Pals und auf dem Weg nach Peratallada steht in dem Weiler Sant Julià de Boada eine kleine vorromanische Kirche, die zu den ältesten erhaltenen Gotteshäusern in Katalonien gerechnet wird. Den Schlüssel für die moderne Glastür, die einen Blick ins Kircheninnere erlaubt, verwahrt der ortsansässige Pfarrer (doch ist dieser oft unterwegs).

Pause im mittelalterlichen Städtchen Peratallada bei Pals

*Peratallada

Anders als Pals wirkt der 9 km westlich davon gelegene, noch fast ganz ursprünglich erhaltene, altertümliche kleine Ort Peratallada keineswegs museal bzw. künstlich. Den ruhigen, kaum überlaufenen stimmungsvollen Ort betritt man, wenn man von der Landstraße kommt, u. a. über eine alte Steinbrükke und durch ein Tor der Stadtmauer aus dem 12./13. Jh. An dieser Stelle ist das Städtchen durch einen in das weiche Gestein gehauenen Graben begrenzt. Die engen, gewundenen Gassen mit dem holprigen Kopfsteinpflaster sind teilweise gleichfalls in den gewachsenen Fels geschnitten; der Name Peratallada leitet sich auch von katalan. pedra tallada (gemeißelter Stein) ab. In den Gässchen, über die sich steinerne Bögen spannen, findet man viele liebevoll eingerichtete Geschäfte und Lokale. Das Zentrum des Ortes bildet die Plaça Major mit dem Castell de Peratallada, das nun ein Nobelhotel beherbergt.

Baedeker TIPP Gemütliche Bar

Einen Zwischenstopp lohnt die nette, von jungen Leuten geführte Bar Pou Dolç an der Plaça les Voltes mit Sitzmöglichkeiten auf dem Platz.

La Platja d'Aro — H 7

Provinz: Girona
Höhe: Meereshöhe
Einwohnerzahl: 5000

Massentourismus pur

Wer im Urlaub Badevergnügen an langen, gepflegten, aber überfüllten Sandstränden, ein turbulentes Nachtleben und sonstige Unterhaltung sucht, ist in La Platja d'Aro (span. Playa de Aro) – im südlichen Drittel der Costa Brava, auf halber Strecke zwischen ▶ Palamós und ▶ Sant Feliu de Guíxols – bestens aufgehoben. La Platja d'Aro gehört zu den bekanntesten Seebädern an der Costa Brava. Der ab den 1960er-Jahren entstandene Ort ist völlig vom Tourismus geprägt. Der goldgelbe Strand ist kilometerlang und relativ breit, und an touristischen Einrichtungen herrscht an diesem Küstenabschnitt kein Mangel. Bedenkt man, dass im Winter in La Platja d'Aro vielleicht 5000 Menschen leben, in der sommerlichen Hochsaison jedoch an die 100 000, dann kann man sich leicht vorstellen, dass sich hier ein Hochhaus an das andere reiht, dass hier Hotels und Ferienwohnungen, Einkaufszentren und sonstige Geschäfte, Restaurants, Bars und Diskotheken im Überfluss vorhanden sind. Mittlerweile wurde das Rathaus von Castell d'Aro (s. u.), dem ursprünglichen Verwaltungssitz von Platja d'Aro, in die Trabantenstadt verlegt und die Gemeinde in Castell-Platja d'Aro umbenannt.

Sehenswertes in La Platja d'Aro

Ortsbild

Die Hotelhochhäuser und Apartmentanlagen konzentrieren sich auf die unmittelbare Strandnähe. In der Ortsmitte, die zum großen Teil Fußgängerzone ist, fallen die niedrige Bebauung und die zurückhaltende Architektur angenehm auf.

Parc Aquàtic Aquadiver

An der Umgehungsstraße erstreckt sich der Wasserpark "Aquadiver" mit einem riesigen Wellenbassin, Thermalbecken, abenteuerli-

Die hübsche kleine Sandbucht Cala del Pi nördlich von La Platja d'Aro, ein Strandflecken für Genießer

chen Wasserrutschbahnen und einem speziellen Bereich für Kleinkinder (Öffnungszeiten: Juni – Sept. tgl. 10^{00} – 18^{00} / 19^{00} Uhr).

Parc Aquàtic Aquadiver (Fts.)

Strände

Die Platja Gran, ein feinsandiger, grobkörniger und goldgelber Strand, erstreckt sich über mehrere Kilometer bis zur Mündung des Riu Ridaura im Süden. Am Nordende des Hauptstrandes von Platja d'Aro findet man hinter einer Felsnase und entlang des Camí de Ronda, eines Küstenwegs nach Sant Antoni de Calonge (▶ Palamós, Umgebung), zahlreiche, teils sehr reizvolle Badebuchten, u. a. die Cala Rovira, Cala Sa Cova und Cala del Pi.

Umgebung von La Platja d'Aro

Castell d'Aro

Castell d'Aro, 3 km westlich von Platja d'Aro und ursprünglicher Verwaltungssitz von Platja d'Aro, ist ein stilles kleines Städtchen mit einem mittelalterlichen Kern. Von der Betriebsamkeit des Ortsteiles Platja d'Aro spürt man hier fast nichts. Zu der hoch gelegenen kleinen Kirche aus dem 11. Jh. führt von der Durchgangsstraße ein angenehm schattiger Treppenweg hinauf; die Kirche – insgesamt wenig bedeutend – besitzt ein Barockporträt. An die Kirche schließt das alte Kastell (Castell de Benedormiens), ebenfalls aus dem 11. Jh., an, das mehrfach zerstört wurde und nur noch Reste der Bollwerke aufweist. Ganz in der Nähe des Kastells, im historischen einstigen Rathaus des Ortes, ist das Museu de la Nina eingerichtet, in dem fast vierhundert Puppen aus aller Welt zu bewundern sind.

*S'Agaró

Das südlich von Platja d'Aro gelegene S'Agaró gehört noch zur Gemeinde Castell-Platja d'Aro. Von den in der Touristenhochburg Platja d'Aro herrschenden Treiben schotten sich die Villenbesitzer der südlich anschließenden, schon 1923 für wohlhabendere Zeitgenossen an einem felsigen, durch kleine Buchten gegliederten Küstenabschnitt angelegten Siedlung völlig ab. Lohnend sind ein Besuch der Strandpromenade, an der einige luxuriöse Jugendstilvillen stehen, und ein Rundgang auf dem Camí de Ronda de S'Agaró – beginnend beim Hostal de la Gavina, einem Hotel ersten Ranges – entlang der buchtenreichen Küste, an der sich schöne Villengrundstücke mit herrlich blühenden Gärten hinziehen. Auf diesem Rundweg erreicht man Richtung Norden zauberhafte Strände wie die muschelförmige, mehrere hundert Meter lange, von Felsenkaps geschützte Cala de Sa Conca.

El Port de la Selva — D–E 8

Provinz: Girona
Höhe: Meereshöhe
Einwohnerzahl: 1000

Idylle und heftige Winde

Der kleine Fischer- und Ferienort El Port de la Selva (span. Puerto de la Selva) liegt, ca. 15 km südlich der spanisch-französischen Grenze, auf der Nordseite der exponierten östlichsten Spitze der Iberischen Halbinsel. Das Städtchen erstreckt sich an einer nach Westen hin geöffneten, weit geschwungenen Bucht, die tief in das Land eingreift. Touristisches Treiben findet man in dem maleri-

Port de la Selva – von Windsufern und Tauchern sehr geschätzt

schen, unverbauten und ruhigen Ort bestenfalls während der Hoch-saison; denn die feinsandigen, jedoch recht bescheidenen Badestrände sind der Tramuntana ausgesetzt, welche kalte, z.T. sehr heftige Winde aus nördlicher Richtung bringt – was Windsurfer sehr schätzen –, darüber hinaus ist die kurvenreiche Anfahrt über Llança ziemlich mühsam. Dass El Port de la Selva sich aber als Ort eines gehobenen Tourismus versteht – Sporttaucher und Segler fühlen sich hier sehr wohl –, ist an den Preisen im Ort zu merken. Einen guten Ruf genießt die Gemeinde wegen der zahlreichen, auf Fischgerichte und Meeresfrüchte spezialisierten Restaurants an der Promenade.

Idylle und heftige Winde (Fortsetzung)

Baedeker TIPP **Kurven mit Weitblick**

Direkt ab El Port de la Selva kann man zwei sehr romantische Bergstraßen befahren. Die eine Route führt ins 12 km entfernte ▶ Cadaqués, die andere, 8 km lange Straße auf das hoch gelegene Kloster ▶ Sant Pere de Rodes. Beide Strecken sind sehr kurvenreich, gewähren jedoch eine fantastische Aussicht auf das Umland und die Wilde Küste.
Lohnenswert ist auch eine Fahrt entlang der Küste zur 15 km entfernten französischen Grenze; Kurven mit grandiosem Weitblick erwarten den Fahrer auf den letzten 5 km, zwischen Colera und dem Grenzort ▶ Portbou.
Haltemöglichkeiten für PKWs sind auf allen drei Strecken ausreichend vorhanden.

Sehenswertes in Port de la Selva

Ortsbild

Bauliche Entgleisungen sind in Port de la Selva nicht zu erwarten. Die weiß getünchten, teilweise sehr hübschen Häuser, die sich den Hügel hinaufziehen und zwischen denen sich enge Gässchen schlängeln, weisen höchstens zwei bis drei Stockwerke auf. Überragt werden die Häuser von der barocken Kirche Santa Maria de les Neus aus dem 18. Jahrhundert. Dass das Städtchen nicht nur vom Tourismus, sondern auch vom Fischfang gut leben kann, zeigt sich nachmittags an der Uferpromenade, an deren nördlichem Ende ein gut ausgestatteter Sporthafen liegt, wenn Fischer das Fanggut an Land bringen.

Strände

Der nicht sehr attraktive Stadtstrand von Port de la Selva, im südlichen Bereich der Bucht, weist groben Sand, stellenweise auch Kiesel und Steine auf. Ausweichmöglichkeiten sind die nördlich gelegene Platja del Pas und die Cala Tamariua, eine geschützte, kleine Bucht nordöstlich des Ortes.

Portbou

D 7–8

Provinz: Girona
Höhe: Meereshöhe
Einwohnerzahl: 2500

Grenzstation und Sterbeort von Walter Benjamin

Der einstige Fischerort Portbou (span. Port-Bou), die nördlichste Ortschaft der Costa Brava, liegt reizvoll in einer kleinen, von Ausläufern der Pyrenäen umsäumten Meeresbucht. Die Grenzstadt ist für Bahnbenutzer und Autofahrer, die von Frankreich aus an der Küste entlang nach Spanien einreisen, die erste Station in Katalonien. In

Der Grenzort Portbou mit seinem überdimensional großen Bahnhof

Grenzstation und Sterbeort von Walter Benjamin (Fortsetzung)

der Hochsaison herrscht in der Kleinstadt großer Trubel, wenn Tagestouristen aus benachbarten französischen Orten – vorwiegend wegen der niedrigen Preise in den Restaurants und für Alkoholika – die Straßen bevölkern. Abends jedoch ist die hübsche kleine Rambla mit den Bars und Restaurants in einheimischer Hand.
Traurige Berühmtheit erlangte der ansonsten bescheidene Ort im Kriegsjahr 1940, als sich hier der deutsch-jüdische Philosoph und Schriftsteller Walter Benjamin auf seiner Flucht vor den Nazis das Leben nahm (s. u.).

Sehenswertes in Portbou

Estació Internacional

Wer mit der Bahn von Frankreich über Portbou nach Spanien einreist, wird den Bahnhof des Grenzortes nicht nur kennen lernen, sondern muss hier auch einen längeren Aufenthalt einkalkulieren. Denn wegen der größeren Spurweite der spanischen Bahnen gegenüber der west- bzw. mitteleuropäischen Norm müssen Bahnreisende hier umsteigen; nur einige Luxuszüge wie der Talgo, die über Achsen verfügen, die sich strecken lassen, ersparen den Bahngästen die Umsteigeprozedur. Der prächtige, über dem Ort liegende Bahnhof mit dem gewölbten Dach ist aber auch für Autofahrer, die sich von Süden her Portbou nähern, unübersehbar, so sehr dominiert die riesige Estació Internacional Portbou mit ihrer Stahlkonstruktion und ihrer überdimensionalen Gleisanlage die kleine Stadt. Die grenzüberschreitende Eisenbahnlinie besteht seit 1872, der Bahnhof wurde aber erst 1929 anlässlich der in Barcelona stattfindenden Weltausstellung errichtet.

*Memorial Walter Benjamin

Auf dem Friedhof von Portbou wurde der in Berlin geborene deutsche Philosoph, Autor und Literaturkritiker Walter Benjamin (1882–1940), der zu den wichtigsten geschichtsphilosophischen und kunstsoziologischen Denkern des 20. Jh.s zählt, in einem Sammelgrab bestattet. Auf der Flucht vor den Nazis war der jüdische Gelehrte mit weiteren Flüchtlingen nach Internierung in Frankreich und nach gefahrvoller Überquerung der französisch-spanischen Pyrenäen im Grenzort Portbou gelandet. Obwohl Benjamin ein gültiges Visum für die USA vorweisen konnte, verwehrten ihm die spanischen Grenzbehörden die Weiterreise über die Iberische Halbinsel in die Vereinigten Staaten, nur weil in seinem Pass kein französischer Ausreisestempel eingetragen war. Die Flüchtlinge wurden in ein Hotel gesperrt und sollten am folgenden Tag an Frankreich ausgeliefert werden. Aus Angst, damit in die Hände der Gestapo zu fallen, beging Walter Benjamin am 27. September 1940 mit einer Überdosis Morphiumtabletten Selbstmord. Über diesen tragischen Tod sollen die spanischen Grenzer so erschüttert gewesen sein, dass sie den Leidensgenossen Benjamins sofort die Weiterreise über Spanien erlaubten.

Neben einer Gedenktafel auf dem Friedhof hoch oben über der Stadt, der in ca. 10 Min. zu Fuß von der Uferpromenade zu erreichen ist, ehrt in unmittelbarer Nähe des Cementeri Municipal eine im Jahr 1994 im Auftrag Deutschlands und Kataloniens vom israelischen Künstler Dani Karavan entworfene Gedenkstätte den deutschen Schriftsteller und Philosophen. Auch in Anlehnung an Benjamins unvollendet gebliebenes Hauptwerk – "Das Passagen-Werk" (entstanden 1927–1940, erschienen 1982) – heißt das Monument "Passagen", das die Ausweglosigkeit, die Benjamin in den Freitod trieb, symbolisieren und die Erinnerung an alle Emigranten wachhalten soll: Eine von eisernen Wänden flankierte Treppe führt auf eine steil abfallende Felsklippe und endet vor einer Glasscheibe, die einen herrlichen Blick auf die Brandung des Meeres freigibt – aber eben nur noch die Umkehr erlaubt. Auf der Glasscheibe steht die Inschrift: "Schwerer ist es, das Gedächtnis der Namenlosen zu ehren als das der Berühmten. Dem Gedächtnis der Namenlosen ist die historische Konstruktion geweiht."

Die vom israelischen Künstler Dani Karavan entworfene Gedenkstätte für den Philosophen und Schriftsteller Walter Benjamin

Portbou (Fts.)
Sala Walter Benjamin

Im Stadtzentrum, in der Avinguda de Barcelona, 7, ist im ehemaligen Gemeindehaus eine Sala Walter Benjamin eingerichtet – ein aus einem Raum bestehendes Museum mit Fotos und Erinnerungsstücken des deutschen Philosophen.

Strände

Die Platja Gran ist der Hauptstrand von Portbou und liegt direkt im Ort vor der Uferpromenade. Der aus dunklen Kieseln und Steinen bestehende Strand ist sehr schmal und ca. 300 m lang. Nördlich des Hauptstrandes befindet sich eine als Cala de les Rates oder Platja Tres Platgetes bekannte Bucht mit grobkörnigem, teils steinigem Strand, wo es etwas ruhiger zugeht als an der Uferpromenade. Die noch weiter nördlich gelegene, von Felsen geschützte Cala del Pi wird gern von FKK-Anhängern frequentiert. Südlich der Platja Gran und außerhalb des Ortes liegt an der Straße nach Colera (s. u.) die Platja de Chaper, die vom Mirador (Aussichtspunkt; 72 m ü. d M.) aus über eine verwinkelte Treppe erreicht werden kann. Wegen des beschwerlichen Ab- und Aufstiegs ist dieser nicht besonders lange Strand so gut wie nie überlaufen.

Umgebung von Portbou

Colera

Über die N 260, eine kleine, serpentinenartige Straße mit herrlicher Aussicht über die Küstenlandschaft erreicht man das 5 km südlich von Portbou und abseits der Durchgangsstraße gelegene Seebad Colera. Benannt ist das Fischerdörfchen, das in einem Talabschnitt liegt und von einer hohen Eisenbahnbrücke (Portbou – Barcelona) überspannt wird, nach dem romanischen Kloster Sant Miquel de Colera (10. Jh.); dessen Ruinen sind auf dem nahe gelegenen Puig d'Esquers (605 m ü. d. M.; rund 5 km landeinwärts) zu besichtigen. Die Hauptsehenswürdigkeit des etwas verschlafen wirkenden Ortes, in dem sich kaum ausländische Touristen blicken lassen, ist der Hauptplatz mit einer riesigen Platane und einigen Bars.
Das Meerwasser von Colera ist sehr sauber, die kleinen Strände sind jedoch recht steinig. Der Platja Colera, der Hauptstrand in der Nähe des bescheidenen Sporthafens, ist grobkieselig bis steinig. Über einen schmalen Fußweg gelangt man in die Bucht Platja de l'Engoixa, deren Strand aus grauen Kieseln und Steinen besteht. Noch weiter nördlich erreicht man den abgeschiedensten Strandabschnitt von Colera, dessen unruhiges Wasser aber kaum zum Baden einlädt. 3 km südlich von Colera liegt die Platja de Garbet, ein schmaler, 400 m langer Strand aus grobkörnigem Sand und Kieseln. Etwas südlich davon befinden sich auf der Nordseite des felsigen Cap Ras kleine, über Fußwege erreichbare Strandbuchten.

Ripoll

E 2

Provinz: Gerona
Höhe: 682 m ü. d. M.
Einwohnerzahl: 13 000

***Wiege Kataloniens**

Weit im katalanischen Landesinneren, an der Südrampe des Pyrenäengebirgszugs Collado de Ares, wo Riu Ter und Riu Freser zusammenfließen, wartet das von mittelständischer Industrie geprägte

Zum Schutz vor Umweltschäden befindet sich das Portal der romanischen Kirche von Ripoll heute hinter Glas.

Wiege Kataloniens (Fortsetzung)

und heute verschlafen wirkende Städtchen Ripoll mit einem der bedeutendsten Zeugnisse der spanischen Romanik auf, dem mitten im Ort gelegenen Benediktinerkloster Santa Maria. Wilfried der Haarige (Guifré el Pelos), Graf von Barcelona, gründete es im Jahr 888 am Ort einer westgotischen Kirche aus dem 6. Jahrhundert. Ausgestattet mit einer immensen Bibliothek, entwickelte es sich zu einem Brennpunkt des mittelalterlichen Geisteslebens, der Wissbegierige aus ganz Europa anzog. Unter ihnen war auch der Ordensmann Gerbert von Aurillac (um 940 – 1003), der spätere Papst Silvester II. Ripoll wird auch die "Wiege Kataloniens" (Bressol de Catalunya) genannt, denn der Konvent war Macht- und Kulturzentrum von Wilfried dem Haarigen, dem Gründer des Hauses Barcelona.

Sehenswertes in Ripoll

Monestir de Santa Maria

In der ersten Hälfte des 11. Jh.s drückte Abt Oliba dem Kloster seinen Stempel auf – sowohl geistig als auch durch seine Bautätigkeit. Unter ihm wurde das Kloster vergrößert, und es entstand eine fünfschiffige Basilika. Allerdings hat ein Brand 1835 nur wenig von ihr übrig gelassen, doch gibt die heutige Kirche (1883) an der Plaça d'Ajuntament den romanischen Raumeindruck recht gut wieder.

**Portal

Der bedeutendste Rest der romanischen Kirche ist das insgesamt gut erhaltene fünfbogige Hauptportal aus dem 12. Jh., das heute durch eine verglaste Vorhalle (13^{00} – 15^{00} Uhr geschlossen) gegen die zerstörerischen Einflüsse der Umwelt notdürftig gesichert ist. Es beeindruckt durch die überreiche Fülle bildlicher Darstellungen

Monestir de Santa Maria (Fortsetzung)

aus dem Alten und Neuen Testament und ist als "steinerne Bibel" bzw. "Ripoll-Bibel" bekannt. Im obersten Teil finden sich Szenen aus der Offenbarung des Johannes – der thronende Christus, flankiert von Engeln und den Evangelistensymbolen –, darunter links vom Portal Szenen aus dem Buch der Könige, rechts aus dem Buch Exodus, u.a. der Auszug des Volkes Israel aus Ägypten; im untersten Teil erkennt man König David, von Musikanten umgeben, und Fabelwesen. Die Figuren im Portal stellen die Heiligen Petrus und Paulus dar; im Portalbogen sieht man beider Martyriengeschichte, ferner Jonas mit dem Wal sowie im innersten Bogen Kain und Abel.

Innenraum

Das fünfschiffige Innere der Kirche strahlt düstere Erhabenheit aus; durch die Alabasterscheiben in den Seitenschiffen dringt nur wenig Licht. Das mächtige Chorhaupt besitzt je drei Nebenapsiden beiderseits der großen Hauptapsis. Im rechten Querhausarm befindet sich das Grabmal von Berengar III. († 1131), im linken dasjenige von Wilfried dem Haarigen.

Kreuzgang

Rechts vom Portal führen einige Stufen zum Kreuzgang aus dem 12. bis 15. Jahrhundert. Sein Figurenschmuck ist später entstanden als jener der Hauptfassade und auch kunsthistorisch nicht ganz so bedeutend.

Museu Etnògrafic

Die Kirche Sant Pere links neben dem Kloster ist zum Museu Etnògrafic umfunktioniert worden, um darin Exponate zur Geschichte und Volkskunde der Region, u.a. Waffen – Ripoll hatte eine bedeutende Waffenindustrie –, Keramik, Kunstgewerbe und Textilien auszustellen (z.T. wegen Renovierungsarbeiten auf unabsehbare Zeit geschlossen).

Die Kreuzabnahmegruppe von Sant Joan de les Abadesses ist eines der bedeutendsten romanischen Kunstwerke Kataloniens.

Auch der Modernisme, der katalanische Jugendstil, hat im Städtchen seine Spuren hinterlassen: Joan Rubió i Bellver baute die kleine Kirche Sant Miquel de la Roqueta und die Casa Bonada, beide im Stadtteil jenseits des Riu Ter.

Modernisme

Umgebung von Ripoll

Im Städtchen Sant Joan de les Abadesses (span. San Juan de los Abadesas), 10 km nordöstlich von Ripoll an der C 151, gründete Wilfried der Haarige ebenfalls ein Kloster. Dessen große, 1150 geweihte Kirche birgt ein bedeutendes romanisches Kunstwerk: die geschnitzte Kreuzabnahmegruppe, "el santissim misteri de Sant Joan de les Abadesses" genannt. In der späten Romanik (um 1250) entstanden, verrät sie bereits Anklänge der Gotik. Die Gruppe besteht aus Christus, Maria, den beiden Schächern (das Original des Guten Schächers allerdings wurde 1936 während des Spanischen Bürgerkriegs zerstört und durch eine Kopie ersetzt), den Heiligen Johannes und Nikodemus sowie Joseph von Arimathia. Sehenswert ist auch – im rechten Querhaus – der aus Alabaster gearbeitete gotische Marienaltar aus dem Jahr 1423 sowie der im 14. Jh. geschaffene Sarkophag des seligen Miró, Kanoniker von Sant Joan, mit dessen liegender Figur. Links neben der Kirchenhauptfassade öffnet sich die Pforte zum Kreuzgang mit seinen zierlichen gotischen Säulenarkaden und Kassettendecken. Das Klostermuseum zeigt vor allem Exponate aus dem einstigen Kloster und anderen Kirchen des Ortes, darunter Gemälde und Goldschmiedearbeiten.

*Sant Joan de les Abadesses

*Kreuzabnahmegruppe

Die gotische Steinbrücke des reizvollen Städtchens Camprodón, das liebevoll "Smaragd der Pyrenäen" genannt wird

***Camprodón**

Camprodón, ca. 25 km nordöstlich von Ripoll bzw. 14 km nordöstlich von Sant Joan de les Abadesses, ist der erste richtige Bergort der Provinz Girona und auch schon Wintersportzentrum. Wegen ihres reizvollen altertümlichen Kerns mit den engen Gassen und dicht gedrängten Häusern wird die Gemeinde auch "Smaragd der Pyrenäen" genannt. Hinter der Pfarrkirche am Hauptplatz steht etwas erhöht die im 11. Jh. auf den Fundamenten eines anderen Gotteshauses aus dem 10. Jh. errichtete einstige Klosterkirche. Sehenswert ist auch eine Brücke im gotischen Stil, die sich eindrucksvoll hoch über den Riu Ter wölbt.

Roses E 8

Provinz: Girona
Höhe: Meereshöhe
Einwohnerzahl: 13 000

Größtes Touristenzentrum der nördlichen Costa Brava

Roses (span. Rosas), im nördlichen Abschnitt der Costa Brava und am nördlichen Ende des gleichnamigen Golfes (Badia de Roses), ist das bedeutendste Touristenzentrum der nördlichen Costa Brava. Gegründet wurde Roses im 8. Jh. v. Chr. von Griechen – in Anlehnung an die Insel Rhodos, von wo die griechischen Siedler kamen – unter dem Namen Rhode. Nach den Griechen siedelten sich hier Römer an. Im Mittelalter war der Ort ein wichtiger Stützpunkt der katalanischen Kriegsflotte, zwischen dem 15. und 17. Jh. ein Zentrum der katalanischen Handelsschifffahrt. Auch heute spielt Roses als Hafen noch eine bedeutende Rolle. Hier liegt die größte Fisch-

Roses besitzt den längsten Sandstrand an der Costa Brava.

fangflotte der Costa Brava, nach Figueres ist Roses sogar das wichtigste Wirtschaftszentrum der Region. Das geschäftige Treiben der Fischer erlebt man vor allem jeden Freitag zwischen 17 und 19 Uhr, wenn im Fischereihafen südlich des Zentrums der Fischmarkt stattfindet. Dass Roses vorzügliche Fischrestaurants besitzt, versteht sich fast schon von selbst. Vom alten Fischerdorf ist sonst jedoch nicht mehr viel vorhanden. Zwar verfügt der Ort über eine hübsche Altstadt mit engen, kopfsteingepflasterten Gassen, doch die imponierendsten Bauten von Roses sind heute die zahlreichen Hotelhochhäuser und Apartmentblocks westlich und südöstlich des Zentrums (u. a. in der Feriensiedlung Santa Margarida westlich vom Ortskern, die in der Art einer Lagunenstadt angelegt und von Kanälen mit Bootsanlegern durchzogen ist) – und deren Bewohner erhöhen in der sommerlichen Hochsaison die Zahl der Menschen im Seebad auf das Sieben- bis Achtfache. Schließlich hat der Badeort ja einiges zu bieten. Roses liegt äußerst malerisch an einer weit geschwungenen Bucht, bekannt ist der Küstenort für spektakuläre Sonnenuntergänge, und mit seinem 4 km langen, ca. 45 m breiten, familienfreundlichen und hellen Sandstrand kann der Ferienkomplex den längsten Sandstrand der Costa Brava vorweisen. Aber nicht nur Wassersportler (allen voran Taucher und Segler) kommen hier auf ihre Kosten, auch Nachtschwärmer finden in Roses ein Paradies vor.

Baedeker TIPP Sardana

Auf der Plaça de Catalunya, dem Hauptplatz der Stadt, wird von Juni bis September jeden Samstagabend die Sardana, der katalanische Nationaltanz, getanzt.

Größtes Touristenzentrum der nördlichen Costa Brava (Fortsetzung)

Sehenswertes in Roses

Ciutadella

Nahe beim westlichen Stadtrand liegt das ummauerte, 39 000 m² große Gelände der einstigen Zitadelle, die Kaiser Karl V. (bzw. König Karl I. von Spanien) 1543 zum Schutz des Hafens errichten ließ. Von der alten Befestigungsanlage ist nur noch wenig erhalten, weite Teile wurden 1814 von napoleonischen Truppen gesprengt; von den beiden Toren steht nur noch das schöne Renaissancetor Porta de Mar. Am markantesten sind die Reste der romanischen Kirche Santa Maria, die zu einem frühchristlichen Begräbnisplatz gehörte und später Teil eines Benediktinerklosters war. Darüber hinaus finden sich auf dem Gelände noch Überreste einer griechischen Siedlung aus dem 4. und 3. Jh. vor Christus.

Castell de la Trinitat

Auf einer Erhebung südöstlich des Hafens wurde im 16. Jh. das Castell de la Trinitat errichtet, das mit seinen Kanonen vor Piratenüberfällen schützte. Von dem Fort sind nur noch Ruinen zu sehen.

Puig Rom

Ein schöner Blick auf die Stadt und die Bucht bietet sich vom Gipfel des südöstlich gelegenen Puig Rom (229 m ü. d. M.), auf den man mit dem Auto hinauffahren kann. In der Nähe der Aussichtsplattform wurden Reste einer westgotischen Siedlung aus dem 7. Jh. (Poblat Visigòtic de Puig Rom) entdeckt.

Parc Aquàtic Aqua Brava

Nordwestlich außerhalb der Stadt, an der Straße nach ▶ Cadaqués, liegt der Wasserpark Aqua Brava. Hauptattraktion des Freizeitzentrums sind sieben große Wasserrutschbahnen und das größte Wellenbad Europas sowie Wildwasserkanäle, mehrere Schwimmbe-

Baedeker TIPP **Menü mit 30 Gängen**

Das für seine kulinarischen Innovationen berühmte Restaurant "El Bulli" von Ferrán Adrià (▶ Baedeker Special, S. 34) liegt eine Bucht weiter nördlich von Roses und ist über eine gut geteerte Piste zu erreichen. Das Menü kostet zwar ca. 120 €, ist aber im Vergleich zu dem in vielen Edelrestaurants Gebotenen keineswegs überteuert und besteht immerhin aus 30 Gängen – Tapa-ähnlichen Kostproben, die keine Überraschungen auslassen. Die Kellner sagen die Gänge, für die insgesamt drei Stunden einkalkuliert werden müssen, an und erteilen Anweisungen, wie die einzelnen, anfangs meist befremdlich wirkenden Gerichte am besten zu genießen sind. Rund 30 Köche kümmern sich um maximal 50 Gäste. Kein Wunder, dass hier im Voraus reserviert werden muss – und zwar mindestens ein Jahr zuvor (El Bulli, Cala Montjoi, E-17480 Roses, ☎ 972 15 04 57, FAX 972 15 07 17, E-Mail: bulli@elbulli.com. Geschlossen: 4 Monate im Winter sowie Mo. und Di.).

cken, ein Kletterberg und Piratenboote (Öffnungszeiten: Juni – September, tgl. 10.00 – 19.00 Uhr).

Strände

Roses ist berühmt für seine ausgedehnten und gepflegten Strände. Der von einer rund 3 km langen Promenade, der längsten Strandpromenade der Costa Brava, gesäumte Hauptstrand Platja Gran verfügt über feinen hellen Sand; das sehr saubere Wasser wird nur allmählich tiefer. Wesentlich ruhiger als am Hauptstrand des Golfs geht es an den kleineren Stränden und in Strandbuchten südöstlich und östlich der Platja Gran zu, die mit Stadtbussen zu erreichen sind. Dazu zählen die Platja Canyelles Petites, die Platja Almadrava und vor allem die Cala Montjoi, die, ca. 8 km vom Zentrum entfernt, mit dem Auto anzufahren ist. Südlich von Roses erstreckt sich die Platja la Rovina, die zum Naturpark Aiguamolls de l'Empordà bei ▶ Empúriabrava gehört.

Sant Feliu de Guíxols — H 7

Provinz: Girona
Höhe: Meereshöhe
Einwohnerzahl: 17 000

Königin der Costa Brava

Das im Süden der Costa Brava, auf halber Strecke zwischen ▶ Palamós und ▶ Tossa de Mar gelegene und als Hauptstadt der Costa Brava angesehene Sant Feliu de Guíxols (span. San Feliú de Guixols) liegt schön in einer Bucht, besitzt eine angenehme Altstadt mit kleinstädtischem Treiben und kommt ohne hässliche Betonburgen und Hektik aus. Der elegante Badeort, der nicht ausschließlich vom Tourismus lebt, ist eine uralte Gemeinde. Schon der Ibererkönig Brigo soll angeordnet haben, in der Bucht eine Festung zu bauen. Viele Gebäude entstanden, als Sant Feliu Hauptausfuhrplatz der in dieser Gegend ansässigen Korkindustrie war. Benannt ist die Stadt, die sich selbst als "Königin der Costa Brava" bezeichnet, nach dem hl. Felix, der im Jahr 304 in der Bucht ertränkt worden sein soll.

Sehenswertes in Sant Feliu de Guíxols

Monestir

Der Rest des einstigen Benediktinerklosters, das Karl der Große, der hier die Mauren vertrieben hatte, gegründet haben soll und das 968 erstmals urkundlich erwähnt wurde, steht nahe beim Ortsein-

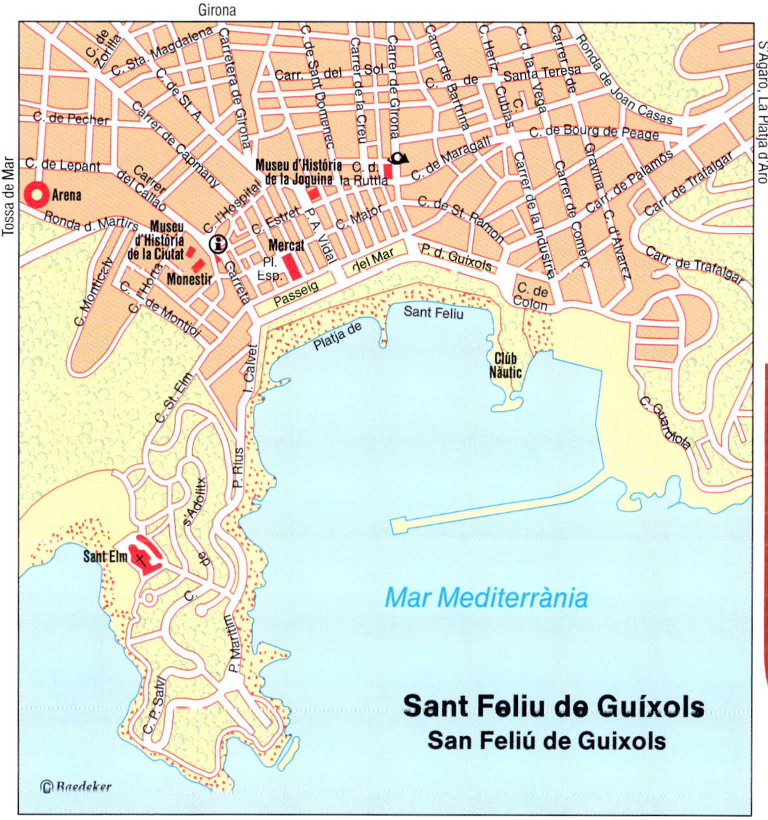

gang an einem großen Platz (Plaça del Monestir) und ist das bedeutendste Bauwerk der Stadt. An der Kirche befindet sich die Porta Ferrada (Hufeisenbogentor) aus dem 11. Jahrhundert. Es handelt sich um eine romanische Rundbogenvorhalle, hinter der sich die (heute versperrte) Eingangsfassade der Kirche verbirgt. Links davon erhebt sich die Torre del Fum (Turm der Rauchsignale), ein wehrhafter halbrunder Turm, der früher zur Stadtmauer gehörte; rechts steht ein Turmstumpf (Torre del Corn, Turm der Hornsignale) auf quadratischem Grundriss. Die beiden Türme dienten dazu, die Bevölkerung vor sich nähernden Feinden zu warnen. Das Kircheninnere (nur während der Messen geöffnet) betritt man, links an der Ummauerung entlang gehend, durch das linke Querhaus. Das jenseits des zweiten Langhausjochs dreischiffige Innere ist von einem gotischen Gewölbe überspannt; die Hauptapsis wird von zwei Nebenapsiden flankiert. Unmittelbar vor dem linken Querhausarm sieht man eine Kopie der Madonnenstatue vom Kloster ► Montserrat.

Monestir
(Fortsetzung)

Museu d'Història de la Ciutat

Auf dem Klosterplatz steht isoliert auch ein barockes Kirchenportal von 1747 (Arc de Sant Benet = Benediktusbogen). Im hinteren Gebäudetrakt zeigt das Museu d'Història de la Ciutat (Stadtgeschichtliches Museum) Funde aus iberischer, griechischer und römischer Zeit sowie mit Exponaten katalanischer Volkskunst. Eine Abteilung widmet sich der Seenotrettung, eine andere der Geschichte der Korkgewinnung und -verarbeitung in der Region (Öffnungszeiten: Juni – Sept. Di. – So. 11^{00} – 14^{00}, 18^{00} – 21^{00}; Okt. – Mai Di. – So. 11^{00} – 14^{00}, 17^{00} – 20^{00} Uhr).

Baedeker TIPP Ausgefallene Tapas

In der hübsch eingerichteten Bar "Eldorado Pintxos" in der Ramble Vidal, 17 – nur ein paar Meter von der Strandpromenade entfernt, in einem gelb angestrichenen Haus auf der linken Seite – werden "mondaditos" serviert, kleine Brotscheiben mit ausgefallenem, köstlichem Belag: u. a. Krebssalat, mit Schinken umwickelter Spargel, Garnelenspieß, Hühnchen und Schinken. Preis pro Montadito: 1 – 1,50 €. Großer Bar-Tresen, an warmen Tagen auch Straßencafé, sehr nettes Personal.

Passeig del Mar

An der breiten, von Platanen gesäumten und bereits 1834 angelegten Strandpromenade gibt es einige Restaurants mit Tischen im Freien, einen Park und etliche Villen im Stil des Modernisme, des katalanischen Jugendstils, so u. a. das Casino dels Nois von 1889 (heute ein Café, in dem sich gern ältere Herren treffen ▶ Foto unten) sowie die Casa Patxot (Haus Nr. 40), das heute die Industrie- und Handelskammer beherbergt. Im östlichen Bereich der Strandpromenade steht eine Lokomotive, die an die Zeit erinnert, als Sant Feliu de Guíxols und Girona – 70 Jahre lang und bis in die 1960er-Jahre hinein – durch eine Schmalspurbahn verbunden waren.

Das altehrwürdige Casino dels Nois in Sant Feliu de Guíxols

Auf dem westlich gelegenen Hauptplatz (Plaça del Mercat), dem ältesten Platz der Stadt, der von der Promenade nur durch dass große Rathaus getrennt ist, befinden sich der Obst- und Gemüsemarkt sowie die altertümliche Markthalle von 1930.

Plaça del Mercat

Das Museum der Geschichte des Spielzeugs in der Rambla Vidal, 48 – 50, einer der großen Querstraßen des Passeig de Mar, zeigt über 3000 Spielsachen aus der Zeit von 1880 bis 1980 (Öffnungszeiten: Juli – Sept. tgl. 10⁰⁰ – 13⁰⁰, 17⁰⁰ – 21⁰⁰; Okt. – Juni Di. – Fr. 10⁰⁰ bis 13⁰⁰, 16⁰⁰ – 19⁰⁰, Sa. 10⁰⁰ – 13⁰⁰, 16⁰⁰ – 20⁰⁰, So. 11⁰⁰ – 14⁰⁰ Uhr).

Museu d'Història de la Joguina

Am nicht allzu langen Strand entlang kommt man in westlicher Richtung zum Aussichtspunkt Mirador de Sant Elm auf dem 99 m hohen Puig Castellar, auf dem sich auch eine Einsiedelei (Ermita de Sant Elm) befindet und von wo aus man einen herrlichen Blick auf Stadt und Küste genießt. Auf der Berghöhe steht ferner ein Erinnerungsstein für den katalanischen Dichter Ferrán Agullo, der Ende des 19. Jh.s hier oben der Küste den Namen Costa Brava gegeben haben soll.

Mirador de Sant Elm

Der ziemlich kleine und nicht besonders schöne Stadtstrand schließt direkt an das Hafenbecken an, von dem er nur durch eine kurze Mole getrennt ist. Die Bucht ist links von der Hauptmole, rechts von einem felsigen Kap begrenzt. Einen ausgedehnteren Sandstrand bildet die 1,5 km nordöstlich gelegene Platja de Sant Pol. Dieser Strandabschnitt ist 1 km lang, gepflegt und grobsandig; im südlichen Abschnitt findet man schöne Jugendstilhäuser und eine alte Badeanstalt mit bunt bemalten Holztüren vor, die heute noch zum Umkleiden benutzt wird.

Strände

Baedeker TIPP Herrliche Küstenstraße

Von der kurvenreichen Küstenstraße von Sant Feliu de Guíxols nach Tossa de Mar (GI 682), einer der atemberaubendsten Panoramastrekken der Costa Brava, genießt man immer wieder herrliche Ausblicke auf das Meer, die Brandung, die zerklüftete Felsküste und abgeschiedene Buchten. Hier wird die Costa Brava ihrem Namen gerecht, ist sie eine "wilde Küste". Auf der 22 km langen Strecke gibt es mehrere Haltemöglichkeiten mit Aussichtspunkten. Manche der in den Fels eingeschnittenen malerischen Buchten sind von der Küstenstraße aus zu erreichen, andere jedoch nur vom Wasser aus. Eine der schönsten Buchten ist, etwa auf halber Strecke, die abgeschiedene, 200 m lange Cala del Senyor Ramón mit goldgelbem, grobem Sand, die auch zu den wenigen Strandabschnitten der Costa Brava zählt, wo FKK geduldet wird (Anfahrt: bis Kilometer 35 und dann den steilen Weg zum kostenpflichtigen Parkplatz hinunterfahren.

Umgebung von Sant Feliu de Guíxols

Westlich von Sant Feliu de Guíxols (5 km landeinwärts, Richtung Girona, beim Campingplatz "Balmaña" nach links) steht das berühmte Naturdenkmal von Pedralta: zwei aufeinander liegende

Pedralta

Sant Feliu de Guíxols (Fortsetzung)

Felsblöcke, von denen der obere, der "schwankende Stein", trotz seines Gewichtes von 80 Tonnen zu schweben scheint und geschaukelt werden kann, ohne dass er herunterfällt. Von hier oben hat man auch eine wunderbare Aussicht bis zur Küste. 1996 verlor der Stein sein Gleichgewicht und rutschte herunter; 1999 wurde der Felsbrocken wieder in seine ursprüngliche Lage gehievt.

Sant Pere de Rodes — E 7–8

Provinz: Girona
Höhe: 460 m ü. d. M.

**Bedeutendste Klosterruine der Costa Brava

Monestir Sant Pere de Rodes (span. San Pedro de Roda) ist die bedeutendste Klosterruine der Costa Brava und gehört zu den imposantesten Zeugnissen romanischer Architektur in Katalonien. Die Ruine des ehemaligen Benediktinerklosters liegt an der nördlichen Costa Brava südlich von ► Llança in der Serra de Rodes, deren Verlängerung als östlichste Halbinsel des spanischen Festlandes ins Mittelmeer vorspringt. Der Ausflug zum Kloster lohnt allein wegen der herrlichen Aussicht auf das Meer.

**Klosterruine

Über das Alter der Klosteranlage streiten sich die Experten. 879 wurde das Kloster erstmalig erwähnt. Manche Wissenschaftler vertreten die Ansicht, es sei auf den Fundamenten eines antiken Venus-

Imposantes Zeugnis romanischer Architektur – Sant Pere de Rodes

tempels errichtet worden. Seine große Blüte erlebte das einst reiche und mächtige, einer Trutzburg ähnelnde Kloster zwischen dem 11. und 13. Jahrhundert. Wichtige Persönlichkeiten pilgerten hierher und gaben großzügige Spenden, so dass die Benediktiner bald große Ländereien besaßen. Berühmt war die Schreibschule von Sant Pere, aus der im Mittelater prachtvoll illuminierte Handschriften hervorgingen, wie die "Bibel von Rodes", eine romanische Bibel aus dem 11. Jh., die sich heute allerdings in der Nationalbibliothek von Paris befindet. Ab 1300 sprechen Quellen von einer wachsenden Sittenlosigkeit der Mönche, die immer mehr dem Wein zusprachen und sich junge Frauen und Männer ins Kloster bringen ließen. Die wohlhabenden Pilger blieben fern, der Reichtum ging zurück. In späteren Jahrhunderten überfielen und plünderten Räuberbanden den Konvent; 1798 verließen die letzten Mönche das hoch gelegene Kloster.

Klosterruine (Fortsetzung)

Der bedeutendste Bauteil der Klosteranlage, die seit Jahren umfassend restauriert wird, ist die dreischiffige romanische Kirche, die 1022 geweiht wurde, deren Ursprünge aber auf das 8. Jh. zurückgehen und deren Stil somit als Vorläufer der katalanischen Romanik gilt. Ihr Tonnengewölbe wird als das früheste dieser Art angesehen. Tierköpfe und Bandornamente zieren die Säulenkapitelle, Figurengruppen schmücken verschnörkelte Säulen. Vom übrigen Figurenschmuck der Kirche ist nur wenig an Ort und Stelle verblieben, die besten Stücke sind heute im Museu Marés in ▶ Barcelona und in der Privatsammlung im Schloss von Peralada (▶ Figueres) zu finden. Von der Kirche führt ein enger Abstieg zur Krypta, deren Gräber bis ins 9. Jh. zurückreichen. Südlich des Gotteshauses schließen sich der doppelstöckige Kreuzgang und die Klostergebäude an; links vom Eingang, direkt an das Kirchenschiff angebaut, erhebt sich der Glockenturm, rechts der fensterlose Wehrturm, der den Mönchen bei Gefahr als letzte Bastion diente (Öffnungszeiten: Juni – Sept. Di. – So. 10^{00} – 20^{00} Uhr; Okt. – Mai Di. – So. 10^{00} – 17^{00} Uhr).
Im Kloster ist auch das Informationszentrum des Naturparks Cap de Creus untergebracht; angeschlossen sind ferner ein Restaurant mit Terrasse, die einen schönen Ausblick bietet, und ein kleiner Souvenirladen.

Castell Sant Salvador

Über dem Kloster erhebt sich in 670 m Höhe auf einem Berggipfel die alte Burgruine Castell Sant Salvador (10. – 13. Jh.), das nach einem halbstündigen Fußmarsch zu erreichen ist und von dem man eine prächtige Aussicht auf die Küste und das Meer genießt.

Tossa de Mar — H 6

Provinz: Girona
Höhe: Meereshöhe
Einwohnerzahl: 4000

**Perle der Costa Brava

"Das Beste von Tossa ist seine Luft, sein Licht, sein Profil, seine Farbe, sein Leben...", schrieb einmal der katalanische Schriftsteller Josep Pla (1897 – 1981) über Tossa de Mar. Marc Chagall verbrachte einige Monate hier und nannte das Städtchen liebevoll das "blaue Paradies". Tossa de Mar – im südlichsten Teil der Costa Brava gelegen, rund 20 km nordöstlich von ▶ Blanes bzw. 22 km südwestlich

Perle der Costa Brava (Fortsetzung)

von Sant Feliu de Guíxols – ist tatsächlich einer der schönsten Orte an der Costa Brava und eins der Wahrzeichen der Wilden Küste. Es ist malerisch zwischen großenteils bewaldete Bergzüge gebettet, hat gute Strände, eine hübsche Uferpromenade und eine ebenso attraktive Altstadt, die sich rühmen darf, eine der schönsten Spaniens zu sein. Tossa ist schließlich auch die einzige an der Küste Kataloniens gelegene befestigte mittelalterliche Siedlung. Kein Wunder, dass der Ort seit der Zeit um 1900 wegen seiner reizvollen Lage und wegen dieser Altstadt von Künstlern, besonders von Malern, sehr geschätzt wird. 1951 diente Tossa sogar unter dem Fantasienamen "Porta Esperanze" (Hafen der Hoffnung) als malerische Kulisse für den englischen Spielfilm "Pandora und der fliegende Holländer" mit Ava Gardner und James Mason in den Hauptrollen. Auch heute zählt die Stadt zu den beliebtesten und meistbesuchten Orten an der Costa Brava. In einem etwas jüngeren Altstadtteil – einem weitläufigen, sehr verwinkelten Viertel mit engen Straßen (z. T. Fußgängerzone) direkt neben der eigentlichen Altstadt – sind zahlreiche Bars, Restaurants und Souvenirläden sowie einige Hotels zu finden; in den Außenbezirken haben sich Feriensiedlungen ausgedehnt.

Perle der Costa Brava (Fortsetzung)

Sehenswertes in Tossa de Mar

****Oberstadt (Vila Vella)**

Sehr reizvoll ist die unter Denkmalschutz stehende Oberstadt, die die Höhe eines kleinen kegelförmigen Vorgebirges einnimmt. Sie ist von einer sehr gut erhaltenen Mauer (12. – 14. Jh.) mit mehreren Wehrtürmen umzogen. Die meisten der 80 Natursteinhäuser sind heute noch bewohnt. In den engen Gassen der Oberstadt und erreichbar oft über steile Treppenwege findet man immer wieder hübsche Lokale, teilweise auch mit Terrasse. Im oberen Teil steht die Ruine der gotischen Kirche Sant Vincenç, und am höchsten Punkt erhebt sich ein Leuchtturm, von wo aus sich ein fantastischer Blick auf Meer und Küste bietet.

Museu Municipal

Über einer kleinen felsigen Bucht an der Südseite des Vorgebirges ist mitten in der Altstadt in einem gut restaurierten mittelalterlichen Haus das Museu Municipal de Tossa de Mar (Städtisches Museum) zu finden. Es enthält zum überwiegenden Teil moderne Kunst der Region, aber auch Werke von Marc Chagall, Olga Sacharow und Oscar Zügel. Prunkstück des Museums ist das Bild "Der himmlische Violinspieler", das Marc Chagall 1934 hier malte. Gezeigt werden ferner ein Mosaik aus der alten Römersiedlung in der heutigen Unterstadt, Funde aus dem Neolithikum, Steinwerkzeuge,

Im Jahr 1951 diente Tossa de Mar als malerische Filmkulisse, heute landen hier Touristenboote.

Tossa de Mar (Fortsetzung)

Terra Sigillata, Gebrauchskeramik und Münzen (Öffnungszeiten: Sommer Mo.–Sa. 10 00 – 20 00; sonst Di–Fr. 11 00 – 13 00, 15 00 – 17 00, Sa.–So. 11 00 – 17 00 Uhr).

Vila Romana

Nahe dem westlichen Ortsrand, an der Avinguda del Pelegrí, wurden erste Reste einer Römersiedlung aus dem 1.–5. Jh. freigelegt. Erhalten sind u.a. etliche Gebäudefundamente und Mosaiken. Ein Ende der Ausgrabungsarbeiten ist noch nicht abzusehen.

Strände

Tossas Hauptstrand, die von vielen Restaurants gesäumte Platja Gran, ist 400 m lang, hufeisenförmig und grobsandig. In der Hochsaison geht es hier ziemlich lebhaft zu. In die Umgebung, vor allem zu den nicht unmittelbar im Ortsbereich gelegenen Badestränden an der überwiegend felsigen Küste, führen gekennzeichnete Spazier- und Wanderwege. Hier finden sich auch lohnende Reviere für Schnorchler und Gerätetaucher: im Norden die kleine Platja del Reig und der Strand Mar Menuda – der zweite Hauptstrand von Tossa, gegenüber der Insel L'Illa, mit grobkörnigem Sand – sowie im Süden direkt am Fuß der Altstadt die ca. 90 m lange Platja Es Codolar mit grobkörnigem Sand und etwas beschwerlichem Zugang.

Ullastret / Poblat Ibèric — F–G 7

Provinz: Girona
Höhe: 49 m ü. d. M.

***Iberische Ausgrabungsstätte**

Rund 500 m nördlich des kleinen, landeinwärts gelegenen Dorfes Ullastret an der GI 644 und in der Mündungsebene des Riu Ter, nordwestlich von ▶ Palafrugell, befindet sich das berühmte Poblat Ibèric (span. Poblado Ibérico), eine ausgegrabene Iberersiedlung, die die größte ihrer Art im Nordosten Spaniens darstellt. Das die archäologische Stätte umgebende Gelände ist zum größten Teil parkähnlich gestaltet und mit Pinien, Zypressen und Hartlaubgewächsen bepflanzt. Nach dem Kauf einer Eintrittskarte darf man auf den Parkplatz im Gelände fahren (Öffnungszeiten Juni–Sept. Di.–So. 10 00 – 20 00; Okt.–Mai Di.–So. 10 00 – 14 00, 15 00 – 18 00; Uhr).

*Grabungsstätte

Geschichte

Die auf einem bereits im Paläolithikum bewohnten Hügel angelegte und von einem See umgebene Iberersiedlung wuchs vermutlich seit dem 7. Jh. v. Chr. heran. Grabungsfunde haben erwiesen, dass die Iberer, die Ureinwohner des Landes, hier schon im 6. Jh. v. Chr. rege Handelsbeziehungen mit Phöniziern, Etruskern und Griechen unterhielten. Auf vorwiegend griechischen Einfluss ist es zurückzuführen, dass die Iberer in Stein zu bauen begannen und den Gebrauch der Töpferscheibe übernahmen. An der Wende vom 5. zum 4. vorchristlichen Jahrhundert stand die inzwischen wehrhaft ummauerte Stadt auf der Höhe ihrer Entwicklung und ihres wirtschaftlichen Wachstums. Doch die bereits übermächtig gewordene Konkurrenz der nahen griechischen Gründung Emporion (▶ Empúries) und der Vormarsch der Römer, gegen die sich die Iberer mit den Karthagern verbündeten, läutete den Niedergang ein, so dass die Stadt im 2. Jh. v. Chr. aufgegeben wurde. Sie blieb vergessen, erst im Jahr 1947 setzten systematische Grabungsarbeiten ein. Bis ins 19. Jh. breitete sich um das hoch gelegene Ruinenfeld ein See aus, der zwar trockengelegt wurde, aber nach besonders ergiebigen Niederschlägen wird das umliegende Land noch heute gelegentlich überflutet.

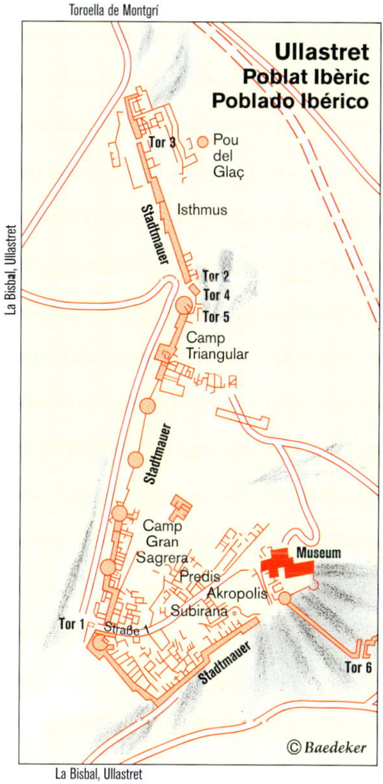

Stadtmauer und Siedlung

Erhalten geblieben ist vom Poblat Ibèric die durch sechs große Rundtürme verstärkte westliche, mächtige, 4–5 m hohe Stadtmauer mit sechs Toren. Vom Tor 1 zieht die breite gepflasterte Straße 1 zur Oberstadt (Akropolis), auf deren höchstem Punkt das Museum steht; links davon liegt der "Predis subirana" genannte Siedlungsbezirk. An einigen Stellen sind große Schächte senkrecht in den Boden getrieben, die als Vorratskammern für Getreide dienten. Im Bereich der Oberstadt wurden die Reste zweier Tempel freigelegt. Auf dem weiter nördlich gelegenen Camp Triangular fand man Gegenstände aus dem 5. und 4. Jh. v. Chr., also aus der Hochblüte der Stadt. Der Isthmus, ein schmaler Höhenrücken, führt schließlich zu den auf der Illa d'en Reixac, einer Insel im einstigen See, gelegenen Ortsteilen.

Museu

Das Museum auf der höchsten Stelle der Oberstadt zeigt u. a. Ackergerät und Waffen aus iberischer Zeit sowie ein Modell des Grabungsgeländes, aber auch etliche menschliche Schädel, die teils von Exekutierten stammen, teils Trepanationsspuren (Spuren von Schädelbohrungen) aufweisen. Die Ausstellung gibt Aufschluss über die Verbreitung der Iberer in Katalonien, die Siedlungsstruktur, die wirtschaftlichen Tätigkeiten und die Bestattungsriten. Sehenswert ist auch eine Folie mit Schriftzeichen der Iberer. Was auf der Folie geschrieben steht, weiß man jedoch nicht; die aus 28 Zeichen bestehende iberische Schrift konnte bislang noch nicht entschlüsselt werden. Die Beschreibung der Exponate im Museum erfolgt nur auf Katalanisch, doch am Eingang liegen Ringbuchhefte mit Erklärungen auch auf Deutsch aus.

Umgebung von Ullastret

Púbol
*Casa-Museu Castell Gala Dalí

Im knapp 15 km westlich von Ullastret – und westlich der C 255 – gelegenen verschlafenen Weiler Púbol schenkte Salvador Dalí seiner Muse Gala das örtliche, aus dem 14. Jh. stammende Land-

Vorratsschächte in Ullastret

schlösschen und gestaltete es aus, u.a. mit eigenhändig gemalten Gala-Initialen an den Türen und spinnenbeinigen Elefanten im Garten. Im Innern des Schlosses, das neben ▶ Figueres und Port Lligat (▶ Cadaqués), anderen Wohnorten Dalís, zum "surrealistischen Dreieck" gehört, sind u.a. originelle Einrichtungsgegenstände sowie die hoch eleganten Kleider und üppigen Schminkutensilien von Dalís Muse zu sehen. Die über 70 Jahre alte Gala soll sich hier mit jungen Männern vergnügt haben und gestattete ihrem Gemahl Besuche nur nach schriftlicher Anmeldung. In der Remise steht der Cadillac, in dem der exzentrische Künstler im Jahr 1982 seine tote Frau von Port Lligat, wo sie gestorben war, auf dem Rücksitz hierher chauffierte. Sie ist im Untergeschoss begraben. Dalí wohnte anschließend selbst im Schloss, bis er bei einem Brand 1984 schwer verletzt wurde und wieder in seinen Geburtsort Figueres zog (Öffnungszeiten: März – Okt. Di. – So. 10^{30} – 17^{30}, Mitte Juni – Mitte Sept. tgl. bis 19^{30} Uhr).

La Bisbal

10 km südwestlich von Ullastret, an der C 255, liegt La Bisbal, ein Zentrum der Keramikindustrie und Sitz der Escola de Ceramica (Kunsthochschule für Keramik). Überall im Stadtbereich, insbesondere an der Ausfallstraße Carrer de l'Aigüeta, gibt es Läden mit einer Palette an Produkten, von schlichter, ästhetischer Ware bis hin zum Kitsch. Sehenswert im touristisch nicht herausgeputzten Ort sind eine zweibogige mittelalterliche Brücke (Pont Vell) über den Riu Daró und die romanische Burg im Ortskern mit einm wehrhaften Turm (12. Jh.), die einst Sitz der Bischöfe von La Bisbal war.

Monells

Etwa 5 km nordwestlich von La Bisbal befindet sich das winzige Dorf Monells, das über einen restaurierten mittelalterlichen Kern mit einem wunderschönen dreieckigen Marktplatz verfügt. Der Ort wird auch gern wegen seiner hervorragenden Restaurants besucht.

Vic — G 2

Provinz: Barcelona
Höhe: 484 m ü. d. M.
Einwohnerzahl: 30 000

***Stadt mit bedeutenden romanischen Kunstwerken**

Vic (span. Vich), Hauptstadt des Kreises Osona, liegt in einem weiten Tal knapp 60 km nördlich von ▶ Barcelona. Das Ausa der Römer, schon seit 616 Bischofssitz, verfügt über eine gut erhaltene Altstadt, die von einer Mauer umgeben ist und um die sich eine Ringstraße zieht. Hervorzuheben ist die Sammlung romanischer Kirchenmalereien im Bischöflichen Museum, die bedeutendste

Kollektion Spaniens nach derjenigen des Museu d'Art de Catalunya in ▶ Barcelona. Vic ist den Spaniern nicht zuletzt als Heimat des Philosophen, Mathematikers und Publizisten Jaume Balmes (1810 bis 1848) bekannt, der einen herausragenden Beitrag zur katholischen Staatslehre leistete und als wichtigster spanischer Neuscholastiker gilt.

Romanische Kunstwerke (Fts.)

Baedeker TIPP Bratwürste aus Vic

Wer Hunger verspürt, sollte einmal eine Botifarra probieren – Vic ist berühmt für diese typisch katalanischen Bratwürste, die samstags auch auf dem Markt auf der stimmungsvollen Plaça Major feilgeboten werden.

Sehenswertes in Vic

**Plaça Major

Vic lohnt allein wegen seiner hübschen Plaça Major einen Besuch, einem Platz, der neben der Plaza Mayor von Salamanca zu den schönsten Marktplätzen Spaniens zählt und der von Häusern im gotischen, barocken und modernistischen Stil umgeben ist. Trotz ihrer formalen Unterschiede bilden die Gebäude mit ihren Arkadengängen ein Gesamtwerk von großer Geschlossenheit. Auf dem mit Sand bedeckten Platz findet allwöchentlich ein Markt statt, für das leibliche Wohl sorgen zahlreiche Straßencafés.

La Seu

Die am Rande der Altstadt stehende Kathedrale (La Seu) wurde im Jahr 1040 gegründet, aber 1803 bis 1821 grundlegend erneuert und nach schwerer Beschädigung im Bürgerkrieg (1936) wiederhergestellt. Fast sämtliche Wände bedeckte der Maler Josep María Sert zwischen 1926 und 1930 – und nach den Schäden von 1936 erneut –

Pont Romànic und Kathedrale von Vic

Vic ist bekannt für seine Delikatessen, vor allem für seine Wurtsorten.

La Seu (Fts.)

***Alabasteraltar**

über und über mit monumentalen religiösen Gemälden, die ihre barocken Vorbilder nicht verleugnen können. Nahe beim Eingang sind in einem barocken Silbersarkophag aus dem 18. Jh. die sterblichen Überreste des Lokalheiligen Bernat Calbó bestattet. Im Chorumgang findet sich das wertvollste Stück der Kathedrale, das wie durch ein Wunder die Zerstörung der Kirche im Bürgerkrieg überstanden hat: der farbig gefasste und reich vergoldete gotische Alabasteraltar von Pere Oller (15. Jh.), dessen zentrale Figuren Maria mit dem Kinde und der hl. Petrus sind. In der Mitte des Kreuzganges, der Stilelemente der Romanik, Gotik und Renaissance aufweist, steht das bombastische Grabmonument für Jaume Balmes (siehe oben), der zeitweise Berater von Papst Pius IX. war. Die Krypta stammt aus dem frühen 11. Jh. und enthält z. T. Bauglieder westgotischen und arabischen Ursprungs.

***Museu Episcopal**

Nordöstlich der Kathedrale steht – am Plaça Bisbe Oliva – das neu umgebaute Bischöfliche Museum (Museu Episcopal), das über etwa 20 0000 Exponate verfügt. Dazu gehören mittelalterliche Malerei und Bildhauerei, vor- und frügeschichtliche Funde, römisches Kunsthandwerk, Goldschmiedekunst, Glas- und Keramikwaren, religiöse Trachten, Wandteppiche sowie schmiedeeiserne Gegenstände. Unter der Sammlung romanischer Kunst, wozu Wandgemälde, Holzschnitzereien, Fresken und Altarbilder zählen, ragen die um das Jahr 1123 entstandene geschnitzte Kreuzabnahme-Gruppe aus Erill la Vall, die Muttergottes von Veciana (um 1250) und Fresken aus dem Vall de Ribès heraus (Öffnungszeiten: Sommer Di – Sa. 10^{00} – 19^{00}, So. 10^{00} – 14^{00} Uhr; im Winter werktags kürzere Öffnungszeiten).

Umgebung von Vic

*Serra de Montseny

Im Südosten von Vic lohnt sich der Ausflug in das rund 300 km² große waldbedeckte Massiv der Serra de Montseny, das im Turó de l'Home 1712 m Höhe erreicht und damit die höchste Erhebung des Katalonischen Küstengebirges darstellt. Wegen der weiten Laub- und Nadelwälder, der hohen Gipfel und verschlungenen Täler, der idyllisch gelegenen Bergseen und hübschen Bergdörfer wird die Serra de Montseny schon seit Beginn des 20. Jh.s "spanische Schweiz" genannt. Seit 1978 ist das Massiv mit seiner reichen Fauna und Flora (u. a. etwa 1300 Blumen- und Pflanzenarten, an die 700 Pilzsorten sowie 30 Reptilienarten und 200 Vögel) Naturschutzzone. Neben der Land- und Forstwirtschaft bildet auch der Tourismus eine wichtige Einnahmequelle, denn der in diesem Gebiet befindliche Naturpark ist eine geschätzte Wanderregion mit gut ausgeschilderten Wegen und Berghütten.

Baedeker TIPP Idyllische Bergstraßentour

Von Tona, ca. 8 km südlich von Vic, windet sich die landschaftlich außergewöhnlich schöne BV 5303 mit wunderbaren Ausblicken südöstlich bis zur Autobahn A 7. Über das etwa 3 km nordöstlich gelegene Sant Celoni gelangt man auf die nordwestlich führende, ebenfalls kurvenreiche und sehr idyllische BV 5114, die etwa auf der Höhe von Tona in die gut ausgebaute C 25 mündet, die zurück nach Vic führt. Die Gesamtlänge der Strecke beträgt ca. 110 km.

Santa Fe del Montseny

Etwa auf halber Höhe der Bergstraße BV 5114 (▶ Tipp, S. 168) liegt das Dorf Santa Fe del Montseny (1100 m ü. d. M.), das sich um eine einstige Abtei herum entwickelt hat und ein gutes Standquartier für Wanderungen, z. B. zum Bergsee Pantà de Vallforners, ist. Westlich von Santa Fe del Montseny erhebt sich der Turó del Home, auf dessen Gipfel sich eine meteorologische Station und der anlässlich der Weltausstellung von 1929 in Barcelona errichtete norwegische Pavillon (heute eine Bar) befinden. Auf dem Turó del Home gibt es Parkmöglichkeiten nur für drei Personenkraftwagen; sind alle drei Stellplätze besetzt, ist eine Zufahrt per Pkw nicht möglich. Von hier oben aus genießt man einen prächtigen Ausblick auf die umliegende Landschaft – an klaren Tagen sogar bis zu den Pyrenäen und bis zur Insel Mallorca.

Turó del Home

CAL
ROS

Praktische Informationen

Praktische Informationen von A bis Z

Anreise

Mit dem Auto

Für die Anreise mit dem Auto empfiehlt sich die Fahrt über die gebührenpflichtige französische Autobahn durch das Rhône-Tal und über Perpignan zum französisch-spanischen Grenzübergang Le Perthus / La Jonquera (Autobahn A 9 / A 7). Auf der ebenfalls gebührenpflichtigen spanischen Mittelmeerautobahn (A 9) gelangt man dann über Girona bis nach Barcelona. Wer die Küstenstraße vorzieht, muss den Grenzübergang Cerbère / Portbou passieren.

Mit dem Bus

Touringbusse (Europabusse) der Deutschen Touring Gesellschaft verkehren von mehreren deutschen Städten nach Figueres, Girona, Lloret de Mar und Barcelona.

Deutsche Touring Gesellschaft
Am Römerhof 17
D-60486 Frankfurt am Main
☎ (0 69) 79 03 50
FAX (069) 79 03 219
service@deutsche-touring.com

Mit dem Flugzeug

Aus Deutschland, Österreich und der Schweiz bestehen direkte Verbindungen im Charter- und Linienverkehr zum Flughafen von Barcelona, der sich südlich des Stadtgebietes befindet. Nachteil dieses Flughafens ist die im Vergleich zu Girona deutlich längere Anreisezeit zur Costa Brava. Der eher regional orientierte, kleine Flughafen von Girona (nordöstlich von Barcelona und damit wesentlich näher an der Costa Brava) wird nur im Charterverkehr angeflogen.

Mit der Bahn

Bahnreisen nach Spanien sind meist mit ein- oder mehrmaligem Umsteigen verbunden. Die Bahn verkehrt über Genf und Südfrankreich nach Cerbère / Portbou. Wegen der unterschiedlichen Spurweite der Schienen muss man – außer bei Fahrten in Zügen mit verstellbaren Fahrgestellen – den Zug an der französisch-spanischen Grenze wechseln. Autoreisezüge von Deutschland aus verkehren nur bis zur südfranzösischen Stadt Narbonne.

Deutschland

Deutsche Bahn ReiseService
☎ (01805) 99 66 33
www.bahn.de

Spanien

RENFE
☎ (0034) 913 28 90 20
www.renfe.es

◀ **Das malerische jüdische Viertel von Girona lädt nicht nur zum Flanieren, sondern auch zum Essengehen und Shopping ein.**

Apotheken

Apotheken (farmàcies) sind durch ein grünes oder rotes Malteserkreuz auf weißem Grund gekennzeichnet. **Hinweisschild**

In der Regel sind Apotheken Mo. – Fr. 9^{30} – 13^{30} und 16^{30} – 20^{00} sowie Sa. 9^{00} – 12^{30} Uhr geöffnet. Außerhalb dieser Zeiten Dienst habende Apotheken nennt der an jeder Apothekentür aushängende Anschlag, der auch in den Tageszeitungen unter der Rubrik "Farmàcíes" bzw. "Farmacias" abgedruckt ist. **Öffnungszeiten**

Ärztliche Hilfe

Vor einem Spanien-Aufenthalt empfiehlt es sich, die neuesten Bestimmungen bei der zuständigen Krankenkasse zu erfragen und dort einen Auslandskrankenschein zu erbitten. Ratsam ist der Abschluss einer privaten Auslandskrankenversicherung, da diese im Notfall auch die Kosten für einen Rücktransport übernimmt.

Auskunft

Auskunft

Internet

www.tourspain.es
Website der spanischen Fremdenverkehrsbehörde

Weitere Internetadressen:
► Internet

In Deutschland

Spanisches Fremdenverkehrsamt
Kurfürstendamm 180
D-10707 Berlin
☎ (030) 8 82 65 43
FAX (030) 8 82 66 61
E-Mail: berlin@tourspain.es

Grafenberger Allee 100
D-40237 Düsseldorf
☎ (0211) 6 80 39 80
FAX (0211) 6 80 39 85
E-Mail: dusseldorf@tourspain.es

Myliusstr. 14
D-60323 Frankfurt am Main
☎ (069) 72 50 33
FAX (069) 72 53 13
E-Mail: frankfurt@tourspain.es

Schubertstr. 10
D-80336 München
☎ (089) 530 74 60
FAX (089) 532 86 80
E-Mail: munich@tourspain.es

Prospektversand:
☎ (06123) 991 34
FAX (06123) 991 51 34

In Österreich

Spanisches Fremdenverkehrsamt
Walfischgasse 8, A-1010 Wien
☎ (01) 512 95 80
FAX (01) 512 95 81
E-Mail: viena@tourspain.es

In der Schweiz

Office National Espagnol du Tourisme
15, Rue Ami-Lévrier
CH-1201 Genève
☎ (022) 731 11 33
FAX (022) 731 13 66
E-Mail: ginebra@tourspain.es

Spanisches Fremdenverkehrsamt
Seefeldstr. 19
CH-8008 Zürich
☎ (01) 252 79 30
FAX 252 62 04
E-Mail:
zurich@tourspain.es

Regionen in Spanien

Katalonien
Turisme de Catalunya
Passeig de Gràcia, 107
E-08008 Barcelona
☎ 932 38 40 00
FAX 932 38 40 10
www.gencat.es/turistex

Costa Brava
Patronat de Turisme Costa Brava Girona
Carrer Emili Grahit, 13 – 15
E-17002 Girona
☎ 972 20 84 01
FAX 972 22 15 70
www.costabrava.org
www.pirineugirona.org

Costa del Maresme
Consorci de Promoció Turística Costa del Maresme
Plaça de Miquel Biada, 1
08301 Mataró
☎ 937 57 30 03
FAX 937 57 21 12
E-Mail:
contur@ccmaresme.es
www.ccmaresme.es

Einzelne Orte in Spanien

Die katalanischen Fremdenverkehrsämter heißen in der Regel "Oficina de Turisme".

Arenys de Mar
Riera del Pare Fita, 31
E-08350 Arenys de Mar
☎ 937 92 77 50
FAX 937 95 70 31
E-Mail:
martifm@arenysdemar.org
www.arenysdemar.org

Barcelona
Plaça de Catalunya, 17
E-08002 Barcelona
☎ 933 04 31 35
FAX 933 04 31 55
E-Mail:
teltur@barcelonaturisme.com
www.barcelonaturisme.com

Begur
Av. Onze de Setembre, 5
E-17255 Begur
☎ 972 62 45 20
FAX 972 62 45 78
E-Mail:
begurturisme01@jet.es
www.begur.org

Besalú
Plaça de la Llibertat, 1
E-17850 Besalú
☎ 972 59 12 40
FAX 972 59 04 11
E-Mail: besalu@ddgi.es

Blanes
Plaça Catalunya, 21
E-17300 Blanes
☎ 972 33 03 48
FAX 972 33 46 86
E-Mail:
turisme@blanes.net
www.blanes.net

Cadaqués
Carrer Cotxe, 2 A
E-17488 Cadaqués
☎ 972 25 83 15
FAX 972 15 94 42
E-Mail: otcadaq@ddgi.es

Calella
Sant Jaume, 231
E-08370 Calella
☎ 937 69 05 59
FAX 937 69 59 82
E-Mail: ptcalela@publintur.es
www.calella.org

Castelló d'Empúries
Plaça dels Homes, 1
E-17487 Castelló d'Empúries
☎ 972 15 62 33
FAX 972 15 80 63
E-Mail: otcentrehistoric@

castellodempuries.net
www.castellodempuries.net

Empúriabrava
Puigmal, 1
E-17487 Empúriabrava
☎ 972 45 00 88
FAX 972 45 10 95
E-Mail:
turisme@empuriabrava.com
www.empuriabrava.com

L'Estartit
Passeig Marítim, s / n
E-17258 Estartit
☎ 972 75 19 10
FAX 972 75 17 49
E-Mail:
otestar@ddgi.es
www.ddgi.es/tdm

Figueres
Plaça del Sol, s / n
E-17600 Figueres
☎ 972 50 31 55
FAX 972 67 31 66
E-Mail: fituris@ddgi.es
www.figueres.net

Girona
Rambla de la Llibertat, 1
E-17004 Girona
☎ 972 22 65 75
FAX 972 22 66 12
E-Mail: oficinadeturisme@
ajgirona.org
www.ajuntament.gi

Llançà
Avinguda Europa, 37
E-17490 Llançà
☎ 972 38 08 55
FAX 972 12 19 31
E-Mail:
turisme@llanca.net
www.llanca.net

Lloret de Mar
Av. Vila de Blanes, 37
E-17310 Lloret de Mar
☎ 972 36 31 65
FAX 972 36 77 50
E-Mail:
lloret-turisme@lloret.org
www.lloret.org

Malgrat de Mar
Carme, 30
E-08380 Malgrat de Mar
☎ 937 65 33 00
FAX 937 61 09 93
E-Mail: correu@ajmalgrat.es
www.ajmalgrat.es

Mataró
La Riera, 48
E-08301 Mataró
☎ 937 58 21 21
FAX 937 58 24 72
E-Mail:
ajmataro@infomataro.net
www.infomataro.net

Palafrugell
Plaça de l'Església
E-17200 Parafrugell
☎ 972 61 18 20
FAX 972 61 17 56
E-Mail:
turisme@palafrugell.net
www.palafrugell.net

Palamós
Passeig de Mar, 22
E-17230 Palamós
☎ 972 60 05 00
FAX 972 60 01 37
E-Mail:
info@palamos.org
www.palamos.org

Pals
Plaça Major, 7
E-17256 Pals
☎ 972 63 73 80
FAX 972 63 73 26
E-Mail: pals@ddgi.es
www.palsweb.net

La Platja d'Aro
Verdaguer, 4
E-17250 La Platja d'Aro
☎ 972 81 71 79
FAX 972 82 56 57
E-Mail:
turisme@platjadaro.com
www.platjadaro.com

El Port de la Selva
Mar, 1
E-17489 El Port de la Selva

Auskunft

Auskunft (Fortsetzung)

☎ 972 38 70 25
FAX 972 38 74 13
E-Mail:
porselva@ddgi.es
www.ddgi.es/porselva

Portbou
Pg. Lluís Companys
E-17497 Portbou
☎ 972 12 51 61
FAX 972 12 51 23

Ripoll
Plaça Abat Oliba, s / n
E-17500 Ripoll
☎ 972 70 23 51
FAX 972 70 36 16
E-Mail: 0tripoll@ddgi.es

Roses
Av. Rhode, 101
E-17480 Roses
☎ 972 25 73 31
FAX 972 15 11 50
E-Mail:
otroses@ddgi.es
www.roses-costa-brava.com

Sant Feliu de Guíxols
Plaça del Monestir
E-17220 Sant Feliu de Guíxols
☎ 972 82 00 51
FAX 972 82 01 19
E-Mail: turisme@guixols.net
www.guixols.net

Tossa de Mar
Av. Pelegrí, 25
E-17320 Tossa de Mar
☎ 972 34 01 08
FAX 972 34 07 12
E-Mail: oftossa@ddgi.es
www.tossademar.com

Vic
Carrer de la Ciutat, 4
E-08500 Vic
☎ 938 86 20 91
FAX 938 89 26 37
E-Mail:
turisme@ajvic.es
www.ajvic.es

Autohilfe

Hinweise

Bei einer Panne oder einem Unfall mit dem Auto muss das Fahrzeug mit zwei Warndreiecken nach vorn und hinten gesichert werden. Wer nur mit einem Warndreieck angetroffen wird, muss mit einem Bußgeld von bis zu 90 € rechnen; zudem muss ein Satz Reserveglühbirnen mitgeführt werden.
Entlang der Autobahnen stehen in regelmäßigen Abständen Notrufsäulen.

Pannendienst

Real Automóvil Club de España (R.A.C.E)
☎ 915 93 33 33

ADAC
(Barcelona)
☎ 935 08 28 28

Badestrände

An vielen Stränden der Costa Brava und Costa del Maresme weht die Blaue Flagge der Stiftung Umwelterziehung in Europa, die auf sauberes Wasser und eine gute Infrastruktur hinweist; die katalanische Regionalregierung führt regelmäßig Untersuchungen ihrer Strände durch. Da die Blaue Flagge nicht auf Grundlage unabhängiger Untersuchungen vergeben wird, sondern auf Bewerbung der jeweiligen Gemeinden, wird diese "Auszeichung" von vielen Umweltverbänden kritisiert.

Badestrände (Fortsetzung)

Telefondienste

Während der Sommersaison hat die spanische Umweltbehörde ein Beschwerdetelefon eingerichtet, bei dem Mängel und Klagen über mit der Blauen Flagge ausgezeichnete Strände gemeldet werden können (Mo. – Fr. 9³⁰ – 15⁰⁰ Uhr, ☎ 900 17 15 17).
Wöchentlich aktualisierte Informationen über alle Strände und deren Wasserqualität können telefonisch unter der Nummer ☎ 900 210763 eingeholt werden. Der spanisch- und englischsprachige Telefondienst ist in den Sommermonaten werktags von 8⁰⁰ bis 15⁰⁰ Uhr besetzt.

Strandwarndienst

Die wichtigsten Badestrände werden überwacht; die jeweils aktuelle Lage wird durch farbige Flaggen angezeigt:
grün = Baden uneingeschränkt erlaubt
gelb = Baden gefährlich
rot = Baden verboten

Blaue Flagge

Im Folgenden wird eine Auswahl derjenigen Strände aufgelistet, die die Blaue Flagge erhalten haben (von Nord nach Süd; s. auch einzelne Orte; Stand: 2002):

Costa Brava

Portbou (Platja Gran), Llançá (Grifeu, Del Port), El Port de la Selva (Port de la Selva, Del Pas), Empúriabrava (D'Empúriabrava), L'Escala (La Platja), Begur (D'Aiguablava, Sa Riera), Palafrugell (Tamariu, Llafranc, Canadell in Calella de Palafrugell), Palamós (La Fosca), Sant Antoni de Calonge (Sant Antoni, Torre Valentina, Can Cristos), Castell-Platja d'Aro (Platja d'Aro, Cala Rovira, Sa Conca), Sant Feliu de Guíxols (Sant Feliu, Sant Pol), Tossa de Mar (Platja Gran, Mar Menuda), Lloret de Mar (Lloret de Mar, Fenals), Blanes (Blanes, S'Abanell, Cala Sant Francesc).

Costa del Maresme

Malgrat de Mar (Malgrat de Mar), Pineda de Mar (Pineda), Calella (Garbi), Canet de Mar (Canet).

Behindertenhilfe

BSK-Reise-Service
Reisedienst des Bundesverbands Selbsthilfe Körperbehinderter
Postfach 20
D-74236 Krautheim / Jagst
☎ 0 62 94 / 683 03
FAX 6 81 07
www.bsk-ev.de

Bundesarbeitsgemeinschaft der Clubs Behinderter und ihrer Freunde e.V.
Eupener Str. 5
D-55131 Mainz
☎ 0 61 31 / 22 55 14
FAX 0 61 31 / 23 88 34
www.bagcbf.de

Verband aller Körperbehinderten Österreichs
Lützowgasse 24–28
A-1014 Wien
☎ 01 / 911 32 25 u. 914 55 62
FAX 911 32 25

Mobility International Schweiz
Frohbergstr. 4
CH-4600 Olten
☎ 062 / 206 88 35
FAX 206 88 39
www.mis-infothek.ch

Camping und Caravaning

Allgemeines

Mehr als zwei Drittel aller spanischen Campingplätze findet man in der Autonomen Region Katalonien, und hier konzentrieren sie sich auf den küstennahen Bereich. Die Campingplätze sind in Kategorien mit den Stufen L (luxuriös), 1, 2 und 3 (einfache Ausstattung) eingeteilt. Obwohl sich an den touristisch stärker frequentierten Küstenabschnitten praktisch ein Campingplatz an den anderen reiht, ist die Gesamtkapazität in der Hauptreisezeit nicht ausreichend, so dass es sich empfiehlt, zumindest für einen Aufenthalt in den Hochsommermonaten rechtzeitig im Voraus zu buchen.

Campingführer

Die Federación Española gibt den viersprachigen Campingführer “Guía Oficial de Campings” heraus, den man an Tankstellen und in Buchhandlungen bekommt oder bei der unten genannten Adresse bestellen kann. Verzeichnisse der offiziell anerkannten Campingplätze sind u.a. über die Fremdenverkehrsämter (▶ Auskunft) erhältlich.

Federación Española de Campings y Ciudades de Vacaciones
Calle General Oráa, 52
E-28006 Madrid
☎ 914 48 12 34
FAX 972 48 12 67

Hinweise

Wildes Campen ist generell verboten, doch ist meist ein einmaliges Übernachten auf Park- oder Rastplätzen erlaubt; es ist aber ratsam, sich vorher zu erkundigen, ob nicht dennoch ein örtliches oder regionales Verbot besteht. Mitgebrachte Gasflaschen zu füllen ist in Spanien nicht erlaubt. Campingurlauber sollten daher ihre Ausrüstung auf spanische Anschlüsse umrüsten lassen. Die geeigneten Anschlussventile (regulador) sind im Handel, bei Installateuren und bei den Repsol-Tankstellen erhältlich.

Diplomatische Vertretungen

In Spanien

Deutsche Botschaft
Calle de Fortuny, 8
E-28010 Madrid
☎ 915 57 90 00
FAX 913 10 21 04
www.embajada-alemania.es

Deutsches Generalkonsulat
Paseig de Gràcia 111
E-08008 Barcelona
☎ 932 92 10 00
FAX 932 92 10 02

Österreichische Botschaft
Paseo de la Castellana, 91
E-28046 Madrid
☎ 915 56 53 15
FAX 915 97 35 79
E-Mail: austria@embajada-de-austria.es

Österreichisches Generalkonsulat
C./ Mallorca, 214
E-08008 Barcelona
☎ 934 53 72 94
FAX 934 53 49 80

Schweizerische Botschaft
Calle Núñez de Balboa, 35
E-28001 Madrid
☎ 914 36 39 60
FAX 914 36 39 80

E-Mail: vertretung@mad.rep.admin.ch

Schweizerisches Generalkonsulat
Edifici Trade
Gran Via de Carlos III 94 – 7
E-08028 Barcelona
☎ 934 09 06 50
FAX 934 90 65 98

In Deutschland

Botschaft des Königreichs Spanien
Schöneberger Ufer 89
D-10785 Berlin
☎ (030) 2 54 00 70
FAX (030) 25 79 95 57

In Österreich

Botschaft des Königreichs Spanien
Argentinierstr. 34
A-1040 Wien
☎ (01) 5 05 57 80
FAX (01) 5 05 57 88 25

In der Schweiz

Botschaft des Königreichs Spanien
Kalcheggweg 24
CH-3006 Bern
☎ (031) 3 52 04 12
FAX (031) 3 51 52 29

Diplomatische Vertretungen (Fortsetzung)

Einkäufe und Souvenirs

Antiquitäten- und Flohmärkte, Markthallen

Unbedingt lohnend ist ein Gang über die malerischen Antiquitäten- und Flohmärkte sowie durch die Markthallen in nahezu jedem größeren Ort.

Märkte

Fast jede Gemeinde hält einmal wöchentlich einen Markt ab, der aber meist nur vormittags stattfindet. Hier die wichtigsten:
Montag: Blanes, Cadaqués, Torroella de Montgrí
Dienstag: Besalú, Girona, Lloret de Mar, Palamós
Mittwoch: Begur, Sant Antoni de Calonge, Llançà
Donnerstag: L'Estartit, Figueres, Tossa de Mar
Freitag: La Bisbal, Platja d'Aro, El Port de la Selcva, Portbou
Samstag: Empúriabrava, Girona
Sonntag: Palafrugell, Roses, L'Escala, Sant Feliu de Guíxols.
Die Märkte von Barcelona sind täglich geöffnet.

Keramik

Keramik (Geschirr, Wandteller, Vasen u.v.a.) stammt in Katalonien zum allergrößten Teil aus den Manufakturen der Stadt La Bisbal, wo sich auch eine Keramiker-Fachschule befindet.

Kleidung und Schuhe

Katalonien gilt als Spaniens führende Region hinsichtlich Mode und Design. Auch in größeren Urlaubsorten findet man elegante Bekleidungs- und Schuhgeschäfte; die größte Auswahl hat man jedoch in Barcelona, das den Ruf genießt, neben Mailand, Paris, Rom, New York und Tokio eines der großen Modezentren der Welt zu sein.

Lederwaren

Katalonien ist auch bekannt für gute moderne Lederarbeiten (Schuhe, Kleidung, Accessoires).

Antiquarische Bücher

Eine wahre Fundgrube für antiquarische Bücher, Poster, Postkarten etc. ist der Mercat Sant Antoni in Barcelona.

Repliken von Ausstellungsstücken

Repliken von Ausstellungsstücken bekommt man in vielen Museen, z.B. im Museu de Ceràmica in Barcelona. Glas, Keramik, Leder, Emailarbeiten, Modeschmuck und andere Kunstgewerbeartikel

Keramik aus La Bisbal

werden in den Werkstätten des Poble Espanyol auf dem Montjuïc in Barcelona hergestellt und verkauft.

Schmuck
Schmuck aus der "Escola Massana" in Barcelona genießt internationalen Ruf. Als Materialien des anspruchsvollen und nicht ganz billigen Modeschmucks dienen u. a. Kunststoff, Kupfer, mattiertes Silber und Gold. In besseren Geschäften gibt es Kunstperlen, die sich im Aussehen kaum von echten Perlen unterscheiden und auf deren Anfertigung sich vor allem die Mallorquiner vortrefflich verstehen; "Perlas Majorica" sind die bekannteste Marke.

Delikatessen
Als Mitbringsel eignen sich die traditionell hergestellten Würste der Region (z. B. die Bratwurst Botifarra aus Vic oder die mit der deutschen Blutwurst vergleichbare Bull) und regionaltypische Süßwaren und Gebäck. In den Konditoreien (pastisserias) türmt sich verlockendes Gebäck; schon im Jahr 1382 wurde in Barcelona die erste Konditorei eröffnet, wogegen Paris damit noch bis zum Jahr 1608 warten musste. Ein beliebtes Souvenir sind ferner die exzellenten Sardellen-Konserven (anxoves) aus dem Badeort L'Escala.

Weine, Spirituosen

Von guter Qualität sind ▶ Wein und Sekt (Baedeker Special, S. 116) sowie Spirituosen, von denen sowohl die spanischen Sorten als auch die im Lande hergestellten Produkte internationaler Marken recht preiswert sind.

Elektrizität

Alle elektrischen Geräte funktionieren mit 220 Volt Wechselstrom. In den großen Hotels sind meist Europanorm-Gerätestecker verwendbar; ansonsten benötigt man mitunter einen Adapter.

Essen und Trinken

Mahlzeiten

Das Frühstück ist in Spanien spartanisch und wird in der Regel zwischen 8^{00} und 10^{00} Uhr in einer Bar eingenommen. Es besteht meist lediglich aus einem Kaffee mit einem Toast, einem kleinen Kuchen oder "churros" (Schmalzgebäck). In den Touristenorten haben sich aber die Hotels auf die Bedürfnisse ihrer Gäste eingestellt und bieten ein umfangreicheres Frühstück oder ein Frühstücksbüfett an.
Im Gegensatz zum Frühstück fallen Mittag- und Abendessen um so reichlicher aus; bei beiden Mahlzeiten sind drei Gänge üblich. Das in fast allen Restaurants erhältliche "menú del día" (Tagesmenü) ist

meist preiswerter als eine selbst zusammengestellte Mahlzeit. In den ▶ Restaurants wird das Mittagessen zwischen 13 00 und 15 30, das Abendessen zwischen 20 30 und 23 00 Uhr serviert.

Mahlzeiten (Fortsetzung)

Tapas

Zu jeder Tageszeit werden in den Bars "tapas" angeboten, Appetithäppchen, die man zu Bier, Wein und Sherry genießt. Sie bestehen vielfach aus Salaten, Tortillas, Meeresfrüchten, Fisch, Schinken, Käse oder Oliven. Zieht man von Bar zu Bar und probiert jedes Mal eine andere Tapa-Köstlichkeit, lernt man nicht nur ihre Vielfalt kennen, sondern kann danach ohne weiteres auf eine Hauptmahlzeit verzichten.

Speisen

Üppige Vielfalt

"Die Küche eines Landes ist seine Landschaft im Topf", bemerkte einmal der katalanische Schriftsteller Josep Pla (1897 – 1981). Tatsächlich spiegelt sich die Vielfalt der katalanischen Landschaft in der Küche wider. Die Speisen an der Küste, zu deren Spezialitäten in erster Linie frischer Fisch und Meeresfrüchte zählen, sind relativ leicht; herzhafte Eintöpfe und kulinarische Genüsse aus Wurst, Wild, Pilzen, Forellen, Kaninchen, Lamm, Rebhuhn, Schwein und Ziege kommen eher aus dem Hinterland, aus den fruchtbaren Tälern und aus der rauen Bergwelt. Doch Katalonien verfügt nicht nur über eine üppige Vielfalt an Naturprodukten, zu denen auch viele Obst- und Gemüsesorten sowie allerlei Kräuter gehören; die katalanische Küche, die, bedingt durch die Geschichte der Region, durch französische und italienische Einflüsse bereichert wurde, zeichnet sich auch durch sehr phantasievolle Gerichte aus. Kaum eine andere Gegend Spaniens weist so vielfältige Speisen auf wie Katalonien, und so gilt die katalanische Küche neben der baskischen als die beste der Nation.

Vorspeisen und Suppen

Als Vorspeise wird oft "pa amb tomàquet" serviert, eine geröstete, mit Olivenöl bestrichene Scheibe Brot, auf dem eine reife Tomate ausgedrückt ist. Typische katalanische Vorspeisen sind "escalivada" (Grillgemüse in Olivenölpaste), "botifarra" (gut gewürzte, etwas getrocknete Bratwurst), Gambas mit "allioli", einer Knoblauchmajonäse, und "esqueixada" (Salat aus Tomaten, Paprika, Zwiebeln, Oliven und zerkleinertem Stockfisch "bacallà").

Hauptgerichte

Wie phantasievoll katalanische Gerichte sind, zeigt sich u.a. bei den köstlichen Kombinationen von Fisch und Fleisch, die auf Katalanisch "mar i muntanya", Meer und Berg, heißen, z.B. "llagosta

Baedeker TIPP McDonald's auf Katalanisch

Die Spezialität der in allen größeren Orten sowie am Flughafen von Barcelona vorzufindenden Filialen der Fast-Food-Ketten Pans & Company und Bocatta sind mit Fleisch, Wurst, Schinken, Salami, Käse oder Fisch belegte und, je nach Wunsch, mit Tomaten oder einer besonderen Soße ergänzte, pikante kleine Baguettes. Durchschnittspreis einer "entrepà": 3,50 €.

Katalanische Patisserie – schon im Jahr 1382 wurde in Barcelona die erste Konditorei eröffnet, wogegen man in Paris noch bis zum Jahr 1608 darauf warten musste.

Hauptgerichte (Fortsetzung)

amb pollastre" (Languste mit Hühnchen) oder "pollastre amb musclos" (Hühnchen mit Muscheln). Auch bei anderen Zutaten sind der Phantasie keine Grenzen gesetzt: "peuada" (Schweinspfoten ohne Knochen mit Eiern und Zucker), "conill a l'empordanesa" (Kaninchen mit Schokoladensoße). Zu weiteren beliebten katalanischen Hauptgerichten zählen die ursprünglich aus Valencia stammende Reispfanne "paella" – was kein Wunder ist, da im Ebro-Delta südlich von Barcelona seit alters Reis angebaut wird –, Eintopfgerichte wie "escudella i carn d'olla" (verschiedene Fleischsorten mit Kichererbsen und Kohl) und der Fischeintopf "suquet de peix" sowie "fideus a la Catalana", eine Paella-Variante aus gebratenen Fadennudeln mit Fisch, Fleisch und Gemüse. Auch die spanischen Tortillas, Omelettes aus Eiern und Kartoffeln, die es in zahlreichen Varianten von scharf bis süß gibt, erfreuen sich großer Beliebtheit; aber Vorsicht: In Katalonien heißt das Omelett – wie die Forelle – "truita". "Arròs negre" ist schließlich ein in Knoblauch und Olivenöl angebratenes Tintenfisch-Reisgericht, dessen schwarze Farbe vom Tintenfischsud herrührt.

Nachspeisen

Die beliebtesten Nachspeisen sind "ensaïmada" (in Öl gebackenes, ringförmiges Hefegebäck), "panellets" (katalanische Makronen), "menjar blanc" (Süßspeise aus gehackten Mandeln und Milch) und vor allem die "crema catalana", der katalanische Nationalpudding, eine Eier-Milch-Creme, die von einer warmen, hauchdünnen Karamellschicht überzogen ist (Baedeker Special, S. 184). Darüber hinaus hat Katalonien ausgezeichnete Käsesorten zu bieten.

Getränke

Typisch katalanische Getränke

Ein Erfrischungsgetränk im Sommer ist in Katalonien "orxata de xufla", eine gekühlt servierte Erdmandelmilch. Bei kaltem Wetter oder am Abend wird gern "cremat" getrunken, mit Rum flambierter Kaffee.

Bier

Bier ist in Spanien inzwischen fast beliebter als Wein geworden. Bevorzugt werden helle Biere der Pilsener Art, die in kleinen Gläsern (cañas) serviert werden. Zu den bekanntesten spanischen Biersorten zählt San Miguel; ein katalanisches Produkt ist die in Barcelona gebraute Marke Voll Damm.

Wein

▶ Wein

Cava (Sekt)

▶ Baedeker Special, S. 116

menú / carta	menú / carta	Speisekarte
KATALANISCH	**SPANISCH**	**DEUTSCH**
a la planxa	a la plancha	gegrillt
al forn	al horno	im Ofen gebacken
frit	frito	gebraten
arròs	arroz	Reis
pa	pan	Brot
pasta	pasta	Teigwaren
entremeses / entrants	**entremesos**	**Vorspeisen**
amanida	ensalada	Salat
arròs caldós	arroz caldoso	Reissuppe mit Fisch
cargols	caracoles	Schnecken
pernil dolç	jamón dulce	gekochter Schinken
pernil serrano	jamón serrano	luftgetrockneter Schinken
sopa	sopa	Suppe
... d'all	... d'ajo	Knoblauchsuppe
... de peix	... de pescados	Fischsuppe
... de verdures	... de verduras	Gemüsesuppe
truita	tortilla	(Kartoffel-)Omelett
marisc	**mariscos**	**Meeresfrüchte**
calamars	calamar	Tintenfisch
cloïses	almejas	Herzmuscheln
gambes	gambas	Garnelen
llagosta	langosta	Languste
lamàntol	bogavante	Hummer
muscolos	mejillones	Miesmuscheln
ostres	ostras	Austern
peix	**pescado**	**Fisch**
anguila	anguila	Aal
anxoves	anchoas	Sardellen
bacallà	bacalao	Kabeljau
daurada	dorada	Goldbarsch

Von Mörsern und Eisen

Unter den katalanischen Gerichten ist der Pa amb tomàquet wohl der meistverzehrte Imbiss. Zu vielen Speisen wird Allioli serviert, die Canelons lassen Erinnerungen an Italien aufkommen, und die Crema catalana, auf die die Katalanen so stolz sind, ist keine französische, sondern eine katalanische Erfindung.

Die katalanische Küche gilt neben der baskischen als die beste Spaniens. Auch die ältesten spanischen Kochbücher stammen aus Katalonien, und sie wurden auf Katalanisch verfasst. 1324 erschien das “Llibre de Sent Soví”, eins der ersten Kochbücher Europas mit zahlreichen katalanischen Rezepten. 1490 kam das gedruckte “Llibre de Coch” des katalanischen Küchenmeisters Rupert de Nola auf den Markt.

Einfach und beliebt

Das Tomatenbrot “pa amb tomàquet” ist zwar das einfachste Gericht in Katalonien, doch mit Sicherheit der meistgegessene Imbiss im katalanischen Alltag, so dass viele Katalanen der Meinung sind, das Brot werde in ihrer Heimat schon seit Urzeiten in dieser Form verzehrt. Tatsächlich aber eroberte sich die aus Amerika eingeführte Tomate erst im 18. Jh. in der katalanischen Küche ihren Platz, und die Verbindung mit Brot und Olivenöl erfolgte vermutlich erst in der Mitte des 19. Jh.s. Zubereitet wird Pa amb tomàquet mit herzhaftem Bauernbrot, das man – je nach Vorliebe – zuerst anröstet und dann mit einer halbierten, vollreifen und saftigen Tomate bestreicht. Zum Schluss werden noch etwas Olivenöl und Salz hinzugefügt. Das Tomatenbrot kann man pur essen oder zusammen mit Käse, Wurst, Schinken oder einer Tortilla. In etlichen Restaurants werden nach traditioneller Art Brot und Tomaten getrennt serviert, so dass sich der Gast sein Pa amb tomàquet am Tisch selbst zubereiten kann.

Im Mörser gerührt

Erfunden haben soll sie der römische Kaiser Nero, der 64 n. Chr. Rom in Brand steckte: die kalte Knoblauchmajonäse, die sich in Katalonien unter dem Namen “allioli” großer Beliebtheit erfreut und aus Knoblauch (all) und Olivenöl (oli) besteht. Enthalten darf die Knoblauchcreme noch eine Prise Salz, etwas Eigelb – was früher verpönt war – und ein paar Tropfen Zitronensaft. Entscheidend aber ist die Zubereitung, denn der Allioli muss im Mörser gerührt werden, d. h. der Knoblauch wird darin mit dem Holzstößel zerstampft, dann gibt man unter leichtem Rühren das Olivenöl hinzu. Perfekt ist die Sauce, wenn man den Mörser auf den Kopf stellt, ohne dass die pikante Paste herausläuft. Allioli wird zu Fischgerichten und gegrilltem Fleisch serviert.

Fast italienisch

Marco Polo führte im Mittelalter die ursprünglich aus China stammenden Teigwaren in Italien ein, die Araber brachten sie von dort nach Spanien. Im 14. Jh. tauchten Nudeln auf der Iberischen Halbinsel in handschriftlichen Rezepten u. a. unter dem arabischen Namen “fideos” auf – ein Begriff, der in Katalonien, der einzigen Region in Spanien, wo Nudelgerichte eine regionaltypische Spe-

aus Fadennudeln besteht.

Mit Eisen gebrannt

Die katalanische Nachspeise schlechthin ist die "crema catalana" oder "crema de Sant Josep". In manchen Familien kommt dieser köstliche Pudding – er weist Ähnlichkeit mit der französischen "crème brûlée" auf, hat seinen Ursprung aber wohl doch in Katalonien hat, denn der französische Küchenpapst Escoffier führte die crème brûlée Anfang des 20 Jh.s nicht auf – gemäß der Tradition auch heute noch lediglich am Josefstag, dem 19. März, auf den Tisch. Die Eier-Milch-Creme wird in flachen Tonschälchen serviert. Vor dem Servieren brennt man die Süßspeise mit einem eigens dafür entworfenen, spiralförmigen, im Feuer erhitzten Eisen, so dass der Zucker auf der Oberfläche karamellisiert, d. h. so hart wie eine hauchdünne Glasschicht wird und beim Essen splittert. Heute machen sich jedoch nur noch gute Restaurants die Mühe, Crema catalana mit dem Eisen zu brennen; den Markt hat längst vorfabriziertes Puddingpulver erobert.

Crema catalana – der katalanische Nationalpudding

zialität bilden, bis heute gängig ist (katalan. fideus). Schon im 18. Jh. waren wohl "canelons" ein typisches Gericht in Barcelona. Manchen Quellen zufolge sollen die mit Fleisch gefüllten Pasta-Röllchen jedoch erst im 19. Jh. in Katalonien eingeführt worden sein, als zugereiste Uhrmacher aus der Schweiz, denen die spanischen Gasthöfe nicht gefielen, eigene Lokale eröffneten und dadurch die aus Italien kommenden Canneloni im katalanischen Raum bekannt machten. Canelons werden in Katalonien vor allem am Stephanstag, dem Tag nach Weihnachten (am 26. Dezember), gern gegessen. Die Vorliebe der Katalanen für Nudeln zeigt sich auch an der Paella-Variante "Fideus a la Catalana", deren Grundlage nicht, wie sonst in Spanien, aus Reis, sondern

Arròs a la catalana – in Katalonien wird seit alters Reis angebaut.

llenguado	lenguado	Seezunge
lluç	merluza	Seehecht
rap	rape	Seeteufel
rèmol	rodaballo	Steinbutt
salmó	salmón	Lachs
sardines	sardinas	Sardinen
tonyina	atún	Tunfisch

carns	**carnes**	**Fleisch**
cabrit	cabrito	Zicklein
caça	caza	Wildbret
conill	conejo	Kaninchen
costella	chuleta	Kotelett
escalopa	escalopa	Schnitzel
estofat	guisado	Ragout
fetge	higado	Leber
filet de bou	filete de buey	Rinderfilet
llom	lomo	Lende
pilotes	albóndigas	Fleischbällchen
porc	cerdo	Schwein
ronyóns	riñones	Nieren
salsitxes	salchichas	Würstchen
vedella	ternera	Kalb
xai	cordero	Lamm
xoriç	chorizo	scharfe Paprikawurst

aus	**aves**	**Geflügel**
ànec	pato	Ente

perdius	perdiz	Rebhuhn
pollastre	pollo	Hähnchen
verdures / llegums	**verduras / legumbres**	**Gemüse**
all	ajo	Knoblauch
api	apio	Sellerie
bolets	hongos / setas	Pilze
carxofes	alchacofas	Artischocken
cebes	cebollas	Zwiebeln
col de cabdell	repollo	Weißkohl
col llombarda	col lombarda	Rotkohl
espàrrecs	espárragos	Spargel
mongetes (verdes)	judías (verdes)	(grüne) Bohnen
olives	aceitunas	Oliven
pastanagues	zanahorias	Möhren
patates	patatas	Kartoffeln
pebrot	pimetón	Paprika
pèsols	guisantes	Erbsen
fruitas	**frutas**	**Obst**
banana / plàten	plátano	Banane
figue	higo	Feige
maduixes	fresas	Erdbeeren
raïm	uvas	Weintrauben
meló	melón	Melone
pera	pera	Birne
poma	manzana	Apfel
préssenc	melocotón	Pfirsich
taronja	naranja	Orange
postres	**postres**	**Nachspeise**
flam	flan	Karamelpudding
formatge	queso	Käse
gelat	helado	Eis
macedònia	ensalada de fruta	Obstsalat
pastís	tarta	Torte
begudas	**bebidas**	**Getränke**
café sol	café solo	Espresso
café amb llet	café con leche	Milchkaffee
cava	cava	Sekt
cervesa	cerveza	Bier
suc	zumo	Saft
vi	vino	Wein
... blanc	... blanco	Weißwein
... rosat	... rosado	Rosé
... negre	... tinto	Rotwein

Feiertage

Gesetzliche Feiertage

1. Januar	Año Nuevo (Neujahr)
6. Januar	Los Reyes (Dreikönigstag)
19. März	San José (Josefstag)
1. Mai	Día del Trabajo (Tag der Arbeit)

Feiertage (Fortsetzung)	24. Juni	San Juan (Namenstag des Königs)
	29. Juni	San Pedro y San Pablo (Peter und Paul)
	25. Juli	Día de Santiago (Tag des Apostels Jakobus, des Schutzheiligen Spaniens)
	15. August	Asunción (Mariä Himmelfahrt)
	11. September	Diada Nacional de Catalunya (Katalanischer Nationalfeiertag)
	12. Oktober	Día de la Hispanidad (Entdeckung Amerikas)
	1. November	Todos los Santos (Allerheiligen)
	6. Dezember	Día de la Constitución (Nationalfeiertag, Verfassungstag)
	8. Dezember	Inmaculada Concepción (Mariä Empfängnis)
	25. Dezember	Navidad (Weihnachten)

Bewegliche Feiertage
Viernes Santo (Karfreitag)
Corpus Christi (Fronleichnam)

Flugverkehr

Fluggesellschaften

Deutschland
Iberia
☎ (0180) 3 00 06 13
www.iberia.com

Lufthansa
☎ (0 18 03) 803 803
www.lufthansa.com

Österreich
Iberia
☎ (01) 58 67 63 60

Austrian Airlines
☎ (01) 05 17 89
www.aua.com

Schweiz
Iberia
☎ (01) 2 86 28 28

Swiss
☎ 08 48 85 20 00
www.swiss.com

Spanien
Iberia
☎ 902 40 05 00
in Barcelona:
Plaza de España, s/n
E-08007 Barcelona
☎ 933 25 73 58

Flughäfen

Barcelona
Aeropuerto de Barcelona
(12 km südl.; Bus- und Bahnverbindung zur Plaça de Catalunya)
☎ 932 98 38 38

Girona
(südlich von Girona an der A 7; keine Bus- und Bahnverbindungen; eine Taxifahrt nach Girona kostet ca. 12 €)
☎ 972 18 66 00

Geld

Euro
Seit 1. Januar 2002 ist der Euro (€) die gemeinsame offizielle Währung in elf europäischen Staaten. Für die nicht an das Euro-System angeschlossene Schweiz gilt: 1 € = 1,47 sfr 1 sfr = 0,68 €

An den spanischen Geldautomaten (Bancomat) kann man mit Kredit- und Bank-Karten (in Kombination mit der Geheimnummer) problemlos Geld abheben.

Geldautomaten

Den Verlust der Bank-Karte bzw. einer Kreditkarte sofort melden, die Karte wird dann umgehend gesperrt.

Kartenverlust

Bank-Karte ☎ 00 49 / 18 05 / 02 10 21	**Diners Club** ☎ 00 49 / 59 21 / 86 12 34
Postbank SparCard ☎ 00 49 / 0180 / 30 40 500	**Eurocard / Mastercard** ☎ 00 49 / 69 / 79 33 19 10
American Express ☎ 00 49 / 69 / 97 97 10 00	**Visa** ☎ 00 49 / 130 / 84 00 22

Hotels

Viele Urlauber an der Costa Brava und an der Costa del Maresme buchen als Pauschalreisende ihre Unterkunft in einer der zahlreichen Ferienanlagen an der Küste. Wer individuell reist, findet neben Hotels (H) mit meist eigenem Restaurant folgende Unterkunftsmöglichkeiten vor: Hotels-Apartaments (HA) verfügen über eine Kochgelegenheit auf den Zimmern, bieten aber auch ein Restaurant oder ein Café; Hostals (HS) sind einfachere Hotels, oft ohne Restaurant; Pensions (P) entsprechen den Hostals, sind aber meist kleiner; Paradores de Turismo (PT) gehören der staatlichen Paradorkette an und sind Paradestücke der spanischen Hotellerie. In jedem Hotel müssen Reklamationsbücher ausliegen.

Hotel, Hostal, Pensió, Parador

Katalonien hat mehr zu bieten als Sandstrände und Badespaß. Der "Turismo Rural" genannte ländliche oder Agrotourismus ist eine oft preiswerte Urlaubsalternative für diejenigen, die abseits von den meist am Meer gelegenen Touristenhochburgen Ruhe und Erholung suchen und dabei Land und Leute kennen lernen wollen. Im Küstenhinterland Kataloniens wurden mit staatlicher Hilfe unbewohnte Häuser und Fincas renoviert und ausgebaut. Die so entstandenen Unterkünfte werden als "Casas Rurales" vermietet. Ein breites Angebot an Möglichkeiten, sich sportlich zu betätigen – vor allem organisierte oder individuelle (Berg-)Wanderungen – steht im Vordergrund des "Turismo Rural".

Agrotourismus

Auskunft in Katalonien Central de Reservas Turismo Rural (Turisverd) Plaça Sant Josep Oriol, 4 E-08002 Barcelona	☎ 934 12 69 84 FAX 934 12 50 16 E-Mail: castellscat@astercentre.com www.turisverd.com

Die Beherbergungsbetriebe sind entsprechend ihrer Ausstattung mit Sternen gekennzeichnet: 1 Stern steht für Unterkünfte mit zu-

Kategorien

Baedeker TIPP Parador-Angebote

Die staatliche Parador-Hotelkette bietet immer wieder Vergünstigungen an, und zwar zu bestimmten Zeiten in jeweils einem Parador (▶ Baedeker Special, S. 192): z. B. 5 Nächte in einem Standardzimmer ohne Frühstück für 1 – 2 Personen 337,10 € (ohne 7 % MWST); ab 2 Nächte in einem Standardzimmer mit Halbpension 20 % Preisnachlass; 35 % Preisnachlass, wenn eine der beiden Personen über 60 Jahre alt ist.
Information: Central de Reservas, Requena,3; E-28013 Madrid
☎ 34 91 516 66 66; FAX 34 91 516 66 57; www.parador.es

Kategorien (Fortsetzung)

mindest einem Waschbecken auf dem Zimmer, 2 Sterne für Zimmer mit Bad und Frühstück, 3 Sterne für Zimmer mit Telefon und Fernseher, 4 Sterne für Komfort und 5 Sterne für Luxus. Die höchste Kategorie trägt 5 Sterne mit dem Zusatz GL (Gran Lujo).

Preise

Die offizielle Klassifizierung ist ein nur bedingt verlässlicher Anhaltspunkt für Preise, so dass in der folgenden Auflistung ein zusätzliches Kriterium "Preisklasse" angegeben ist.
Die Hotelpreise variieren je nach Jahreszeit und Region erheblich. Während Festen, in der Osterwoche etwa, können sie auf das Doppelte ansteigen, allerdings sind sie in den besucherschwachen Zeiten auch nach unten hin beweglich. Die verbindlichen Preise müssen in den Zimmern ausgehängt sein. Sie beinhalten in der Regel weder das Frühstück (2,50 – 12 €) noch die Mehrwertsteuer (IVA; 7%). Diese wird übrigens in vielen Hotels erst dann aufgeschlagen, wenn man die Rechnung verlangt. Bei den nachstehend genannten Preisen handelt es sich um Richtwerte für Doppelzimmer ohne Frühstück, der Preis für ein Einzelzimmer liegt etwa 20 – 30 % unter dem eines Doppelzimmers.

Kategorie	Preis
L	über 180 €
A	120 bis 180 €
B	60 bis 120 €
C	bis 60 €

Hotelauswahl

Abkürzungen: Z. = Zimmer, Av. = Avinguda, Ctra. = Carretera (Landstraße), C. = Carrer

Barcelona

*******GL Clarís (L)**
Pau Clarís, 150
E-08009 Barcelona
☎ 934 87 62 62
FAX 932 15 79 70; 124 Z.
E-Mail: info@derbyhotels.es
www.derbyhotels.es
Eine der feinsten Adressen der Stadt: unweit von Altstadt und Rambles, erlesene Einrichtung aus Antiquitäten, japanischer Garten, sogar ein ägyptisches Museum.

*******GL Rey Juan Carlos I (L)**
Av. Diagonal, 661 – 671

E-08028 Barcelona
☎ 933 64 42 23
FAX 933 64 42 32; 412 Z.
E-Mail: hotel@hrjuancarlos.com
www.hrjuancarlos.com
Das mit hochkomfortablen, geräumigen Zimmern, Boutiquen, Frei- und Hallenbad und Tennisanlagen ausgestattete Haus liegt in der Nähe des Bankenviertels und bietet von den oberen Etagen einen weiten Blick über die Stadt. Das elegante Restaurant Chez Vous serviert vorwiegend französische Küche mit katalanischem Einschlag. Ungezwungener ist das Café Polo.

*******GL Ritz (L)**
Gran Via de les Corts Catalanes, 668
E-08010 Barcelona
☎ 933 18 52 00
FAX 933 18 01 48; 122 Z.
E-Mail: ritz@ritzbcn.com
www.ritzbcn.com
In dem zentrumsnah beim Gotischen Viertel und den Rambles gelegenen Hotel verbindet sich die Eleganz früherer Zeiten mit modernstem Komfort und tadellosem Service. Im ausgezeichneten Restaurant Diana wird bei Pianomusik serviert.

******Expo Hotel (A)**
Carrer Mallorca, 1 – 23
E-08014 Barcelona
☎ 933 00 30 10
FAX 932 92 79 62; 435 Z.
E-Mail: comercialbcn@expogrupo.com
www.expogrupo.com
Das Hotel liegt sehr verkehrsgünstig direkt beim Hauptbahnhof Sants und nur wenige Schritte vom Messegelände und eignet sich daher besonders für Geschäftsleute. Es besitzt mehrere Restaurants, Piano-Bar, Sauna, Solarium und Friseursalon.

*****Hesperia Metropol (A)**
Carrer Ample, 31
E-08002 Barcelona
☎ 933 10 51 00
FAX 933 19 12 76; 71 Z.
E-Mail: hotel@hesperia-metropol.com
Hotel in einem historischen Stadtpalais unweit vom Hafen und dem Passeig de Colom.

*****Occidental Reding (A)**
Gravina, 5 – 7
E-08001 Barcelona
☎ 934 12 10 97
FAX 932 68 34 82; 44 Z.
E-Mail: reding@occidental-hoteles.com
www.occidental-hoteles.com
Das Haus bietet behaglichen Komfort in hellen Räumen. Cafeteria-Restaurant und Bar.

*****Husa Oriente (B)**
La Rambla, 45 – 47
E-08002 Barcelona
☎ 933 02 25 58
FAX 934 12 38 19; 142 Z.
E-Mail: horiente@husa.es
www.husa.es
Auch George Orwell wusste schon den Komfort dieses Traditionshauses mitten an den Rambles zu schätzen.

****Hotel Antibes (B)**
Diputació, 394
E-08013 Barcelona
☎ 932 32 62 11
FAX 932 65 74 48; 71 Z.
www.hotelantibes.net
Im schönen Jugendstilviertel L'Eixample gelegenes Hotel mit sehr gemütlichen Zimmern. Netter Service.

***Hotel Rey Don Jaime I (C)**
Jaume, 1
E-08002 Barcelona
☎ 933 10 62 08
FAX 933 10 62 08; 30 Z.
E-Mail:
r.d.jaime@atriumhotels.com
Preisgünstiges Hotel mitten im Gotischen Viertel.

Baedeker SPECIAL

Traumhafte Aussichten

Die ersten drei hier vorgestellten Hotels gewähren traumhafte Aussichten, und das vierte bietet im Innern einen wunderschönen Anblick.

Überall Meer

Besonders schön ist der ******Parador de Aiguablava** – ein länglicher weißer Betonklotz – von außen nicht. Dafür bietet er im Innern jeden erdenklichen Luxus (u. a. Sauna und Schwimmbad) sowie eine exquisite Küche. Und durch seine ausgezeichnete Lage auf einem ins Meer ragenden Felssporn, auf dem von Kieferwäldern umgebenen Punta D'es Muts, hat man von allen Zimmern aus – sehr geräumigen, komfortabel eingerichteten Standardzimmern und Suiten, die höchsten Ansprüchen genügen – einen atemberaubenden Blick auf Buchten, Pinien und das Meer.
Adresse: Platja d'Aiguablava, E-17255 Begur
☎ 972 62 21 62
FAX 972 61 21 66
www.parador.es
DZ für 2 Pers. (ohne 7 % MWST und ohne Frühstück) 77 – 160 €

Hoch über der Bucht

Ein kleines Schmuckstück! Das schon von weitem erkennbare weiß gestrichene Hotel *****Sant Roc** mit dem turmähnlichen Anbau erhebt sich malerisch auf einem Felsen über der Bucht von Calella de Palafrugell. Das familiär geführte Haus mit dem freundlichen, sehr aufmerksamen Personal verfügt über 49 geschmackvoll eingerichtete Zimmer, von denen einige über Terrassen bzw. Balkone mit phantastischem Blick aufs Meer verfügen. Bei warmem Wetter kann man im idyllischen schattigen Garten mit Aussicht auf den Ort Calella de Palafrugell, der zu den schönsten der Costa Brava zählt, und das davor liegende Meer frühstücken. Im Restaurant – ebenfalls mit Blick auf die Bucht – können sich Genießer an der innovativen Küche des Hauses erfreuen.

Frühstück im Garten des Hotels Sant Roc mit Blick auf das idyllische Calella de Palafrugell

Adresse: E-17210 Calella de Palafrugell, Plaça de l'Atlàntic, 2
☎ 972 61 42 50
FAX 972 61 40 68
www.santroc.com
DZ mit Halbpension (pro Person) 62 – 144,60 € (inkl. 7 % MWST)

See und Berge

Natur und Stille erwarten hier den Gast. Der ******Parador de Vic-Sau**, ein traditionelles katalani-

sches Gehöft mit Rundbogenfenstern – ca. 14 km nordöstlich von Vic und die letzten acht Kilometer über eine Bergstraße erreichbar – erhebt sich inmitten der friedlichen Landschaft des Bezirks von Osona über dem Stausee Pantà de Sau. Von vielen Zimmern, aber auch vom Swimmingpool im Garten aus genießt man einen herrlichen Blick auf den See und die ihn umgebenden Berge. Die Küche des Restaurants serviert Wurstspezialitäten aus Osona und Fischgerichte.
Adresse: Paraje el Bac de Sau, E-08500 Vic-Sau
☎ 938 12 23 23
FAX 938 12 23 68
www.parador.es
DZ für 2 Personen (ohne 7 % MWST und ohne Frühstück) 83 – 92 €

Stille und eine überwältigende Landschaft erwarten den Gast im Parador von Vic-Sau.

Vergangenheit und Gegenwart

Eine Übernachtung im ******Hotel de la Moneda** von Castelló d'Empúries wird zum unvergesslichen Erlebnis. Schon äußerlich hebt sich die vornehme, in einem gewagten Orange angestrichene Unterkunft an der Plaça de la Moneda von den links und rechts angebauten Häusern ab. Im Innern findet man elf Zimmer mit allem erdenklichen Komfort, einige Räume verfügen über Jacuzzi und eine eigene Terrasse. Alle Räumlichkeiten des im Frühjahr 2002 eröffneten Hotels sind in unterschiedlichen, kräftigen, aber warmen Farben gestrichen, was einen bezaubernden Kontrast zu den alten, gut restaurierten Deckengewölben in einigen Salons bildet – denn bei dem Gebäude handelt es sich um ein altes Landhaus des Marqués de Dosaiguas aus dem 17. Jh. mitten im alten Judenviertel der Stadt. Die Unterkunft verfügt über ein kleines Schwimmbecken, einen Lesesaal und Parkmöglichkeiten, Internet kann kostenlos benutzt werden, das ausgezeichnete Frühstücksbüffet wird bei leichter Jazzmusik im Hintergrund serviert, und die Küche des eleganten hoteleigenen Bistros bietet exquisite kleine Gerichte. Bemerkenswert ist die Stille, die den Gast nicht nur nachts, sondern auch tagsüber in dem familiär und mit viel Liebe geführten Haus erwartet, obwohl sich das Gebäude mitten im Ortszentrum an einem großen, kürzlich restaurierten Platz befindet.
Adresse: E-17486 Castelló d'Empúries, Plaça de la Moneda, 8 – 10
☎ 972 15 86 02
FAX 972 15 81 24
www.hoteldelamoneda.com
DZ mit Frühstück (ohne 7 % MWST) 85 bis 135 €

Im Hotel de la Moneda von Castelló d 'Empúries bringen die Farben die Zimmer regelrecht zum Leuchten.

***Hotel Toledano (C)**
La Rambla, 138
E-08002 Barcelona
☎ 933 01 08 72
FAX 934 12 31 42; 17 Z.
E-Mail:
reservas@hoteltoledano.com
www.hoteltoledano.com
Hotel in der Nähe der Plaça de Catalunya mit gut ausgestatteten Zimmern. Öffentlicher Parkplatz ca. 50 m entfernt.

Begur

***Aiguaclara (B)**
Sant Miquel, 2
E-17255 Begur
☎ 972 62 29 05
FAX 972 62 29 05; 4 Z.
www.aiguaclara.es

Liebevoll eingerichtete Zimmer. Das Restaurant ist bei Einheimischen sehr beliebt, allerdings nicht ganz billig.

******Parador de Aiguablava**
► Baedeker Special, S. 192

Blanes

*****Hotel Costa Brava (B)**
Anselmo Clave, 48
E-17300 Blanes
☎ 972 33 00 82; 81 Z.
In der Altstadt gelegenes Hotel. Die Zimmer sind klein, auf der Dachterrasse gibt es einen Pool, das Frühstück ist leider etwas mager.

*****Blaumar (B)**
Mercè Rodoreda, 5
17300 Blanes
☎ 972 35 13 01
FAX 972 35 18 76; 174 Z.
E-Mail: blaumar@
infonegocio.com
Das sehr komfortable, familienfreundliche Ferienhotel liegt, etwas abseits vom Strand, in der Urlaubszone südlich des Ortskerns. Sonnenterrasse mit Pool, Minigolf- und Kinderspielplatz. Von der Dachterrasse guter Rundblick.

*****Horitzó (C)**
Passeig S'Abanell, 11
17300 Blanes
☎ 972 33 04 00
FAX 972 33 78 63; 122 Z.
E-Mail: horitzo@gna.es
www.gna.es/horitzo
Hotel an der Strandpromenade westlich vom Ortszentrum. Zimmer z. T. mit Meerblick.

*****Beverly Park (C)**
Mercè Rodoreda, 7
17300 Blanes
☎ 972 35 24 26
FAX 972 33 01 10; 168 Z.
E-Mail: beverly@
hotelbeverlypark.com
www.hotelbeverlypark.com
Urlaubshotel von konventionellem Zuschnitt. Sonnenterrasse, Pool, Kinderspielplatz; Unterhaltungsprogramme.

Cadaqués

*****Playa Sol (A)**
Platja Pianch, 3
E-17488 Cadaqués
☎ 972 25 81 00
FAX 972 25 80 54; 50 Z.
E-Mail: playasol@publintur.es
www.publintur.es/
playasol.htm
Das beste Hotel der Stadt, herrlicher Blick über die Bucht. Sonnenterrasse mit Pool und Tennisplatz. Hunde sind nicht erwünscht.

*****S'Aguarda (B)**
Carretera Port-Lligat
E-17488 Cadaqués

☎ 972 25 80 82
FAX 972 25 10 57; 28 Z.
E-Mail:
www.hotelsaguarda.com
Das erhöht über dem Ortskern gelegene Hotel bietet einen schönen Panoramablick über das Städtchen und das Meer. Garten und Terrasse mit Schwimmbad.

*****Rocamar (B)**
Carrer Dr. Bartomeus
E-17488 Cadaqués
☎ 972 25 81 50
FAX 972 25 86 50; 71 Z.
E-Mail: reserva@rocamar.com
www.rocamar.com
Außerhalb gelegenes Hotel – in einem Park mit Blick aufs Meer. Bar, Restaurant, Minigolf- und Tennisplatz, beheiztes Hallenbad, Swimmingpool sowie Tauchschule.

****Port Lligat (B)**
Platja Port-Lligat Dalí
E-17488 Cadaqués
☎ 972 25 81 62; 30 Z.
Das kleine einfache, aber familienfreundliche Hotel liegt nahe dem einstigen Wohnhaus von Salvador Dalí in Port Lligat direkt am Strand.

Calella

****Hotel Internacional (C)**
Carrer Gaudí, 2
E-08370 Calella
☎ 937 69 02 50
FAX 937 69 06 16; 280 B.
www.hinternacional.com
Hotel direkt an der Strandpromenade. Zimmer teilweise mit Blick aufs Meer. Das Hotel wird gern von deutschen Reisegruppen aufgesucht. Reichhaltiges Frühstücks- und Abendbüfett.

Calonge

******Park Hotel San Jorge (L)**
Ctra. de Palamós, s / n
E-17251 Calonge
☎ 972 65 23 11
FAX 972 65 25 76; 85 Z.
Das Hotel liegt außerhalb des Ortes Richtung Palamós in schöner Lage mit Blick aufs Meer und bietet allen Komfort. Schattiger kleiner Park mit Aussichtsterrasse.

Camprodón

******Edelweiss (B)**
Carretera Sant Joan, 28
E-17867 Camprodón
☎ 972 74 06 14
FAX 972 74 06 05; 21 Z.
Das sehr gepflegte Haus zeigt mit viel Holz und Stilmöbeln gemäßigt rustikales Ambiente. Gutes Restaurant mit katalanischen Spezialitäten.

Castelló d'Empúries

******Hotel de la Moneda**
▶ Baedeker Special, S. 192

Empuriabrava

******Briaxis (L)**
Cavall de Mar, 25
E-17487 Empuriabrava
☎ 972 45 15 45
FAX 972 45 18 89; 52 Z.
E-Mail:
freieauswahl@briaxis.com
www.briaxis.com
Angenehmes Hotel im Nordosten der Lagunensiedlung nahe der Einfahrt in den Hafenkanal, auf den sich ein hübscher Blick bietet. Terrassenrestaurant, Schwimmbad.

*****Xon's Platja (B)**
Av. Pompeu Fabra s / n
E-17487 Empuriabrava
☎ 972 45 01 36
FAX 972 45 04 22; 205 App.
E-Mail:
xons@empuriagrup.com
www.empuriagrup.com
Das moderne Apartmenthotel befindet sich in Zentrumsnä-

he bei der Mündung des Riu Muga. Der feinsandige Strand befindet sich direkt vor der Tür; zudem gibt es ein Schwimmbad.

L'Escala

*****Nieves Mar (C)**
Passeig Maritim, 8
E-17130 L'Escala
☎ 972 77 03 00
FAX 972 77 36 05; 80 Z.
Bestes Hotel und bestes Fischrestaurant von L'Escala; direkt am Wasser gelegen. Nur von April bis Oktober geöffnet.

L'Estartit

*****Bell Aire (B)**
Carrer de l'Església, 39
E-17258 L'Estartit
☎ 972 75 13 02
FAX 972 75 19 58; 76 Z.
E-Mail:
info@hotelbellaire.com
www.hotelbellaire.com
Familienfreundliches Haus konventioneller Art in zentrumsnaher Lage, 100 m vom Sandstrand entfernt und mit kleinem Garten, durch das Gebäude von der Straße abgeschirmt.

****Miramar (B)**
Avinguda de Roma, 13 – 21
E-17258 L'Estartit
☎ 972 75 06 28
FAX 972 75 05 00; 56 Z.
E-Mail: hotelmiramar@
hotelmiramar.net
www.hotelmiramar.net
Das Hotel besitzt mit seinem wuchernden Garten ein besonders stimmungsvolles Ambiente. Pool und Tennisplatz, Restaurant.

*****Hotel Panorama**
Avinguda de Grècia, 5
E-17258 L'Estartit
☎ 972 75 10 92
FAX 972 75 01 19; 153 Z.
www.hotelpanorama
estartit.com
Das vor allem bei Franzosen und Schweizern beliebte Hotel liegt direkt hinter der Strandpromenade. Geräumige Zimmer mit Balkon und TV (und teilweise herrlichem Blick auf die zum Greifen nahen Illes Medes), Hallen- und Freischwimmbad, Sauna und Fitnessraum sowie eine Bar mit Livemusik-Darbietungen. Reichhaltiges Frühstücks- und Abendbüfett.

Figueres

*****Empordà (B)**
an der alten Nationalstraße in Richtung La Jonquera
E-17600 Figueres
☎ 972 50 05 62
FAX 972 50 93 58; 42 Z.
www.hotelemporda.com
Verkehrsgünstig gelegenes, modernes und sehr komfortables, wenngleich etwas nüchternes Hotel mit gutem Restaurant.

*****Durán (B)**
Lasauca, 5
E-17600 Figueres
☎ 972 50 12 50
FAX 972 50 26 09; 65 Z.
Komfortables Hotel in Zentrumsnähe mit einem regionaltypischen Restaurant.

*****Bon Retorn (B)**
südlich außerhalb an der N-II in Richtung Girona
E-17600 Figueres
☎ 972 50 46 23
FAX 972 67 39 79; 50 Z.
www.bonretorn.com
Modernes Hotel in leichtem Hacienda-Stil in ländlicher Umgebung.

Girona

*****Costabella (A)**
Av. de França, 61

E-17007 Girona
☎ 972 20 25 24
FAX 972 20 22 03; 46 Z.
www.hotelcostabella.com
Das mit modernem Komfort ausgestattete Stadthotel ist in erster Linie auf die Bedürfnisse von Geschäftsreisenden und auf Tagungen eingestellt.

*****Ultònia (A)**
Gran Via Jaume I, 22
E-17001 Girona
☎ 972 20 38 50
FAX 972 20 33 34; 45 Z.
E-Mail: hotelultonia@husa.es
Das in erster Linie von Geschäftsleuten frequentierte Hotel liegt westlich des Riu Onyar in der Neustadt und unweit des Messegeländes. Nüchtern-sachliche Atmosphäre.

****Bellmiral (B)**
Carrer Bellmiral, 3
E-17004 Girona
☎ 972 20 40 09; 7 Z.

Kleines, günstiges Hotel mit historischem Ambiente nahe der Kathedrale. Parkplatz ca. 50 m entfernt.

Hotel Peninsular (C)
Carrer Nou, 3 bzw.
Av. Sant Francesc, 6
E-17001 Girona
☎ 972 20 38 00
FAX 972 21 04 92
www.novarahotels.com
Das Hotel am linken Ufer des Riu Onyar mitten im Geschäftszentrum gleich neben der südlich gelegenen Plaça de Catalunya ist von zwei Straßen aus zugänglich. Von hier aus nur einige Schritte ins historische Zentrum der Stadt. Die Zimmer wurden vor kurzem aufwändig renoviert.

Llançà

****Berna (B)**
Passeig Marítim, 13
E-17490 Llançà
☎ 972 38 01 50
FAX 972 12 15 09; 42 Z.
Mittelgroßes, komfortables Hotel in Hafennähe unmittelbar am Sandstrand. Im Restaurant überdachte Terrasse mit Meerblick.

Grifeu (B)
Ctra. Portbou, Platja Grifeu
E-17490 Llançà
☎ 972 38 00 50
FAX 972 30 00 63; 37 Z.
E-Mail: grifeu@xecweb.com
www.xecweb.com/
associacio_hosteleria/hotel/
grifeu
Das Hotel befindet sich zwischen der Landstraße und dem kleinen, teils von Klippen durchsetzten Sandstrand. Balkone z. T. mit Meerblick. Französische Küche und Fischspezialitäten.

*****Grimar (C)**
Ctra. Portbou
E-17490 Llançà
☎ 972 38 01 67
FAX 972 12 16 20; 45 Z.
E-Mail:
grimar@speedcom.es
Das Hotel bietet guten Komfort und liegt in einem hübschen, von Pinien beschatteten Park mit Schwimmbecken. Im Terrassenrestaurant werden Fisch und Meeresfrüchte serviert.

Lloret de Mar

******Rigat Park Hotel (L)**
Avinguda Amèrica, 1
17310 Lloret de Mar

☎ 972 36 52 00
FAX 972 37 04 11; 105 Z.
E-Mail: rigat@ctv.es
www.rigat.com
Das erstklassige Hotel liegt unmittelbar am Sandstrand in einem großen Piniengehölz. Der mehrteilige Baukörper umschließt einen Innenhof mit Wasserbecken und Restaurantterrasse. Die Zimmer sind in unterschiedlichen historischen Stilen eingerichtet. Schwimmbad, Tennisplatz.

*****Guitart Park I (A)**
Constanti Ribalaiga, 7
17310 Lloret de Mar
☎ 972 34 70 01
FAX 972 34 70 35; 751 Z.
E-Mail: rhq@guitarthotels.com
www.guitarthotels.com
Das familiengerechte Urlaubs-Großhotel liegt etwas oberhalb des Strandes. Es besitzt einen gepflegten Garten mit exotischen Gehölzen und drei Schwimmbecken, Sonnenterrasse, Tennisplätzen und Freiluftrestaurant. Abwechslungsreiches Animations- und Unterhaltungsprogramm.

*****Excelsior (B)**
Passeig M. Jacint Verdaguer, 16
E-17310 Lloret de Mar
☎ 972 36 41 37
FAX 972 37 16 54; 45 Z.
Preiswerte Altenative zu den luxuriöseren Häusern.

*****La Carolina (C)**
Sènia del Barral, 46
17310 Lloret de Mar
☎ 972 36 50 58
FAX 972 36 88 15; 67 Z.
Das große, moderne Ferienhotel gruppiert sich im Winkel um einen kleinen Pool.

Montserrat

Abat Cisneros (B)
Plaça del Monestir, s/n
☎ 938 77 77 01
FAX 938 77 77 24; 56 Z.
Das Hotel ist Teil des Klosterkomplexes, eine preisgünstige Unterkunft, von der aus man den Gipfel des Sant Jeroni in Angriff nehmen kann.

Olot

*****Borrell (C)**
Carrer Nónit Escubós
E-17800 Olot
☎ 972 26 92 75
FAX 972 27 04 08; 24 Z.
Der moderne, etwas nüchterne Betrieb bietet zeitgemäßen Komfort. Hunde sind nicht erwünscht; kein Restaurant.

Palafrugell

*****Alga (A)**
Av. de Joan Pericot Garcia, 55
E-17210 Calella de Palafrugell
☎ 972 61 70 80
FAX 972 61 51 02; 53 Z.
E-Mail:
alga@novarahotels.com
Ruhiges Hotel in Strandnähe. Schwimmbad, Tennisplatz, Gartenterrasse, Restaurant.

*****Sant Roc**
E-17210 Calella de Palafrugell
▶ Baedeker Special, S. 192

*****Llevant (A)**
C. de Francesc de Blanes, 5
E-17211 Llafranc
☎ 972 30 03 66
FAX 972 30 03 45; 24 Z.
E-Mail: hllevant@arrakis.es
Das kleine Hotel mit persönlicher Atmosphäre liegt direkt an einer von Felsen eingefassten kleinen Badebucht. Schattiges Terrassenrestaurant, Bar.

*****Garbí (B)**
Av. de Baldomer Gili i Roig, 20
E-17210 Calella de Palafrugell
☎ 972 61 40 40
FAX 972 61 58 03; 30 Z.
Das auf einem Gartengrundstück mit Mittelmeerkiefern

gelegene Hotel eignet sich besonders für Familien. Freibad und Kinderspielplatz.

****Tamariu (B)**
Passeig del Mar, 2
E-17212 Tamariu
☎ 972 62 00 31
FAX 972 62 05 00; 17 Z.
www.tamariu.com
An der Strandpromenade gelegenes Hotel mit sehr sauberen Zimmern, von denen man aufs Meer blicken kann. Sehr gutes Fischrestaurant.

Palamós

*****Trias (A)**
Passeig del Mar
E-17230 Palamós
☎ 972 60 18 00
FAX 972 60 18 19; 81 Z.
E-Mail: hoteltrias@hoteltrias.com
www.hoteltrias.com
Das Hotel, nahe am Strand gelegen, bietet gehobenen Komfort. Die Ausstattung zeigt einen Hauch rustikaler Nostalgie. Schattige Restaurantterrasse, kleiner Pool. Gepflegte Küche mit Fischspezialitäten.

*****Àncora (B)**
Carrer Josep Pla
E-17230 Palamós
☎ 972 31 48 58
FAX 972 60 24 70; 44 Z.
E-Mail: hancora@teleline.es
Das ruhige, konventionell gestaltete Hotel liegt rund 2 km nordöstlich außerhalb in der Nähe eines guten Sandstrandes. Schwimmbad, Minigolf- und Tennisplatz, Bar.

Pals

******La Costa (L)**
Av. Arenales de Mar, 3
E-17256 Pals
☎ 972 66 7740
FAX 972 66 77 36; 120 Z.
www.lacostahotel.com
Der hochkomfortable, moderne Hotelkomplex liegt zwischen dem alten Ort und der sandigen Küste, ganz nahe beim Golfplatz. Die Anlage gruppiert sich um einen teils mit Pinien bestandenen Park mit großzügigem Schwimmbad und Tennisplätzen. Disko, drei Bars, drei Restaurants.

Peratallada

******Castell de Peratallada (L)**
Plaça del Castell, 1
E-17113 Peratalada
☎ 972 63 40 21
FAX 972 63 40 11; 8 Z.
www.castelldeperatallada.com
Mitten im Ortskern im mittelalterlichen Burgschloss der Stadt untergebrachtes Hotel. Sehr unterschiedliche Zimmer mit antiken Möbeln. Das Haus gewährt einen herrlichen Blick auf die Gassen und Plätze und in den schönen Burggarten. Das Restaurant ist weit über die Grenzen der Stadt hinaus bekant.

Platja d'Aro

******Platjapark Hotel (A)**
Av. Estrasburg, 10
E-17250 Platja d'Aro
☎ 972 81 68 05
FAX 972 81 68 03; 200 Z.
www.ahotels.com
Das Hotel wird hohen Ansprüchen gerecht. Der Gebäudekomplex umschließt einen großen Pool und eine Restaurantterrasse mit Tanzfläche. Der Strand allerdings ist rund 600 m entfernt. Bar und Abendunterhaltung.

******Columbus Hotel (A)**
Passeig de Mar, 100
E-17250 Platja d'Aro
☎ 972 81 71 66
FAX 972 81 75 03; 100 Z.
www.eurocolumbus.es

Verhältnismäßig ruhig und direkt am breiten, feinsandigen Strand gelegenes, sehr komfortables Hotel. Schattiger kleiner Garten, Schwimmbad und Tennisplatz. Tauchkurse und -ausflüge für Hausgäste werden organisiert.

*****Aromar (A)**
Passeig Marítim, 106
E-17250 Platja d'Aro
☎ 972 81 70 54
FAX 972 81 83 26; 160 Z.
www.hotelaromar.com
Modernes, etwas nüchternes Hotel direkt am Sandstrand. Schwimmbad und Bar.

El Port de la Selva

Cal Mariner (C)
Ctra. Cadaqués, 2
E-17489 El Port de la Selva
☎ 972 38 80 05
FAX 972 38 80 06; 9 Z.
www.cal-mariner.com
Hotel hinter der Strandpromenade. Einige Zimmer (alle mit TV) haben einen Balkon. Hervorragende Fischgerichte im Restaurant: nicht ganz billig, dafür kommt das Meeresgetier frisch aus dem Hafen.

Ripoll

****Solana del Ter (B)**
Ctra. Barcelona – Ripoll, s/n
☎ 972 70 10 62
FAX 972 71 43 43; 42 Z.
E-Mail: hotelsolanadter@cambrescat.es
www.solanadelter.com
Ideales Ferienhotel in ländlicher Umgebung mit Campingplatz. Großes Sportangebot und vorzügliches Restaurant.

Roses

******Almadabra Park (L)**
Playa Almadraba
E-17480 Rosas
☎ 972 25 65 50
FAX 972 25 67 50; 64 Z.
www.almadrabapark.com
In der Nähe einer sandigen Bucht gelegenes Haus mit Meerblick und großem, schönem terrassierten Garten. Bar, Diskothek, Tennis- und Minigolfplatz, Restaurant.

*****Monterrey (A)**
Passeig Marítim, 106
E-17480 Rosas
☎ 972 25 66 76
FAX 972 25 38 69; 135 Z.
E-Mail: hotel@monterrey.es
Das komfortable, familiengerechte Haus steht in einem kleinen Park mit Schwimmbad nahe der von Kanälen durchzogenen Urbanisation Santa Margarida direkt am Strand. Bar, Restaurant.

S'Agaro

*******La Gavina (L)**
Plaça Rosaleda
E-17248 S'Agaro
☎ 972 32 11 00
FAX 972 32 15 73; 74 Z.
www.lagavina.com

Das Haus im katalanischen Landhausstil, das sich in vornehmem Understatement als "Hostal" (Gasthof) bezeichnet, gehört zu den besten und luxuriösesten Hotels in Nordostspanien. Die Ausstattung mit z.T. historischem Mobiliar und vielen Antiquitäten lässt an Eleganz nichts zu wünschen übrig; die Lage in einem herrlichen Park über der Felsküste ist großartig. Zu den illustren Gästen zählten Ava Gardner, Liz Taylor, Orson

Welles u. a. Mehrere Spitzenrestaurants und vielerlei Wassersportmöglichkeiten.

Sant Feliu de Guíxols

*****Eden Roc (L)**
Port Salvi
E-17220 Sant Feliu de Guíxols
☎ 972 32 01 00
FAX 972 82 17 05; 104 Z.
www.edenrochotel.com
Der weitläufige Hotelkomplex liegt eindrucksvoll um eine von Pinien gesäumte Felsbucht mit kleinem Sandstrand. Fast alle Zimmer haben Meerblick. Sehr komfortable, z. t. etwas rustikale Ausstattung. Hallen- und Freibäder, schöner Park mit exotischer Flora. Angegliedert ist ein Schönheits- und Gesundheitszentrum; es gibt auch einen hoteleigenen 18-Loch-Golfplatz.

Tossa de Mar

******Gran Hotel Reymar (B)**
Carrer Joaquim E. Llach, s / n
E-17320 Tossa de Mar
☎ 972 34 03 12
FAX 972 34 15 04; 166 Z.
E-Mail: mail@ghreymar.com
www.ghreymar.com
Das mit großem Komfort ausgestattete Hotel liegt nordöstlich etwas außerhalb vom Ortskern und in unmittelbarer Strandnähe. Schwimmbad, Kinderspielplatz, Tennisplatz und Sauna.

****Hotel Diana (B)**
Plaça d'Espanya, 6
E-17320 Tossa de Mar
☎ 972 34 18 86
FAX 972 34 11 03; 21 Z.
www.diana-hotel.com

Unter Denkmalschutz stehendes Jugendstilhaus an der Promenade. Sehr individuell eingerichtete Zimmer, jedoch teilweise etwas eng.

Vic

******Parador de Vic-Sau**
▶ Baedeker Special, S. 192

Internet

www.tourspain.es
Website der spanischen Fremdenverkehrsbehörde

www.spanien-auf-einen-Blick.de/ Katalonien
Links zu den Websites einzelner katalanischer Orte.

www.gencat.es/probert
www.gencat.es/turistex
Website der katalanischen Landesregierung mit Informationen und weiteren Links zu den Themen Unterkunft, Sportangebote, Strände, Natur (Katalan., Span., Engl.).

www.publintur.es
Katalonien-Website mit Infos zu einzelnen Reisezielen sowie Unterkunft, Stränden, Naturparks und Urlaubsaktivitäten (Katalan., Span.).

www.catalunya.net
Unterkunftsmöglichkeiten, Routenbeschreibungen sowie zeitgenössische Kunst in Katalonien (Katala., Span., Engl.).

Internet (Fortsetzung)

www.dlleure.com
Unterkunft, Urlaubsaktivitäten, Strände und Gastronomie an der Costa Brava (auch Deutsch).

www.cbrava.es
www.costabrava.org
Identische Tourismus-Websites der Provinz Girona mit zahlreichen Infos für einen Urlaub an der Costa Brava (auch Deutsch).

www.eloinfo.net
Website für deutsche Urlauber und für Residenten. Infos u. a. auch zu Ärzten, Immobilien und Dienstleistungen.

www.barcelonaturisme.com
Unterkunft, Gastronomie, Freizeitvergnügen, Verkehrsmittel (Katalan., Span., Engl., Franz.).

www.barcelona-on-line.es
Alle möglichen Informationen zu Barcelona für Besucher der Millionenstadt (Katalan., Span., Engl., Franz., Ital.)

www.bcn.es
Website des Ajuntament (Rathaus) von Barcelona.

www.interhotel.com/spain/es/provincias/girona.html
www.interhotel.com/spain/es/provincias/barcelona.html
Buchungen von Hotels: Costa Brava (1. Adresse), Costa del Maresme und Barcelona (2. Adresse)

www.parador.es
Hier kann man sich umfassend über Paradores informieren, die einzelnen Gebäude, Paläste oder Burgen anschauen und gleich buchen (Dt.).

www.fernweh.com/spain.htm
Umfassende Link-Sammlung und Reiseinfos zu Spanien (Dt., Engl.).

www.icom.org./vlmp/spain.html
Sammlung von weit über hundert Internetadressen zu den bedeutendsten Museen Spaniens, darunter die drei Dalí-Museen (Engl., Span.).

www.vinos.de
Website in deutscher Sprache mit umfassenden Informationen auch über katalanische Weinanbaugebiete und Rebsorten sowie den Cava, den katalanischen Sekt.

Jugendherbergen

Jugendherbergen gibt es innerhalb des in diesem Reiseführer beschriebenen Gebietes in den Orten Banyoles, Barcelona (vier Herbergen), L'Escala, Girona, Olot und Vic. Sie stehen grundsätzlich allen Reisenden offen, bevorzugt aufgenommen werden aber Mitglieder des Internationalen Jugendherbergsverbandes.

Auskunft in Deutschland

Deutsches Jugendherbergswerk
Bismarckstraße 8
D-32756 Detmold
☎ (05231) 74 01 - 0
FAX (05231) 74 01 - 74
www.djh.de

Auskunft in Spanien

Red Española de Albergues Juveniles
☎ 915 22 70 07
www.reaj.com

Kinder

Außer dem Baden im Meer und weiteren sportlichen Aktivitäten (► Sport) gibt es an der Küste nördlich von Barcelona zahlreiche Möglichkeiten der Unterhaltung für Kinder.

Badelandschaften

Agua Brava ► Roses

Aquadiver
► La Platja d'Aro

Marineland
► Malgrat de Mar

Waterworld
► Lloret de Mar

Bootstouren

Beeindruckend ist eine Bootsfahrt auf einem Glasbodenboot wie vor den Medes-Inseln (► Tipp, S. 109), wo man vom Trockenen aus die Unterwasserwelt beobachten kann.

Spielzeugmuseen

Museu del Joguet
► Figueres

Museu d' Història de la Joguina
► Sant Feliu de Guixols

Freizeitparks

Vergnügungsparks gibt es in Roses und Platja d'Aro. Es handelt sich hierbei nicht um riesige Freizeitparks mit Aufsehen erregenden Einrichtungen, doch die Unterhaltung ist trotzdem gesichert.

Tierbeobachtung

Parc Natural Aiguamolls de l'Empordà
In diesem Feuchtgebiet an der Küste können Vögel von eigens aufgestellten Hochständen aus beobachtet werden ► Empúriabrava, Umgebung.

Parc Animal de Sobrestany
Der große Tierpark mit rund 600 Tieren liegt zwischen L'Estartit und Torroella de Montgrí. Kinderspielplatz, Ökopark, Reitplatz, Kutschenausflüge (Öffnungszeiten: tgl. 9^{00} – 21^{00} Uhr).

Aquàrium Barcelona
► Barcelona

Zoo Barcelona
► Barcelona

El Parc de les Aus
Großer Vogelpark bei Vilassar de Mar ► Mataró, Umgebung

Literaturempfehlungen

Romane und Erzählungen

Ana Capella, Chaos an der Costa Brava (Heyne, 2000)
Eine Studentin muss sich in ihren Ferien an der Costa Brava um das Immobilienbüro ihrer erkrankten Stiefmutter kümmern und hat es dabei mit zickigen Ferienhausmietern und anspruchsvollen Käufern zu tun hat. Auch die Liebe kommt nicht zu kurz.

Alicia Giménez-Bartlett, Gefährliche Riten (Unionsverlag, 2002)
Erstes Buch der Petra-Delicado-Romanreihe der erfolgreichen spanischen Krimiautorin. In den Straßen von Barcelona muss die Polizei-

Romane und Erzählungen (Fortsetzung)

inspektorin Petra Delicado einen Vergewaltiger aufspüren. Die Inspectora-Delicado-Romane wurden 1999 in Spanien in einer 13-teiligen Fernsehserie verfilmt.

Felix Hofmann, Wüste Küste. Costa-Brava-Geschichten (Verlag Winfried Jenior, Kassel, 1991)
Spannende Geschichten von der Costa Brava mit ungewöhnlichen Handlungen und unerwarteten Ausgängen. Leitmotive aller Erzählungen: Geld, Sex und Wahn.

Norman Lewis, Die Stimmen des alten Meeres (Insel, 2000)
Geschichte eines kleinen verschlafenen Fischerdorfes an der Costa Brava, das erst gegen den Tourismus, der sich in der Küstenregion ausbreitet und alte Traditionen zu zerstören droht, ankämpft und sich im Lauf der Zeit schließlich selbst zu einem beliebten Ferienziel wandelt.

Juan Marsé, Der zweisprachige Liebhaber (Econ Tb., 1995)
Roman einer unerfüllten Liebe, der auf das spannungsgeladene Verhältnis zwischen den zugewanderten Andalusiern und nationalistischen Katalanen eingeht und zahlreiche Seitenhiebe auf die Gesellschaft Barcelonas austeilt.

Eduardo Mendoza, Stadt der Wunder (Suhrkamp, 1992)
Erzählung vom abenteuerlichen Aufstieg des Onofre Bouvila, eines Niemands aus der Provinz, zum Industriemagnaten und mächtigsten Mann Barcelonas in der Zeit zwischen den Weltausstellungen 1888 und 1929.

Mercé Rodoreda, Aloma (Suhrkamp, 1991)
Der 1938 verfasste Roman der berühmtesten katalanischen Schriftstellerin Mercé Rodoreda (▶ Berühmte Persönlichkeiten) schildert zwei Liebesdramen während eines heißen Sommers in einer Vorstadt von Barcelona.

Caroline Roe, der blinde Heiler von Girona (Rowohlt TB-V, 2001)
Gut erdachter Kriminalroman, der im Girona des 14. Jh.s spielt und von den Bemühungen eines jüdischen Arztes erzählt, einer mysteriösen Krankheit, die sich in der Stadt ausbreitet, auf den Grund zu gehen.

Manuel Vázquez Montalbán, Die Meere des Südens. Ein Pepe-Carvalho-Roman (Piper, 2001)
Typische Krimigeschichte des katalanischen Erfolgsautors Manuel Vázquez Montalbán (▶ Baedeker Special, S. 34) mit Detektiv Pepe Carvalho. Spannende Story, die auch die sozialen Verhältnisse in Barcelona schildert.

Geschichte

Edith Etherington-Smith, Dalí (Fischer TB, 1996)
Flüssig und fesselnd geschriebene Biografie über Salvador Dalí (▶ Baedeker Special, S. 112) mit detaillierten Schilderungen zur kulturellen, politischen und Bildungslandschaft in der Zeit dieses großen Künstlers. Ausgiebig eingegangen wird auch auf die Orte in der Provinz Girona, die für Dalí und seine Frau Gala von Bedeutung waren.

George Orwell, Mein Katalonien. Bericht über den Spanischen Bürgerkrieg (Diogenes, 2000)
Autobiografischer Bericht George Orwells (1903 – 1950) über seine freiwillige Teilnahme im Spanischen Bürgerkrieg (1936 – 1939) auf Seiten der Republikaner mit detaillierter Beschreibung der damaligen politischen Situation, als nicht nur die Republik gegen Franco kämpfte, sondern auch die Linke gegen die Linke.

Mietwagen

Reservierungen

in Deutschland:

Avis
☎ (01805) 55 77 55
www.avis.de

Budget
☎ (01805) 24 43 88
www.budget.de

Europcar
☎ (01805) 22 11 22
www.europcar.de

Hertz
☎ (01805) 33 35 35
www.hertz.de

Sixt
☎ (0180) 5 25 25 25
www.e-sixt.de

Notdienste

Zentralruf

☎ 112
Unter dieser Nummer erreicht man Arzt, Feuerwehr und Polizei. Anrufe werden rund um die Uhr in Spanisch, Deutsch, Englisch und Französisch entgegengenommen und weitergeleitet.

Notrufnummer für Urlauber
☎ 902 10 21 12

Notrufdienste

ADAC-Notrufzentrale München
☎ aus Spanien:
00 49 89 22 22 22

ADAC-Ambulanzrückholdienst und Telefonarzt
☎ aus Spanien:
00 49 89 76 76 76

ACE-Notrufzentrale Stuttgart
☎ aus Spanien:
00 49 18 02 34 35 36

Deutsche Rettungsflugwacht Stuttgart
☎ aus Spanien:
00 49 711 70 10 70

DRK-Flugdienstleitstelle Bonn
☎ aus Spanien:
00 49 172 29 73 70 5

ÖAMTC-Notrufzentrale Wien
☎ aus Spanien:
00 43 1 9 82 82 82

Schweizerische Rettungsflugwacht Zürich
☎ aus Spanien:
00 41 1 14 14
bzw.
00 41 1 3 83 11 11

Pannenhilfe

► Autohilfe

Öffentliche Verkehrsmittel

Bahn

Für die Küstenorte der Costa Brava – im Gegensatz zu denjenigen der Costa del Maresme – spielt die Bahn fast keine Rolle, denn bei Llançà, wenige Kilometer südlich von Portbou an der spanisch-französischen Grenze, zieht sich die Bahnlinie ins Hinterland und erreicht erst bei Blanes, also im äußersten Süden der Costa Brava, wieder die Küste. Während die Küstenorte der Costa del Maresme durch eine Bahnlinie verbunden sind – man kann auch vom Flughafen Barcelona bis nach Blanes mit der Bahn fahren (einmal umsteigen) –, ist die Bahn im Bereich der Costa Brava nur interessant, um Ausflüge nach Figueres und Girona zu unternehmen.

Bus

Ein dichtes Netz von Buslinien verbindet alle großen und viele kleinere Städte Kataloniens untereinander. Die meisten Städte besitzen einen Busbahnhof, wo man Fahrkarten erwerben und den Fahrplan studieren kann.

Taxi

Die meisten Taxis sind mit Taxametern ausgestattet, allerdings gelten für längere Strecken festgesetzte Tarife. Um Unstimmigkeiten zu vermeiden, sollte man sich vorher nach dem Fahrpreis erkundigen. Wartezeiten, Gepäck- und Haustierbeförderung werden extra berechnet.

Öffnungszeiten

Apotheken

► dort

Banken

Mo.–Fr. 9^{00}–14^{00} Uhr; Sa. 9^{00}–13^{00} Uhr. Im Sommer haben die meisten Banken samstags geschlossen, mit Ausnahme von Filialen in Einkaufszentren, Bahnhöfen und Flughäfen.

Geschäfte

Die meisten Geschäfte sind in aller Regel Mo.–Fr. 9^{00} bzw. 9^{30}–13^{30} Uhr und 16^{30} bzw. 17^{00}–20^{00} Uhr, Sa. 9^{00}–13^{00} Uhr geöffnet. Große Geschäftszentren und Kaufhäser sind von 10^{00}–21^{00}, oft sogar bis 22^{00} Uhr durchgehend geöffnet. Während der Hochsaison kann man in den Küstengebieten in den meisten Geschäften bis lange nach 22^{00} Uhr einkaufen, teilweise auch sonntags.

Kirchen

Die Kirchen sind üblicherweise vormittags von 9^{00}–13^{00} Uhr und nachmittags ab ca. 16^{00} Uhr geöffnet. Kunsthistorisch bedeutsame Gotteshäuser sind durchgehend zugänglich.

Museen

Die Museen haben in der Regel montags und über die Mittagszeit (in Spanien i.d.R. 13^{00}–16^{00} Uhr!) geschlossen. Für viele kunsthistorisch wertvolle Kirchen gelten ähnliche Öffnunsgzeiten.

Postämter

► Post

Post

Postgebühren

Das Porto für Postkarten und Standardbriefe bis 20 g innerhalb Europas (auch Nicht-EU-Länder) beträgt 0,50 € (Stand: Oktober 2002).

Briefmarken

Briefmarken bekommt man sowohl in Postämtern als auch in den bis spät in die Abendstunden geöffneten Tabakgeschäften, die man an einem Schild mit einem stilisierten gelben Tabaksblatt und einem "T" erkennt. Im Übrigen gibt es in diesen Geschäften auch Busfahrkarten und Telefonkarten. Souvenir- und Postkartenläden verkaufen meist keine Briefmarken.

Briefkästen

Die Briefkästen in Spanien sind gelb mit einem roten Posthorn. Auslandspost gehört in die Kästen mit der Aufschrift "extranjero" (Ausland).

Öffnungszeiten

Die Postämter (Correos) sind Mo.–Fr. von 9 00 bis 14 00 Uhr und Sa. 9 00 – 13 00 Uhr geöffnet.

Reisedokumente

Personalpapiere

Reisende aus Deutschland, Österreich und der Schweiz benötigen für die Einreise einen gültigen Personalausweis oder einen Reisepass. Kinder unter 16 Jahren müssen einen Kinderausweis besitzen oder im Reisepass der Eltern eingetragen sein.

Fahrzeugpapiere

Nationaler Führerschein und Kraftfahrzeugschein werden bei Mitgliedern aus EU-Staaten anerkannt; bei Schadensfällen wird die Internationale Grüne Versicherungskarte verlangt. Kraftfahrzeuge müssen, sofern sie kein EU-Nummernschild haben, das ovale Nationalitätskennzeichen tragen.

Haustiere

Wer seinen Hund oder seine Katze in den Urlaub mitnehmen will, benötigt ein amtstierärztliches Gesundheitszeugnis, das höchstens zwei Wochen alt sein darf. Außerdem ist eine Bestätigung auf Deutsch und Spanisch vorzulegen, dass das Tier gegen Tollwut geimpft wurde. Die Impfung muss mindestens 21 Tage zurückliegen, darf aber nicht länger als zwölf Monate vor der Einreise erfolgt sein.

Reisezeit

Die besten Reisezeiten für die Costa Brava sind das Frühjahr und der Herbst, von April bis Juni sowie von Anfang September bis Oktober. In dieser Zeit herrscht ein mildes Klima (▶ Zahlen und Fakten) mit angenehmen Wassertemperaturen. Im Hochsommer, zur Zeit der Schulferien, wird hier der Andrang sehr groß, so dass ohne Vorausbuchung die Suche nach einer Unterkunft zu einem Problem werden kann.

Restaurants und Bars

Restaurants

Wie überall in den spanischen Touristenzentren und größeren Städten gibt es auch an den Küsten Kataloniens eine unüberschaubare Anzahl von Restaurants, wobei alle Kategorien vom einfachen Strandlokal bis zum Edelrestaurant vertreten sind. Bevorzugt man bodenständige spanische Gerichte, ist man oft auch mit einfacheren Lokalen abseits der Touristenhochburgen sehr gut bedient.

Öffnungszeiten

Restaurants servieren Mittagessen etwa zwischen 13⁰⁰ und 15³⁰ Uhr sowie Abendessen in aller Regel zwischen 20³⁰ und 23⁰⁰ Uhr.

Bars

Als Alternative für diejenigen, die spätabends nicht mehr üppig essen wollen, bieten sich die Tapas an, die in den meisten Bars erhältlich sind (▶ Essen und Trinken). Die Bar ist einer der Mittelpunkte des Lebens in Spanien, selbst in einem Dorf findet man oft mehrere davon. Hier trifft man sich zum Frühstück, zur Mittagspause, am Nachmittag zum Domino bei Kaffee, Bier oder einem Gläschen Wein, und des Abends zieht man von Bar zu Bar, um die verschiedenen Tapas zu probieren.

Barcelona

Neichel
Beltran i Rozpide, 16
☎ 932 03 84 08
Ruhetag: So.
International ausgezeichnetes renommiertes Restaurant mit französisch-mediterraner Küche im Zentrum des eleganten Wohngebiets von Pedralbes. Entsprechend hoch sind die Preise, und entsprechend prominent ist das Publikum.

Vía Veneto
Ganduxer, 10 – 12
☎ 932 00 70 24
Ruhetag: Mo.
Weit berühmtes Luxusrestaurant in einem Gebäude aus der Belle Epoque. Auf den Tisch kommt exzellente katalanische Kochkunst.

Agut
Carrer Gignás, 16
☎ 933 15 17 09
Das im Hafenviertel gelegene Restaurant bringt vor allem Fischspezialitäten auf den Tisch.

Beltxenea
Carrer Mallorca, 275
☎ 932 15 30 24
Ruhetag: So.
Elegantes Lokal im Jugendstilviertel Eixample. Die baskischen Gerichte werden bei schönem Wetter im Freien serviert.

Gambrinus
Moll de la Fusta
☎ 932 21 96 07
Das am Moll de la Fusta, der Promenade am Alten Hafen, gelegene Lokal bietet in erster Linie Fisch und Meeresfrüchte. Kenntlich ist es an der großen Plastik einer Garnele, die von Javier Mariscal, dem Schöpfer des Olympia-Maskottchens, stammt.

Reno
Carrer Tuset, 27
☎ 932 00 91 29
Das Restaurant befindet sich im Norden des Eixample, jenseits der Avinguda Diagonal. Ausgezeichnete katalanische und internationale Küche. Vorbestellung ist empfehlenswert.

Begur

Jordi's
ca. 5 km südlich außerhalb
☎ 972 30 15 70
Das Lokal, in einem alten Landhaus eingerichtet, liegt sehr ruhig in einem schönen Garten mit Panoramablick. Auch eine kleine Zahl von Gästezimmern steht zur Verfügung.

Blanes

Can Flores III
Explanada del Port
☎ 972 33 16 33

Terrassenrestaurant an der Hafenpromenade mit vorwiegend Fisch- und Meeresfrüchtegerichten.

Cadaqués

La Galiota
Carrer Narcis Monturiol, 9
☎ 972 25 81 87
Einfaches Restaurant mit ausgezeichneter regionaler Küche. Im Winter nur an Wochenenden und Feiertagen geöffnet.

Es Baluard
Riba Nemesio Llorens
☎ 972 25 81 83
Ruhetag: Do.
Wie der Name sagt, ist das rustikale, auf Fischgerichte spezialisierte Lokal in einem Bollwerk (baluard) der Festung eingerichtet.

L'Escala

Els Pescadors
Port d'en Perri, 5
☎ 972 77 07 28
Ruhetag: Do.
Der Name deutet es schon an: Das Pescadors ist ein ausgesprochenes Fischlokal, das vor allem die landesüblichen Zubereitungsarten favorisiert.

Miryam
Ronda del Pradó, 4
☎ 972 77 02 87
Hier kommen im Wesentlichen Fisch und Meeresfrüchte auf den Tisch. Es gibt auch ein paar Gästezimmer.

L'Estartit

La Gaviota
Passeig Marítim, 92
☎ 972 75 20 19
Das Strandrestaurant ist – wie zu erwarten – auf Fisch und anderes Seegetier spezialisiert.

Figueres

Mas Pau
an der Straße nach Olot
☎ 972 54 61 54
Rund 4 km außerhalb der Stadt steht das alte Landhaus, in dem dieses Spitzenrestaurant eingerichtet ist. Sehr vielseitige, raffinierte Speisekarte und gepflegter Weinkeller. Es sind auch einige luxuriös ausgestatte Gästezimmer vorhanden. Vorbestellung ist dringend anzuraten.

Durán
Calle Lasauca, 5
☎ 972 50 12 50
Das mitten im Stadtzentrum gelegene Restaurant bietet katalanische Spezialitäten.

Girona

Albereda
Carrer Albereda, 7
☎ 972 22 60 02
Ruhetag: So.
Das Albereda, in der Altstadt zwischen Plaça de Catalunya und Rathaus gelegen, ist wohl das beste Restaurant in Girona. Geboten wird hervorragende katalanische Küche, darunter bemerkenswerte Fischspezialitäten.

Celler de Can Roca
Carretera de Taialá, 40
☎ 972 22 21 57
Ruhetag: So.
Das nicht sonderlich große, aber viel besuchte Restaurant liegt in einem Vorort an der Straße nach Sant Feliu de Guíxols. Umfangreiche, bemerkenswerte Speisekarte mit regionalem Touch. Tischreservierung ratsam.

Llançà

La Brasa
Plaça de Catalunya, 6

☎ 972 38 02 02
Ruhetag: Di.
Hübsches, bodenständiges Terrassenrestaurant. Spezialitäten sind frischer Seefisch und Fleischgerichte vom Grill.

El Vaixell
an der Straße nach Port de la Selva
☎ 972 38 02 95
Lokal mit Fisch und Meeresfrüchten.

Lloret de Mar

El Trull
in Platja Canelles
☎ 972 36 49 28
Das rustikal ausgestattete Terrassenrestaurant liegt 3 km östlich außerhalb in Richtung Tossa de Mar. Es zählt zu den besten Lokalen des Orts. Ausgezeichnete Spezialitäten aus dem Meer.

Mataró

El Blinco
Muralla de Sant Llorenç, 23
☎ 937 90 32 14
Das preisgünstige Restaurant ist das älteste der Stadt. Bodenständige Küche.

Palafrugell

La Xicra
Carrer de Sant Antoni, 17
☎ 972 30 56 30
Zentral gelegenes, angenehmes Restaurant mit traditioneller Küche.

Palamós

La Gamba
Plaça Sant Pere, 1
☎ 972 31 46 33
Das Terrassenrestaurant ist auf Fisch und Meeresfrüchte spezialisiert und bezieht die Zutaten stets frisch von der örtlichen Fischauktionshalle.

María de Cadaqués
Carrer Notaries, 39
E-17230 Palamós
☎ 972 31 40 09
Ruhetag: Mo.
Wegen seiner erstklassigen Fischgerichte wird das seit 1936 bestehende, zentral gelegene Lokal auch von den Einheimischen viel besucht.

Pals

Sa Punta
5 km östlich an der Platja de Pals
☎ 972 66 73 76
Sehr angenehmes, empfehlenswertes Lokal mit regional orientierter Speisekarte. Vorzügliche Gemüsespezialitäten und Nachspeisen.

La Platja d'Aro

Big Rock
Barri de Fanals, 6
☎ 972 81 80 12
Das exklusive Restaurant, eines der besten in der Region, liegt außerhalb vom Ortszentrum auf einem Bergsporn. Es ist in einem historischen Gutshaus aus dem 17. Jh. eingerichtet und kultiviert vor allem die landestypische Küche. Es gibt auch einige luxuriöse Gästezimmer. Vorbestellung ist ratsam.

Mas Nou
im Ortsteil Masnou
☎ 972 81 78 53
Rustikal eingerichtetes Lokal knapp 5 km nordwestlich außerhalb. Ausgezeichnete Küche, deren regionale Spezialitäten besonderes Lob verdienen.

Portbou

L'Ancora
Passeig de la Sardana, 3
☎ 972 39 00 25

Das rustikale kleine Terrassenrestaurant befindet sich im unmittelbaren Hafenbereich. Serviert werden Fisch und Meeresfrüchte.

Ripoll

La Trobada Hotel
Passeig Honorat Vilamanyà, 4
☎ 972 70 23 53
Das Restaurant des Hotels bietet Fleischgerichte zu annehmbaren Preisen.

Roses

Hacienda El Bulli
Das beste Restaurant an der Costa Brava und eins der renommiertesten in ganz Spanien ▶ Tipp, S. 156

Flor de Lis
Carrer Cosconilles, 47
☎ 972 25 43 16
Ruhetag: Di.
Rustikal aufgemachtes Lokal mit katalanischer und französischer Küche. Ausgezeichnete Fischspezialitäten. Auf Bestellung gibt es u. a. den berühmten Suquet de Roses, einen ortstypischen Fischeintopf.

Sant Feliu de Guíxols

Eldorado Petit
Rambla Vidal, 23
☎ 972 32 18 18
Ruhetag: Mi.
Das Restaurant liegt an der Hauptpromenade der Innenstadt. Die Küche ist in erster Linie katalanisch orientiert. Ausgezeichnete Fischgerichte und gute Auswahl an Tapas.

Can Toni
Carrer Nou Garrofers, 54
☎ 972 32 10 26
Traditionsreiches Fischrestaurant nördlich vom Ortskern. Die Speisekarte richtet sich nach dem aktuellen Angebot auf dem Fisch- und Gemüsemarkt.

Tossa de Mar

Es Molí
Carrer Tarull, 5
E-17320 Tossa de Mar
☎ 972 34 14 14
Ruhetag: Di.
Katalanische Fisch- und Fleischgerichte in einer alten Mühle – wie der Name verrät. Bei schönem Wetter sitzt man im Hof.

Castell Vell
Plaça Roig i Soler, 2
☎ 972 34 10 30
Das hübsche Restaurant liegt in der historischen Oberstadt, deren Kolorit es sich angepasst hat. Von seiner Terrasse genießt man einen schönen Ausblick auf die Küste. Ausgezeichnete Spezialitäten aus dem Meer.

Vic

La Taula
Pl. Don Miquel de Clariana, 4
☎ 938 86 32 29
Neben katalanischen Gerichten bietet das Taula eine sehr große Auswahl an typisch spanischen Tapas.

Rundfunk und Fernsehen

Rundfunk

Auf Wunsch erhält man von der Deutschen Welle kostenlos das jeweils aktuelle Programm der Sendungen, die in Spanien empfangen werden können.
In den Touristenhochburgen strahlen – allerdings meist nur im

Rundfunk und Fernsehen (Fts.) Sommer – auch deutschsprachige Radiosender ihr Programm aus bzw. senden spanische Stationen deutsche Programme.

Fernsehen Via Satellit sind – auch in vielen Hotels – einige deutsche Sender zu empfangen, u. a. RTL, Sat 1, Vox und 3 Sat.

Deutsche Welle	D-50588 Köln
Hörer-/Zuschauerpost	www.dw-world.de

Sport

An der Costa Brava und Costa del Maresme bieten sich für Sportbegeisterte zahlreiche Möglichkeiten, die verschiedensten Sportarten auszuüben. Detaillierte Informationen erteilen u. a. die unter ▶ Auskunft aufgeführten Fremdenverkehrsbüros sowie die entsprechenden, weiter unten erwähnten spanischen Verbände.

Zuschauersport

Fußball Der mit Abstand beliebteste Zuschauersport ist der Fußball. International hat die spanische Nationalmannschaft bislang zwar keinen ganz großen Erfolg zu verzeichnen, doch gehört die Mannschaft des F. C. Barcelona zu den klangvollsten Namen des europäischen Fußballs – allein ihr Stadium Nou Camp (▶ Barcelona) ist einen Besuch wert.

Aktivsport

Angeln/ Fischen Um im Meer und an Binnengewässern angeln zu können, muss man einen Angelschein besitzen, den man in der Regel bei einer der regionalen Tourismusbehörden erwerben kann.

Baden/ Schwimmen Unter der ☎ 900 210763 (vormittags) erhält man in den Sommermonaten Informationen über die einzelnen ▶ Badestrände. Darüber hinaus verfügen fast alle größeren Hotels und Paradores über Swimmingpools. Eine attraktive Alternative zum Strandleben und Badespaß für die ganze Familie bieten die vor allem an der Mittelmeerküste immer stärker verbreiteten Wasserparks.

Golf Knapp 30 Golfplätze sind über Katalonien verteilt, und es kommen ständig neue Greens hinzu. An der Costa Brava gibt es die meisten Golfplätze zwischen Platja de Pals (bei Pals) und Sant Feliu de Guíxols. Fast alle Golfclubs gehören dem spanischen Golfverband an. Wer auf ihren Plätzen spielen möchte, braucht eine Genehmigung des Verbandes, die in der Regel jedem interessierten Golfspieler erteilt wird.

Radfahren Radfahren entlang der Küste ist wegen der steilen Anstiege und Abfahrten für Ungeübte nicht ganz unproblematisch. Schöne Radwege sind die stillgelegten Strecken der früheren Eisenbahnverbindungen Girona – Olot, Ripoll – Sant Joan de les Abadesses, Girona – Sant Feliu de Guíxols – Platja d'Aro. Ein Mountainbike-Zentrum befindet sich in Banyoles.

Radfahren (Fortsetzung)

Reiten

Sowohl an der Küste als auch im Hinterland bestehen zahlreiche Möglichkeiten zum Reiten.

Tennis

In nahezu allen Fremdenverkehrsorten gibt es Tennisplätze. Meist sind sie Hotels angeschlossen.

Wandern

Vornehmlich das Hinterland der Costa Brava und die Region des Montseny bieten lohnende Wandergebiete. Die im Vergleich etwa zu Deutschland dünnere Besiedlung und die in weiten Teilen noch ursprüngliche Landschaft üben einen besonderen Reiz aus, erfordern aber gutes Kartenmaterial, möglichst auch einen Kompass und vor allem festes Schuhwerk. Darüber hinaus bieten die Reservierungszentralen der "Casas Rurales" (▶ Hotels, Agrotourismus) ausgearbeitete Wanderrouten sowie ein- und mehrtägige geführte Bergtouren an. Schöne Wanderwege gibt es auch entlang der Küste, u. a. den europäischen Fernwanderweg GR 92 zwischen Portbou und Blanes. Zwischen Palamós und Platja d'Aro verläuft ein herrlicher Weg durch Buchten und teilweise direkt am Strand. Bei den Fremdenverkehrsbüros ist die Broschüre "Catalunya en chemins" mit Beschreibungen von mehr als 1100 Wanderwegen erhältlich.

Wassersport

Die Costa Brava und die Costa del Maresme sind ein Paradies für alle erdenklichen Arten von Wassersport.

Segeln

Die Küste Kataloniens zählt zu den besten Segelrevieren Spaniens, und Freunde des Segelsports schätzen besonders die Costa Brava, die über 17 gut ausgerüstete Jachthäfen verfügt, u. a. in Roses, Empúriabrava, Palamós, Platha d'Aro, Sant Feliu de Guíxols und Blanes. Zum Führen eines Segel- oder Motorbootes muss man die erforderliche Lizenz besitzen.

Surfen

Zum Surfen eignet sich hervorragend die Costa del Maresme, die im Gegensatz zur nördlich anschließenden Costa Brava fast ausschließlich flach ist. Beliebte Surfreviere an der Costa Brava sind der weite Golf von Roses und El Port de la Selva, wo häufig ein starker Nordwind bläst. Windsurfschulen und Geräteverleih findet man in den meisten Küstenorten.

Tauchen

Die Costa Brava ist stark gegliedert und felsig, so dass sich neben einer Vielzahl kleiner Badebuchten auch exzellente Tauchreviere bieten, die allerdings oft nur mit dem Boot zu erreichen sind. Zu den beliebtesten Tauchrevieren zählen das Cap de Creus und die Medes-Inseln bei L'Estartit. Wer die Meeresfauna und -flora erforschen will (Unterwasserjagd ist größtenteils verboten), benötigt eine Tauchgenehmigung, die man bei der örtlichen Marinekommandantur beantragen muss. Zahlreiche Tauchschulen bieten Kurse für Anfänger und Fortgeschrittene an und kümmern sich auch um die Tauchgenehmigung für ihre Gäste. In vielen Tauchschulen besteht die Möglichkeit, einen Tauchschein zu machen.

Wintersport

Die katalanischen und aragonischen Pyrenäen sind eine der sechs Wintersportgebiete Spaniens. Die fast 3000 m hohen katalanischen Pyrenäen beginnen gleich hinter der Costa Brava. Die Saison dauert in der Regel von November bis Mai.

Sport (Fortsetzung)

Im Pirineu de Girona bilden fünf Skistationen das Wintersportangebot – vier für alpinen Skilauf: La Molina (1700–2445 m), Masella (1600–2537 m), Vall de Núria (1964–2252 m) bei Queralbs und Vallter 2000 (1910–2535 m) bei Camprodón; eine für Langlauf: Guils de Cerdanya (1905–2080 m). Demnächst wird noch Alp 2000 zwischen La Molina und Masella hinzukommen.

Auskunft

Angeln
Federació Catalana de Pesca
Av. Madrid, 118
E-08028 Barcelona
☎ 933 30 48 18

Golf
PGA Golf de Catalunya
E-17455 Caldes Malavella
☎ 972 47 25 77
FAX 972 47 04 93
E-Mail: pgacata@teleline.es

Radfahren
Federació Catalana de Ciclismo
C. Fontanella, 11
E-08010 Barcelona
☎ 933 01 24 44
FAX 938 18 90 92

Reiten
Federació Catalana d'Hípica
☎ 934 30 90 53
FAX 934 30 90 54

Segeln (Anlegestellen)
Associació Catalana de Ports Esportius i Turistics
Balmes, 156
E-08008 Barcelona
☎ 934 15 13 01
FAX 934 15 44 26

Skifahren
Associació Catalana d'Estacions d'Esquí i Activitats de Muntanya
Camps i Fabrés, 3-11
E-08006 Barcelona
☎ 934 16 09 09
FAX 932 17 46 80

Tauchen
Federación de Actividades Subacuáticas
Santaló, 15
E-08021 Barcelona
☎ 932 00 67 69
FAX 934 14 34 45

Tennis
Real Federación Española de Tenis
Avda. Diagonal, 618
E-08021 Barcelona
☎ 932 01 08 44
FAX 932 02 12 79

Sprache

Spanische Aussprache	c	vor »e, i« stimmloser Lispellaut, stärker als engl. »th«. Bsp.: gracias
	ch	stimmloses deutsches »tsch« wie in »tschüs«
	g	vor »e, i« wie deutsches »ch« in »Bach«
	gue, gui/que, qui	das »u« ist immer stumm, wie deutsches »g«/»k«
	j	immer wie deutsches »ch« in »Bach«
	ll, y	wie deutsches »j« zwischen Vokalen. Bsp.: Mallorca
	ñ	wie »gn« in »Champagner«
Katalanische Aussprache	c vor e / i	wie »s«
	c vor a, o, u	wie »k«

ç	wie »s«	**Katalanische Aussprache (Fortsetzung)**
g vor e	stimmhaftes »sch« wie in »Genie«	
g vor a, o, u	wie »g«	
que, qui	das »u« ist immer stumm, wie deutsches »k«	
l·l	wie »l«	
ny	wie »gn« in »Champagner«	
x	stimmloses »sch« wie in »Schule«	

Kleiner Sprachführer

DEUTSCH	KATALANISCH	SPANISCH
Allgemeine Ausdrücke	**Termes d'ús corrent**	**Términos de uso corriente**
guten Morgen, guten Tag	bon dia	buenos días
guten Abend	bona tarda	buenas tardes
gute Nacht	bona nit	buenas noches
auf Wedersehen	adéu / a reveure	adiós / hasta luego
bis zum nächsten Mal	fina un' altra	hasta la proxima
danke	gràcies	gracias
vielen Dank	moltes gràcies	muchas gracias
Verzeihung	perdó	perdón
entschuldigen Sie!	perdoni	perdone usted
bitte	si us plau / per favor	por favor
sprechen Sie deutsch?	parla aleman?	¿habla usted alemán?
ich verstehe nicht	no ho entenc	no entiendo
ja / nein	sí / no	sí /no
Fräulein	senyoreta	señorita
Herr	senyor	señor
Frau	senyora	señora
wie geht es Ihnen?	com està?	¿como está usted?
gestern	ahir	ayer
heute	avui	hoy
morgen	demà	mañana
früh	aviat	temprano
spät	tard	tarde
Wetter	temps	tiempo
kalt	fred	frío
Hitze	calor	calor
schönes Wetter	bon temps	buen tiempo
schlechtes Wetter	mal temps	mal tiempo
danke, es geht mir gut	estic bé	estoy bien
danke, es geht mir schlecht	estic malament	estoy mal
richtig / korrekt / genau	correcte	correcto
rechts	a la dreta	a la derecha
links	a l'esquerra	a la izquierda
nahe	prop	cerca
weit	lluny	lejos
hoch	alt	alto
Straßenverkehr	**Circulació**	**Circulación**
Grenze	frontera	frontera
Straße / Landstraße	carretera	carretera

Autobahn	autopista	autopista
Führerschein	carnet de conduir	carnet de conducir
Kraftfahrzeugschein	permis de circulació	permiso de circulación
Grüne Versicherungskarte	carta verda	carta verde
Reisepass	passaport	pasaporte
langsamer fahren	reduïu la velocitat	disminuir la velocidad
Vorsicht!	atenció!	¡cuidado!
halt!	alto!	¡alto!
Straße gesperrt	carretera tallada	carretera cortada
Baustelle	obres	obras
Durchfahrt verboten	prohibit el pas	prohibido el paso
Einbahnstraße	direcció única	dirección única
Vorfahrt	prioritat de pas	prioridad de paso
Überholen verboten	prohibició d'avançar	prohibición de adelantar
Umleitung	desviament	desvio
Kreuzung	cruïlla	cruce
Rutschgefahr	terra lliscant	firme deslizante
Bahnübergang	pas a nivell	paso a nivel
schlechte Straße	carretera en mal estat	carretera en mal estado
wenden	girar	virar
zurückfahren	tornar	regresar
geradeaus	tot recte	todo derecho
Parkplatz	estacionament	estacionamiento
Park-/Halteverbot	estacionament prohibit	estacionamiento prohibido
Tankstelle	estació de servei	estación de servicio
Benzin	gasolina	gasolina
Öl	oli	aceite
Werkstatt	taller de reparacions	taller de reparaciones
Panne	averia	avería
Ersatzteil	peça de recanvi	pieza de recambio
Reifen	pneumàtics	neumáticos
Bremsen	frens	frenos
Kupplung	embragatge	embraque
Geschwindigkeit	velocitat	velocidad
Gangschaltung	canvi de marxes	cambio de marchas
Scheinwerfer	fars	faros
Vergaser	carburador	carburador
Kühler	radiador	radiador
Zündung	encesa	encendido
Zündkerze	bugie	bulja
Windschutzscheibe	parabrisa	parabrisas
abschleppen	remolcar	remolcar
Verwarnungsgeld	multa	multa
Im Krankheitsfall	**Incidents**	**Incidentes**
krank	malalt	enfermo
Arzt	metge	médico
Krankenwagen	ambulància	ambulancia
Krankenhaus	hospital	hospital
Zahnarzt	dentista	dentista
Apotheke	farmàcia	farmacia
Versicherung	assegurança	seguro

Verdauungsstörungen	indigestió	indigestión
Durchfall	diarrea	diarrea
Erkältung	refredad / constipat	resfriado
Fieber	febre	fiebre
Husten	tos	tos
Übelkeit	mareig	mareo
Kopfschmerzen	mal de cap	dolor de cabeza
Zahnschmerzen	mal de queixal	dolor de muelas
Entzündung	inflamació	inflamación
Medizin	medecina	medicina
Injektion / Spritze	injecció	inyección
Verband	embenat	vendaje
Unfall	accident	accidente
Bruch	fractura	fractura
Erste Hilfe	primers auxilis	primeros auxilios
Einkäufe	**Compres**	**Compras**
Geld	diners	dinero
Bank	banc	banco
bezahlen	pagar	pagar
Wechselgeld	canvi	cambio
Preis	preu	precio
wieviel?	quant?	¿cuánto?
Andenken	records	recuerdos
teuer	car	caro
billig	barat	barato
geschlossen	tancat	cerrado
offen	obert	abierto
Briefmarke	segell	sello
Postamt	oficina de correus	oficina de correos
Lebensmittel	**Aliments**	**Alimentos**
Lebensmittelgeschäft	botiga	tienda
Brot	pa	pan
Butter	mantega	mantequilla
Kaffee	cafè	café
Tee	te	té
Schweinefleisch	carn de porc	carne de cerdo
Kalbfleisch	carn de vedella	carne der ternera
Rindfleisch	carn de bou	carne de buey
Fisch	peix	pescado
Käse	formatge	queso
Milch	llet	leche
Gemüse	verdura	verdura
Kartoffeln	patates	patatas
Salat	amanida	ensalada
Obst	fruita	fruta
Salz	sal	sal
Zucker	sucre	azúcar
Öl	oli	aceite
Geschenke / Bekleidung / Friseur	**Regals / Peces de vestir / Perruqueria**	**Regalos / Prendas de vestir / Peluqueria**
Buchhandlung	llibreria	libreria

Buch	llibre	libro
Reiseführer	guia	guía
Zeitschrift	revista	revista
Landkarte	mapa	mapa
Postkarte	targeta postal	tarjeta postal
Zeitung	periòdic / diari	periódico
Schuhe	sabates	zapatos
Bluse	blusa	blusa
Hemd	camisa	camisa
Hose	pantalons	pantalones
Hut	barret	sombrero
anprobieren	emprovar	probar
Friseur	perruquer	peluquero
Frisur	pentinat	peinado
Haar	cabells	cabello
schneiden	tallar els cabells	cortar el cabello
waschen	rentar	lavar
Im Restaurant	**Al restaurant**	**En el restaurante**
Frühstück	esmorzar / desdejuni	desayuno
Mittagessen	dinar	comida / almuerzo
Abendessen	sopa	cena
Konditorei	pastisseria	pasteleria
Bäckerei	forn / fleca	panadería
Gasthaus	posada / hostal / fonda	posada / fonda
Tisch	taula	mesa
bestellen	demanar	pedir
essen	menjar	comer
trinken	beure	beber
Bier	cervesa	cerveza
Wein	vi	vino
Mineralwasser	aigua mineral	agua mineral
Wasser	aigua	agua
Flasche	ampolla	botella
Glas	got	vaso
Teller	plat	plato
Messer	ganivet	cuchillo
Gabel	forquilla	tenedor
Löffel	cullera	cuchara
Kellner	cambrer	camarero
Speisekarte (▶ Essen und Trinken)	menú / carta	menú / carta
Trinkgeld	propina	propina
Im Hotel	**A l'hotel**	**En el hotel**
Zimmer	habitació	habitación
Bett	llit	cama
Einzelzimmer	habitació senzilla	habitación sencilla
Doppelzimmer	habitació doble	habitación doble
Bad	bany	baño
Toilette	lavabo	lavabo
Warmwasser	aigua calenta	agua caliente
Aufzug / Lift	ascensor	ascensor
Halbpension	mitja pensió	media pensión
Vollpension	pensió completa	pensión completa

wecken	despertar	despertar
ruhig	tranquil	tranquilo
oben	a dalt	arriba
unten	a baix	abajo
zur Straße	al carrer	a la calle
zum Hof	al pati	al patio
Rechnung	compte	cuenta
Portier	porter	portero

Reisen im Land	**Viatge a través del país**	**Viaje a través del país**
Stadt	ciutat	ciudad
Dorf	poble	pueblo
Burg, Schloss	castell, palau	castillo, palacio
Berg	muntanya	montaña
Paß (Gebirge)	pas	paso
Brücke	pont	puente
Hafen	port	puerto
See	llac /estany	lago
Quelle	font	fuente
Wald	bosc	bosque
Weinberg	vinya	viñedo
Hügel	turó	colina
Park	parc	parque
Sumpf, Moor	pantà	pantano
Landschaft	paisatge	paisaje

Zahlen	**Numeració**	**Numeración**
eins	u / un	uno
zwei	dos / dues	dos
drei	tres	tres
vier	quatre	cuatro
fünf	cinc	cinco
sechs	sis	seis
sieben	set	siete
acht	vuit	ocho
neun	nou	nueve
zehn	deu	diez
elf	unze	once
zwölf	dotze	doce
dreizehn	tretze	trece
vierzehn	catorze	catorce
fünfzehn	quinze	quince
sechzehn	setze	dieciséis
siebzehn	disset	diecisiete
achtzehn	divuit	dieciocho
neunzehn	dinou	diecinueve
zwanzig	vint	veinte
dreißig	trenta	treinta
vierzig	quaranta	cuarenta
fünfzig	cinquanta	cincuenta
sechzig	seixanta	sesenta
siebzig	setanta	setenta
achtzig	vuitanta	ochenta
neunzig	noranta	noventa

hundert	cent	cien/ciento
tausend	mil	mil
halb	mig / mitjá	medio
Drittel	terç	tercio
Viertel	quart	cuarto
Fünftel	cinquè	quinto
Wochentage	**Dies de la setmana**	**Días de la semana**
Tag	dia	día
Woche	setmana	semana
Montag	dilluns	lunes
Dienstag	dimarts	martes
Mittwoch	dimecres	miércoles
Donnerstag	dijous	jueves
Freitag	divendres	viernes
Samstag	dissabte	sábado
Sonntag	diumenge	domingo
Monate	**Mesos de l'any**	**Meses del año**
Monat	mes	mes
Jahr	any	año
Januar	gener	enero
Februar	febrer	febrero
März	març	marzo
April	abril	abril
Mai	maig	mayo
Juni	juny	junio
Juli	juliol	julio
August	agost	agosto
September	setembre	setiembre
Oktober	octubre	octubre
November	novembre	noviembre
Dezember	desembre	diciembre
Tageszeiten	**Parts del dia**	**Partes del día**
Tag	dia	día
Nacht	nit	noche
Nachmittag	tarda	tarde
Morgen	matí	mañana
Mittag	migdia	mediodía

Straßenverkehr

Autobahnen und Schnellstraßen Die Autobahnen (Autopistas) sind gebührenpflichtig; die autobahnähnlichen Schnellstraßen (Autovías) können jedoch kostenlos befahren werden.

Nationalstraßen Die nummerierten Nationalstraßen (Carreteras Nacionales; N ...), die etwa den deutschen Bundesstraßen entsprechen, sind vielfach vierspurig ausgebaut, ansonsten sind an Steigungen meist Kriechspuren für Lkws eingerichtet.

Landstraßen Die ebenfalls nummerierten Landstraßen (Carreteras autonomas; A... bzw. Kürzel der Provinz) sind, soweit es sich um wichtigere Verbindungen handelt, in der Regel in gutem Zustand. Nicht nummerierte Nebenstraßen können jedoch Überraschungen bereithalten.

Landstraßen (Fortsetzung)

Innenstadtverkehr

Wenn nicht unbedingt nötig, sollte man Fahrten in die Innenstädte vermeiden, insbesondere in Altstadtkerne hinein, wo es oft so eng zugeht, dass auch mit Wagen der unteren Mittelklasse kaum ein Durchkommen ist. Die häufig vorkommende Einbahnstraßenregelung tut ein Übriges, um Fahrten in Innenstädte länger als gedacht werden zu lassen.

Vorfahrtsregelung

Vorfahrt hat grundsätzlich das von rechts kommende Fahrzeug, auch bei Nebenstraßen in Städten (Ausnahmen sind ausgeschildert); Kreisverkehr allerdings hat Vorfahrt vor dem sich eingliedernden Verkehr (Ausnahmen sind auch hier ausgeschildert).

Abbiegen

Beim Linksabbiegen außerhalb der Ortschaften gibt es auf größeren Straßen eigene Fahrspuren, die zunächst nach rechts ausweichen und dann die Hauptstraße kreuzen.

Überholen

Sowohl beim Aus- als auch beim Einscheren muss der Blinker gesetzt werden. Überholen vor Kuppen und auf Straßen, die nicht auf mindestens 200 m einzusehen sind, ist verboten.

Licht

Auf gut beleuchteten Straßen (außer auf Schnellstraßen oder Autobahnen) darf nur mit Standlicht gefahren werden. Vorsicht vor unbeleuchteten Fahrzeugen! Ersatzglühbirnen müssen mitgeführt werden.

Parken

In den meisten Städten ist das Parken auf blau gekennzeichneten Plätzen gebührenpflichtig, an gelb bezeichneten Stellen verboten. Die Bezahlung erfolgt bei Parkwächtern oder am Parkscheinautomaten. Der Parkschein muss im Auto sichtbar ausgelegt werden.

Reservekanister

Einen Reservekanister mitzuführen, ist nicht erlaubt. Wird bei einer Verkehrskontrolle dennoch ein Kanister entdeckt, muss man mit einer hohen Geldbuße rechnen.

Abschleppverbot

Abschleppen durch Privatfahrzeuge ist verboten!

Höchstgeschwindigkeit

innerhalb von Ortschaften: 50 km/h
außerhalb: 90 km/h
auf Straßen mit mindestens zwei Fahrspuren: 100 km/h
auf Autobahnen: 120 km/h

Pkw mit Wohnanhänger:
außerhalb von Ortschaften: 70 km/h
auf Autobahnen: 80 km/h

Sicherheitsgurte

Das Anlegen der Sicherheitsgurte – sowohl auf den Vorder- als auch auf den Rücksitzen – ist Pflicht.

Promillegrenze

Die Höchstgrenze für den Blutalkoholgehalt liegt bei 0,5 Promille. Bei Verstößen drohen hohe Geldstrafen.

Autotelefon

Im Auto mit dem Handy ohne Freisprecheinrichtung zu telefonieren kann bis zu 600 € Bußgeld kosten.

Warndreiecke Bei einer Panne oder einem Unfall muss das betroffene Fahrzeug nach vorn und nach hinten durch Warndreiecke gesichert werden.

Fahrzeugpapiere ▶ Reisedokumente

Pannenhilfe ▶ Autohilfe

Telefon

Telefonzellen Viele öffentliche Telefonzellen funktionieren sowohl mit Münzen als auch mit Telefonkarten. Die Bedienungsanweisungen sind in mehreren Sprachen angeschlagen.
Die staatliche Gesellschaft Telefónica unterhält in größeren Städten und in den Urlaubszentren spezielle Telefonzentralen, gekennzeichnet mit einem stilisierten grünen "T", wo man bequemer als von den öffentlichen Münzfernsprechern aus telefonieren kann.
In privaten sog. "locutorios" zu telefonieren oder von Münzfernsprechern in Bars ist meist teurer. Um das Dreifache teuerer als von öffentlichen Fernsprechern können Telefonate aus dem Hotel sein.

Telefonkarten Telefonkarten im Wert von 6 bzw. 12 € kann man in den Geschäftsstellen der Telefongesellschaft Telefónica oder in Tabakgeschäften kaufen. Zunehmend verbreitet sind auch Kreditkartentelefone.

Vorwahlnummern

Von Deutschland, Österreich und der Schweiz nach Spanien
☎ 0034

Von Spanien
nach Deutschland: ☎ 0049
nach Österreich: ☎ 0043
in die Schweiz: ☎ 0041

Bei Anrufen von Spanien in die oben genannten Länder entfällt die 0 der jeweiligen Ortskennzahl.

Telefonauskunft

national und international
☎ 003

Trinkgeld

Im Allgemeinen ist in den Rechnungen ein Bedienungsgeld inbegriffen (Inklusivpreise), dennoch wird ein Trinkgeld erwartet. Im Restaurant sind zwischen 5 und 10 % des Rechnungsbetrages angemessen, in der Bar lässt man das kleine Wechselgeld liegen. Im Taxi rundet man den Fahrpreis entsprechend auf. Auch Zimmermädchen, Gepäckträger oder Reiseführer bei Besichtigungstouren freuen sich über ein Trinkgeld zwischen einem und drei Euro.

Veranstaltungen

Es vergeht kaum ein Tag, an dem nicht irgendwo in Katalonien eine Fiesta, ein Kulturfestival, eine Prozession oder ein Fest zu Ehren des örtlichen Schutzheiligen stattfindet. Informationen über

die jeweiligen Veranstaltungen erhält man bei den Fremdenverkehrsämtern (▶ Auskunft) oder an Hotelrezeptionen.
Im Folgenden werden einige besondere Veranstaltungen vorgestellt, die man nach Möglichkeit besuchen sollte.

Januar

Vot de Pelegrí
in Tossa de Mar
"Vot de Pelegrí" (Gelöbnis des Pilgers) am 20./21. Januar in Tossa de Mar. Als im 15. Jh. verschiedene Ortschaften an der Costa Brava von der Pest heimgesucht wurden, gelobten die Einwohner von Tossa de Mar, als Dank für das Ende der Epidemie alljährlich einen Pilger zur Einsiedlerkapelle des Sant Sebastià in Santa Coloma de Farmers zu senden. Auf dem ganztägigen, 40 km langen Fußmarsch zur im Landesinnern gelegenen Einsiedelei wird dieser Pilger von tausend Gläubigen begleitet.

Februar / März

Carnaval
in vielen Orten
Bunte Karnevalsumzüge mit Maskengruppen und Musikkapellen u. a. in Barcelona, Castell-Platja d'Aro, Lloret de Mar, Olt, Palamós, Roses, Sant Antoni de Calonge und Sant Feliu de Guíxols. Die schönsten Karnevalsumzüge bieten die beiden Orte Platja d'Aro und Palamós.

März / April

Setmana Santa
in vielen Orten
Karwochefeierlichkeiten in einigen Orten, u. a. mit Totentänzen, bei denen Zuschauer, als Skelette verkleidet, teilnehmen. Besonders eindrucksvoll und düster in Girona und in Verges bei Torroella de Montgrí.

April

Sant Jordi
Der 23. April ist ein dreifacher Festtag in Barcelona: Fest des hl. Jordi (Georg), des Schutzpatrons der Stadt; Fest des Buches (Todestag von Cervantes im Jahr 1616); Fest der Rose. An diesem Tag überreichen Männer und Jungen ihrer Frau, Mutter oder Freundin eine Rose und bekommen ein Buch geschenkt.

Mai

Concurso-Exposició de Flores
in Girona
Blumenausstellung und -wettbewerb in Girona, eine Veranstaltung, die auf eine Tradition von mehr als dreißig Jahren zurückblickt. Hierbei werden viele Gebäude und Denkmäler der Stadt mit Blumen geschmückt.

Festa de la Lana i Casament a Pagès
in Ripoll
Wollfest und Bauernhochzeit in der ersten Maihälfte in Ripoll. Dieses Fest gedenkt des wichtigsten Augenblicks im Leben eines Schäfers: der Verwertung der Wolle. Die damit einhergehende Aufführung einer traditionellen Bauernhochzeit findet auf dem Hauptplatz des Ortes statt.

Mai / Juni

Festes de Primavera
in Palafrugell
Frühlingsfest am Pfingstsonntag in Palafrugell, das die Einwohner der Stadt einführten,

um das Verbot des Karnevals durch Diktator Franco zu umgehen. Karnevalsähnliche Umzüge mit geschmückten Wagen und Musikkapellen (Carroussel Costa Brava).

Juni

Nit de Sant Joan
in vielen Orten
In der Nacht vor dem Johannistag (23. Juni) finden in den meisten Orten rauschende Feste mit offenen Feuern, bei denen Gerümpel verbrannt wird, und abschließendem Feuerwerk statt.

Juli

Cantada d'Havaneres
in Calella de Parafrugell
Havaneres-Konzert mit zahlreichen Musikbands und Männerchören am ersten Sonnabend des Monats in Calella de Parafrugell. Die Havaneres gehen auf das 19. Jh. zurück, als katalanische Seefahrer die Route der Antillen befuhren und in den Kneipen von Havanna auf Kuba melancholische Lieder sangen.

Aplec
in Olot
Großes Fest mehrerer Tausend Sardana-Tänzer in Olot.

Mare de Déu del Carme
in vielen Orten
Farbenprächtige Meeresprozessionen am Tag der heiligen Jungfrau vom Berg Karmel (Verge del Carme) oder des jeweiligen örtlichen Schutzpatrons in den meisten Küstenorten, wobei das Heiligenbild von den Fischern in ihren Booten über das Meer getragen wird. Am beeindruckendsten sind die Meeresprozessionen in Llançà, Lloret de Mar und Palamós.

Ball de les Almorratxes
in Lloret de Mar
Tanz der Almorratxes am 24. bis 26. Juli in Lloret de Mar. Vier junge Burschen schütten während eines Tanzes aus einem arabischen Glasgefäß, der Almorratxa, wohlriechendes Wasser zu Füßen der Vertreter der Obrigkeit aus und bieten das leere Gefäß ihrer Tanzpartnerin als Geschenk dar. Das Mädchen jedoch weist die Almorratxa zurück und wirft sie zu Boden. Zerbricht das Gefäß, dann, so die Legende, heiratet dieses Mädchen im darauf folgenden Jahr.

Concurs Internacional de Focs d'Artifici
in Blanes
Dreitägiger Feuerwerkswettbewerb in der zweiten Julihälfte zum Fest der heiligen Anna in Blanes.

Juli / August

Cursa de Llaguts
in Cadaqués
Segelregatten mit Llaguts und Lateinsegeln in Cadaqués. Ein Llagut ist eine Art Feluke, ein Schiff, das einst für die katalanische Küste typisch war. Bei der heutigen Regatta werden die Llaguts von sechs Mann gerudert, der siebte steuert.

August

Concurso de Pintura Rápida
in Tossa de Mar
Malwettbewerb am letzten Sonntag des Monats in Tossa de Mar: zwölfstündiger Wettbewerb im Schnellmalen, an dem über 200 Malprofis und Malamateure teilnehmen.

Festival Internacional de Música de La Porta Ferrade
in Sant Feliu de Guíxols

Fest der großen Stars der Konzertszene im Hafenort Sant Feliu de Guíxols.

Festa major de Gràcia
in Barcelona
Etwa ab dem 15. August veranstaltet jeder Stadtteil der katalanischen Metropole ein Fest mit Konzerten und Straßenspielen. Das größte und spektakulärste Fest ist das im alten Stadtteil Gràcia.

September

Festa Major de la Mercè
in Barcelona
Fünf Tage dauerndes Fest in Barcelona für die Schutzheilige der katalanischen Hauptstadt, u. a. mit Umzügen, Musikveranstaltungen und Stierkämpfen sowie Sardana, Gegants, Castellers und Correfocs (▶ Kunst und Kultur, Festkultur).

Dezember

Pessebres vivents
in vielen Orten
Lebendige Weihnachtskrippen-Darstellungen in der zweiten Dezemberhälfte in Castell-Platha d'Aro, Figueres, Llançà, Pals, Peralada und Tossa de Mar sowie Krippenspiele in Olot, Palafrugell, Ripoll und Sant Feliu de Guíxols.

Wein

Allgemeines

Die Weingebiete Kataloniens bringen eine größere Vielfalt an Weinen hervor als alle anderen Regionen Spaniens. Es gibt Rot-, Weiß- und Roséweine sowie schwere Dessertweine, Weinbrände und Schaumweine (Cava ▶ Baedeker Special, S. 116). Kataloniens Weinwirtschaft profitiert vom mediterranen Klima; zwar regnet es in den langen, heißen Sommern wenig, doch werden die Weintrauben stets durch eine frische Meeresbrise gekühlt. Ausgesprochen schlechte Jahrgänge kommen in der nordöstlichen Ecke Spaniens sehr selten vor.
In Katalonien gibt es insgesamt neun Weinbaugebiete, die wie alle spanischen Weinregionen unter der Herkunftsbezeichnung D.O. (Denominació d'Origen) geschützt sind: Empordà-Costa Brava, Alella, Pla de Bages, Costers del Segre, Penedés, Conca de Barberá, Tarragona, Priorato und Terra Alta.

Weinregionen nordöstlich von Barcelona

In dem im vorliegenden Reiseführer beschriebenen Gebiet liegen die beiden Weinbauregionen Empordà-Costa Brava und Alella, die nicht zu den qualitativ wichtigsten und größten Anbaugebieten Kataloniens zählen; diese befinden sich südwestlich von Barcelona.

Empordà-Costa Brava

Das nördlichste Anbaugebiet erstreckt sich am Fuß der Pyrenäen direkt an der Grenze zu Frankreich. Die 3000 ha großen Rebflächen sind hier ständig der Tramuntana, dem kalten und trockenen Nordnordwestwind aus den Pyrenäen, ausgesetzt; allerdings können sich wegen der Tramuntana erfreulicherweise keine Pilzkrankheiten und Schädlinge entwickeln, weshalb kaum gespritzt werden muss. Zu den besten und ergiebigsten Weinsorten der Region, die allesamt nicht in den Export gelangen, zählen die fruchtigen Roséweine mit leichter Säure und einige kräftige Rotweine, die aus den Rebsorten Garnacha (katalan. Garnatxa), Spaniens mengenmäßig bedeutendster Sorte, Tempranillo (Ull de Llebre), Cabernet Sauvig-

Wein (Fts.)

non und Merlot gewonnen werden. Die Weißweinsorten – Macabeu und Xarel.lo – dienen vorwiegend der Schaumweinproduktion.

Alella

Alella ist ein sehr kleines Tal nördlich von Barcelona an der Mittelmeerküste, wo bereits seit römischer Zeit Wein angebaut wird. Durch das Flächenwachstum der katalanischen Hauptstadt schrumpft jedoch die Anbaufläche immer mehr – von 1600 ha vor rund dreißig Jahren auf mittlerweile 400 ha. In Alella werden überwiegend herbe Weißweine mit nicht allzu hohem Alkoholgehalt produziert. Auch Cava wird hier hergestellt.

Übrige katalanische Weinregionen

Die besten, aber auch teuersten katalanischen Rotweine kommen aus dem Priorat, einige von ihnen gehören sogar zur Weltspitze. Auch der tiefdunkle und alkoholstarke Rotwein Negre stammt hierher. Im Penedès werden wuchtige Rotweine, exzellente Weißweine, darunter auch Gewürztraminer und Riesling, sowie gehaltvolle und fruchtige Roséweine, wie der Trepat, hergestellt. Der exquisite Milmanda-Chardonnay, einer der besten spanischen Weißweine, stammt aus der Region Conca de Barberà. Aus Tarragona kommen kräftige Tischweine und der Weißwein Falset, Terra Alta ist bekannt für kraftvolle, robuste Weiß- und Rotweine. Costers del Segre (Provinz Lleida) liefert vor allem kräftige Rotweine, Pla de Bages (nördlich des Klosters Montserrat) ist berühmt für seine Traube Picapoll, die harmonische Weißweine hervorbringt.

Zeit

Von Ende Oktober bis März gilt die mitteleuropäische Zeit (MEZ), im Sommerhalbjahr (Ende März bis Ende Oktober) die Sommerzeit (MEZ + 1 Std.).

Zeitungen und Zeitschriften

Deutschsprachige Zeitungen sind vor allem in den Touristenhochburgen an der Mittelmeerküste zu finden; es gibt sie meist einen Tag nach Erscheinen, manchmal sogar noch am selben Tag.
An der Costa Brava selbst erscheinen monatlich die deutschsprachige Zeitschrift "Amigos" und das deutsch-katalanische Lokalblatt "Arena" (mit Texten in beiden Sprachen). Diese beiden Zeitschriften wenden sich in erster Linie an Dauerbewohner der Costa Brava und erst in zweiter Linie an Urlauber. Sie sind u.a. in Fremdenverkehrsämtern kostenlos zu erhalten. Für Urlauber besonders interessant ist die in den großen Feriengebieten erscheinende deutschsprachige Wochenzeitung "Costa Blanca Nachrichten", in der man aktuelle Veranstaltungsprogramme, Ausflugstipps, ferner Adressen deutschsprachiger Ärzte und Apothekennotdienste sowie die neuesten Nachrichten findet.

Zollbestimmungen

EU-Binnenmarkt

Die Mitgliedsstaaten der Europäischen Union (EU), darunter auch Spanien, bilden einen gemeinsamen Wirtschaftsraum, in dem der Warenverkehr für private Zwecke weitgehend zollfrei ist. Innerhalb der EU-Länder gelten lediglich noch gewisse obere Richtmengen: 800 Zigaretten oder 400 Zigarillos oder 200 Zigarren oder 1000 g Tabak, 10 l Spirituosen über 22 Vol.-% Alkoholgehalt oder 20 l unter 22 Vol.-% Alkoholgehalt sowie 90 l Wein und 110 l Bier.

EU-Binnenmarkt (Fortsetzung)

Für Reisende aus Nicht-EU-Ländern wie der Schweiz gelten folgende Freimengengrenzen: 250 g Kaffee, 100 g Tee, 200 Zigaretten oder 100 Zigarillos oder 50 Zigarren oder 250 g Tabak, 2 l Wein oder andere Getränke bis 22 Vol.-% Alkoholgehalt sowie 1 l Spirituosen mit mehr als 22 Vol.-% Alkoholgehalt.

Nicht-EU-Länder

Register

Verzeichnis der Karten und grafischen Darstellungen

Bildnachweis

Archiv für Kunst und Geschichte: S. 33, 112; Baedeker-Archiv: S. 126; dpa: S. 29, 34, 35, 36; HB-Verlag: S. 3, 7, 43, 45, 59, 72, 82, 87, 92, 136, 145, 153, 167; IFA: S. 1; Janicke: S. 66; Laif: S. 64, 81; Mauritius: S. 133; Nahm: S. 63, 84; Selbach: S. 4 (unten), 5 (2 x), 6 (2 x), 8 / 9, 8 (2 x unten), 9 (3 x), 10 / 11, 14, 18, 20, 46 / 47, 53, 89, 94, 95, 96, 97, 98, 101, 104, 106, 115, 117, 120, 121, 123, 125, 127, 128, 129, 131, 137, 139, 143, 146, 148, 149, 159, 160, 166, 168, 170 / 171, 180, 182, 185, 192, 193 (2 x), 194, 197, 200, 201; Siepmann: S. 2, 4 (oben), 8 (oben), 16, 25, 40, 52, 91, 108, 110, 113, 140, 151, 152, 154, 163, 187; Widmann: S. 55

Titelbild: Mauritius – Tossa de Mar
Hintere Umschlagseite: Nahm – Palamós

Impressum

Ausstattung:
104 Abbildungen
19 Karten und grafische Darstellungen, 1 große Reisekarte

Text: Achim Bourmer, Peter Nahm

Bearbeitung: Baedeker-Redaktion (Achim Bourmer)

Kartografie: Franz Kaiser, Sindelfingen;
Mairs Geographischer Verlag (große Reisekarte)

Chefredaktion: Rainer Eisenschmid, Baedeker Ostfildern

5. Auflage 2003
Völlig überarbeitet und neu gestaltet

Sprachführer: In Zusammenarbeit mit der Ernst Klett Verlag GmbH, Redaktion PONS Wörterbücher

Printed in Germany
ISBN 3-89525-735-4

Gedruckt auf 100% chlorfreiem Papier